Schweizer Sozialhilfe auf dem Prüfstand

Raymond Caduff

Schweizer Sozialhilfe auf dem Prüfstand

Eine kritische Analyse aus sozialethischer Perspektive

Rüegger Verlag

Autor und Verlag danken dem Verein zur Förderung wissenschaftlicher Publikationen, Universität Luzern und der Dr. Josef Schmid-Stiftung, Luzern für die Unterstützung bei der Publikation dieses Werkes.

Bibliografische Information der Deutschen Bibliothek
Die Deutsche Nationalbibliothek verzeichnet diese Publikation in der Deutschen Nationalbibliografie; detaillierte bibliografische Daten sind im Internet über http://www.d-nb.de abrufbar.

www.rueggerverlag.ch
info@rueggerverlag.ch
ISBN: 978-3-7253-0878-1
Umschlagabbildung: Georg Anderhub, ©Amt für Statistik des Kantons Luzern
Gestaltung: Südostschweiz Presse AG, Glarus
Druck: Südostschweiz Presse AG, Glarus

Vorwort

Die Sozialhilfe in der Schweiz übernimmt für rund 220'000 Menschen die Existenzsicherung und leistet damit einen wesentlichen Beitrag zur sozialen Sicherheit. Stärker als etwa die Sozialversicherungen geht die Sozialhilfe auf die individuelle Lebenssituation ein. Sie ist eine individualisierte Hilfe, die dem Individuum, aber auch der Gesellschaft gerecht werden muss. Die Umsetzung der Sozialhilfe geschieht mehrheitlich in den Gemeinden, was zu einer unübersichtlichen Ausgestaltung und schwer messbaren Wirkung führt. Eine gesamtschweizerische Analyse ist daher dringend angezeigt und der kommunale und institutionelle Umgang mit Sozialhilfebeziehenden muss genauer beobachtet werden. Ein Ziel meiner Arbeit ist es, aus sozialethischer Perspektive den Blick für menschen- und sachgerechtes Handeln in der Sozialhilfe zu öffnen. Ich will damit einen Betrag leisten, dass die Sozialhilfe vor allem auf Bundesebene stärker beachtet und weiterentwickelt wird.

Während des Promotionsstudiums und bei der Entstehung dieser Arbeit wurde ich unterstützt durch Prof. Dr. Hans Halter. Ihm gilt mein herzliches Dankeschön. Danken möchte ich auch Prof. Dr. Hans Münk für das Zweitgutachten. Im Weiteren danke ich meinen Kolleginnen und Kollegen des Doktorandenseminars der Theologischen Fakultät an der Universität Luzern. Ich möchte mich zudem bei all jenen bedanken, die mich in den vergangenen Jahren fachlich und moralisch begleitet und unterstützt haben. Ich danke meinen Arbeitskolleginnen und -kollegen beim kantonalen Sozialamt Luzern, insbesondere Gabriela Küenzler und Felix Nussbaum für das kritische Gegenlesen des Textes sowie Gabriela von Wyl Zberg für die wertvolle Formatierarbeit.

Cordula Schürmann danke ich für die Korrektur des Textes und für die jahrelange partnerschaftliche und kritische Begleitung während des Promotionsstudiums.

Im Wintersemester 2006/07 wurde die vorliegende Arbeit als Dissertation zur Erlangung der Doktorwürde der Theologischen Fakultät der Universität Luzern angenommen.

Luzern, Januar 2007 — Raymond Caduff

Inhaltsverzeichnis

Einleitung

In der Schweiz ist die staatliche Sozialhilfe gegen Ende des 20. Jahrhunderts wieder zu einem gewichtigen Faktor der Existenzsicherung geworden. Die Gründe dafür sind leicht zu benennen: In der Rezession der 90er-Jahre haben vermehrt Arbeitnehmende ihre Arbeit verloren und der Wiedereinstieg in die Arbeitswelt ist ihnen teilweise nicht mehr geglückt. Zudem können immer mehr Alleinerziehende ihre Existenz nicht selbstständig sichern, da Kinderbetreuung und Erwerbsarbeit nur schwer zu vereinbaren sind. Diese wirtschaftlichen und gesellschaftlichen Veränderungen haben zu einer Zunahme der Sozialhilfe geführt. Trotz dieser Entwicklung ist es der Sozialhilfe über zwei Jahrzehnte hinweg gelungen, Menschen vor Armut zu bewahren. Die berufliche Integration konnte aber immer weniger realisiert werden, was eine anhaltende Belastung der Sozialhilfe zur Folge hat. Die finanziell angespannte Situation der Sozialhilfe bewirkt einen politischen Spardruck, der die Tendenz zur Stigmatisierung von Sozialhilfebeziehenden verstärkt und damit dem Individuum die Hauptverantwortung zuschiebt. Die Sozialhilfe steht im Spannungsfeld zwischen finanzpolitischem Druck und der Verpflichtung, Hilfe in Notlagen zu leisten. Damit entschieden werden kann, in welche Richtung sich die sozialstaatliche Tätigkeit entwickeln soll, muss die Sozialhilfe überprüft werden. Das geschieht hier aus sozialethischer Perspektive, weil sowohl die Frage nach der Begründung als auch die Frage nach der Zielsetzung und der Umsetzung staatlicher Sozialhilfe notwendigerweise ethische Vorannahmen impliziert. Dies und die ethisch aufgeladene politische und fachliche Diskussion um die Reform der Sozialhilfe erfordern eine gründliche ethische Reflexion der aktuellen Sozialhilfe und der Massnahmen zu deren Verbesserung. Erreicht werden soll damit die wirksame Bekämpfung der Armut durch menschen- und sachgerechtes Vorgehen.

In dieser Arbeit soll nicht das Verhalten einzelner Sozialhilfebeziehender beurteilt werden, es geht also nicht um Sollensvorgaben für das Individuum (Individualethik). Vielmehr stellt sich die Frage nach der Ausgestaltung von Strukturen und Institutionen, die eine auf Gerechtigkeit ausgerichtete kohärente Gesellschaft fördern, in der alle Menschen ein gutes Leben führen können. Die sozialstaatliche Tätigkeit setzt eine gewisse Konstanz voraus, die über die einzelne Person hinausgeht. Die Institutionalisierung sozialethischer Prinzipien und fachlicher Kriterien ist also unumgänglich, um den Hilfestellungen der handelnden Individuen (Sozialarbeitende) in zeitlicher und räumlicher Perspektive Nachhaltigkeit zu verleihen. Bedürftige Menschen und die solidarische Gesellschaft müssen sich auf eine verbindliche Sozialhilfe und Sozialhilfepolitik verlassen können.

Ich konzentriere mich bewusst auf die Sozial**hilfe**politik, weil der Blick auf die gesamte Sozialpolitik die Sozialhilfe als finanziell vernachlässigbare und kommunale Aufgabe marginalisiert. Es mag etwas ungewöhnlich erscheinen, auf die Sozialhilfepolitik zu fokussieren, weil in der Schweiz eher Rufe nach einer einheitlichen Sozialpolitik zu hören sind, welche die Sozialhilfe, die Sozialversicherungen und weitere staatliche Leistungen koordinieren soll. Diese Sichtweise greift zu kurz. Die Betonung der Sozialhilfepolitik soll verdeutlichen, dass die Sozialhilfe von der Politik aktiv zu thematisieren und zu gestalten ist, weil Sozialhilfe trotz aller Sozialpolitik notwendig bleibt, wie die Erfahrung lehrt.

Armut als soziales Problem wird hier nicht als weltweites, sondern als lokales, für die schweizerische Sozialhilfe relevantes Problem ins Auge gefasst (Kapitel 1). Um verstehen zu können, warum die schweizerische Sozialpolitik und Sozialhilfe so kompliziert und vielfältig strukturiert ist, wie sie sich heute darstellt, zeige ich auf, wie im Verlauf der vergangenen 100 Jahre der schweizerische Sozialstaat in einem politischen Prozess der Konsensfindung verschiedene Massnahmen zur Armutsbekämpfung entwickelt hat (Kapitel 2). Der Blick auf die Sozialhilfe, die Sozialversicherungen und weitere Instrumente zeigt die differenzierte Ausgestaltung der sozialstaatlichen Hilfestellungen (Kapitel 3). Diese Darstellung lässt die Stärken und Schwächen der Sozialhilfe erkennen (Kapitel 4). Um eine ethische und fachliche Beurteilung der Sozialhilfe vornehmen zu können, greife ich auf fünf sozialethische Prinzipien zurück und ergänze diese mit Zielsetzungen und Kriterien aus dem sozialwissenschaftlichen Fachwissen. Diese sind eine aus der Erfahrung bei der konkreten Armutsbekämpfung gewonnene Konkretisierung der genannten Prinzipien. Die hier angewendeten ethischen Prinzipien sind also kein sachfremder ideologischer Überbau, im Gegenteil, sie sind der reflektierten Erfahrung im Umgang mit sozialen Problemen zu verdanken (Kapitel 5). Der Hinweis auf die (auch) theologischen Wurzeln der Prinzipien macht diese nicht etwa zu einem christlichen Sondergut, sondern bekräftigt deren Geltung und animiert zu ihrer tatkräftigen Umsetzung. Die Prinzipien leuchten auch ohne einen theologischen Hintergrund ein. Mit diesem Beurteilungsraster wird die Sozialhilfe auf ihre Ausrichtung und Wirkung hin untersucht (Kapitel 6), abschliessend werden zuhanden der Politik Forderungen zur Verbesserung der Sozialhilfe formuliert (Kapitel 7).

1 Armut und Sozialhilfe in der Schweiz

1.1 Armut als ein soziales Problem

In der Schweiz wurde Armut über Jahrzehnte hinweg nicht mehr als ernstes Problem wahrgenommen. Seit den 50er-Jahren verbesserte sich die Lebenssituation für alle Gesellschaftsschichten und dieser Wohlstand verdrängte die Armut in einem wohl noch nie da gewesenen Ausmass. So wurde auch die Forschung zur Armut bis in die 80er-Jahre eher vernachlässigt. Die Rezession sowie die gesellschaftlichen Veränderungen der 80er- und 90er-Jahre machten die Armut wieder zu einem Thema in Politik und Fachwelt.
In der politischen und wissenschaftlichen Aufarbeitung der Armut kommt es meistens zu Verallgemeinerungen, Anonymisierungen, Unterstellungen und Diskriminierungen.[1] Damit wird man den Menschen, die von Armut betroffen sind, nicht gerecht und man verletzt sie in ihrer Menschenwürde. Politik und Wissenschaft grenzen die Bedürftigen aus und marginalisieren sie. Es geht vergessen, dass die Armen, obwohl sie vom materiellen Konsum und von der Teilhabe an der Gesellschaft ausgeschlossen sind, den Zwängen des Wirtschaftssystems am stärksten ausgesetzt sind.[2]

1.1.1 Definition von Armut

Armut ist im Verlaufe des Modernisierungsprozesses in Europa immer seltener geworden. Diese Aussage trifft zu, wenn mit Armut gemeint ist: Hunger, Not oder Gefahr des physischen Verderbens. Wenn aber mit dem Begriff Armut menschenunwürdige Lebensbedingungen bezeichnet werden, sind nach wie vor viele Menschen in Europa von Armut betroffen.[3] Die Kommission der Europäischen Gemeinschaft definiert jene Menschen als arm, «deren Ressourcen so beschränkt sind, dass sie von dem minimalen Lebensstandard ausgeschlossen sind, der in jenem EU-Mitgliedstaat als akzeptabel gilt, in dem sie leben»[4]. Um sich einen Überblick über die Armut in den europäischen Ländern zu verschaffen, hat die Armutsforschung versucht, die armen Menschen in Prozent der Bevölkerung pro Land zu erheben. Als arm gilt, wer weniger Geld zur Verfügung hat als 50 Prozent des Ausgabendurch-

---

1 Eine ähnliche Entwicklung ist auch in Deutschland festzustellen. Vgl. Hengsbach (1996), 31–33.
2 Türcke (1996), 286.
3 Hradil (1997), 497.
4 Zit. nach Hagenaars et al. (1994), 58. «As operationalisation of the Council Decision which defines poor as those 'whose resources are so limited as to exclude them from the minimal acceptable way of life in the Member State in which they live' [. . .].»

schnitts der Bevölkerung eines Landes.[5] In den Ländern der Europäischen Union ergibt dies Armutsquoten von 3,9 bis 24,5 Prozent,[6] wobei diese Zahlen das Ausmass «objektiver» Bedürfnisbefriedigung der jeweiligen Gesellschaft sichtbar machen.[7] Untersucht wurde auch, wie bestimmte Risikogruppen von Armut betroffen sind (Arme in Prozent der jeweiligen Gruppe bei 50 Prozent der durchschnittlichen Äquivalenzausgaben). Zu diesen Risikogruppen gehören Rentnerinnen und Rentner, Arbeitslose sowie Alleinerziehende. Die Quoten bewegen sich in den verschiedenen Ländern bei den älteren Menschen zwischen 5,8 und 48,5 Prozent (abhängig vom Ausbau des Systems der Alterssicherung), bei den Arbeitslosen zwischen 2,7 und 47,9 Prozent (Arbeitslosigkeit des «Ernährers») und bei den Alleinerziehenden zwischen 2,7 und 27,8 Prozent (ungenügende private Versorgung, Kinderbetreuungseinrichtungen und Arbeitsmarktchancen).[8]
Die Armutsforschung, die den europäischen Raum untersucht, geht also von einem relativen Armutskonzept aus, weil die Verteilung der Einkommen in den Blick genommen wird. Die Einkommensverteilung trägt wesentlich zur Kohärenz der Gesellschaft und zum sozialen Frieden bei. Absolute Armut kommt in den meisten Ländern der Europäischen Union eher selten vor: Alle Länder verfügen über ein Sicherungssystem, das die Menschen vor Hunger und Obdachlosigkeit bewahrt und ihnen eine medizinische Behandlung garantiert.
In der Armutsforschung werden unterschiedliche Armutsdefinitionen verwendet[9]. Jede Begrifflichkeit zielt auf bestimmte Lebensbereiche oder Personengruppen und versucht, eine komplexe Wirklichkeit zu beschreiben. Somit widerspiegeln die Armutsbegriffe wie absolute Armut, relative Armut, traditionelle Armut, neue Armut, anhaltende Armut, qualitative und quantitative Armut, Einkommensarmut, working poor usw. «die Vielfalt der Wahrnehmungen von Wirklichkeit».[10] Im Folgenden beschränke ich mich auf die Definitionen von Armut, die für die Existenzsicherung in der Schweiz von Bedeutung sind.
Da in der zweiten Hälfte des 20. Jahrhunderts immer stärker verschiedene (Berufs-) Gruppen und Gesellschaftsschichten ihre Existenz nicht mehr si-

5 50 Prozent werden als übliche Armutsgrenze bezeichnet, 40 Prozent gelten als «strenge» Armut und 60 Prozent als «milde» Armut. Vgl. Hradil (1997), 498.

6 Hagenaars et al. (1994), 59. In den Ländern der Europäischen Union wurden folgende Armutsquoten in Prozent eruiert: Frankreich (14,7), Spanien (16,9), Portugal (24,5), Italien (21,1), Griechenland (18,7), Irland (15,7), Belgien (7,4), Luxemburg (11,1), Dänemark (3,9), Niederlande (4,8), Grossbritannien (14,8), Deutschland (10,9).

7 Hradil (1997), 499.

8 Hradil (1997), 500–501.

9 Klocke (2000), 313–329. Klocke bietet eine gute Übersicht über die Methoden der Armutsforschung.

10 Marazzi (2003), 35.

chern können, wird von «neuer» Armut gesprochen. Die Faktoren, die Armutssymptome verursachen können, haben sich ausdifferenziert und vervielfacht; die Gesellschaft ist komplexer geworden.[11] Aus dieser Perspektive erscheint Armut als vielschichtiges, mehrdimensionales Phänomen.
Für ein umfassendes Verständnis von Armut spielt der Begriff der Menschenwürde[12] eine grosse Rolle, denn Armut ist mehr als nur Mangel an finanziellen und materiellen Ressourcen[13]. Im Lebenslagenkonzept[14] beispielsweise wird Armut verstanden als «Beschränkung bis Verhinderung einer menschenwürdigen Art, Grundbedürfnisse zu befriedigen [...] sowie die mangelhafte oder abwesende Lebensqualität hinsichtlich von Bildung und Kultur und sozialer wie politischer Partizipation»[15]. Der soziokulturelle Armutsbegriff[16] spricht von permanent verletzter Menschenwürde, wenn die Grundbedürfnisse nur mangelhaft oder gar nicht befriedigt werden können und die Teilnahme an der Gesellschaft oder die Gestaltung des sozialen oder kulturellen Lebens nicht gewährleistet ist.[17] Diese beiden Begriffe gehen über die rein materielle Armutsdefinition hinaus.
Der Begriff relative Armut lenkt den Blick darauf, dass Armut strukturell bedingt ist. Armut und soziale Ungleichheit gelten im Sinne des Marxismus als Ergebnis kapitalistischer Produktionsverhältnisse und Kennzeichen sozialer und politischer Machtverhältnisse.[18] Armut ist nicht naturgegeben, sondern sie ist ein Produkt menschlicher gesellschaftlicher Beziehungen[19] (strukturell) und entsteht aus der «Kumulation sozialer Benachteiligung»[20]. Armut wird verstanden als «absolute Defizienz von Mitteln zur Befriedigung von menschlichen Grundbedürfnissen in einer Welt, die potenziell für alle ausreichende Lebensbedingungen bieten kann.»[21] Einige sozialpolitische Studien aus den 90er-Jahren relativieren jedoch, dass Armut aus kollektiven Lebenslagen der industriellen Arbeitsgesellschaft entsteht. Die Ursachen werden gesehen in neuen individuellen Risiken wie etwa im Scheitern von Lebensentscheidungen oder in einer nicht geglückten Lebensplanung.[22]

---

11 Marazzi (2003), 36.
12 Thielen (1996), 257–267.
13 Zum Thema Mangelbegriff vgl. Eichler (2001), 17–23.
14 Bertram/Dannenbeck (1990), 207–229.
15 Thielen (1996), 269.
16 Vgl. dazu auch das soziokulturelle Existenzminimum, das über das soziale Existenzminimum hinausgeht: Schmid/Wallimann (1998).
17 Thielen (1996), 269.
18 Dietz (1997), 64–67.
19 Gerstenberg (1996), 160.
20 Dietz (1997), 111.
21 Gerstenberg (1996), 157.
22 Hengsbach (1996), 12.

In der Schweiz wie auch in den westeuropäischen Ländern wird ein mehrdimensionaler Armutsbegriff[23] verwendet, der die Lebenslagen berücksichtigt. «Das Lebenslagenkonzept ist ein Ansatz zur Bestimmung von Unterversorgung in zentralen Lebensbereichen wie Wohnen, Gesundheit, Bildung, Arbeit etc. Es wird geprüft, inwieweit in den verschiedenen Lebensbereichen ein Mindeststandard erreicht wird. Armut liegt vor, wenn in mehreren Bereichen der definierte Mindeststandard nicht erreicht wird.»[24] Bei dieser Armutsanalyse werden auch soziale Herkunft, Demographie und Bewältigungsstrategien miteinbezogen.[25]

1.1.2 Armutsstudien in der Schweiz

Bis Ende der 70er-Jahre gab es in der Schweiz kaum Untersuchungen zu Reichtum und Armut. 1983 untersuchte die Studie «Die Wohlstandsverteilung in der Schweiz» im Auftrag des Bundesamtes für Konjunkturfragen die personelle Einkommens- und Vermögensverteilung der Jahre 1978/1979 und stellte fest, dass der Reichtum ungleich verteilt ist: Am 1.1.1979 besassen die vermögendsten 5 Prozent Steuerpflichtigen rund 50 Prozent des Vermögens.[26] Die wirtschaftsethische Studie «Sicherung des Existenzminimums im nationalen und internationalen Kontext» von 1987 belegte, dass in der Schweiz im Jahr 1976 419'000 Menschen ihren Lebensunterhalt mit ungefähr 1'000 Franken (Alleinstehende) oder 1'500 Franken (Paare) bestreiten mussten und unter materieller Not litten.[27] 1988 bezifferte Buhmann in ihrer empirischen Analyse die wahrscheinliche Armutsquote für 1982 unter Berücksichtigung von Einkommen und Vermögen mit 2,7 bis 9,3 Prozent. In absoluten Zahlen lebten 170'000 bis 570'000 Personen in Armut.[28] Aktuellere Armutsquoten finden sich in den Studien «Lebensqualität und Armut in der

23 Sichtbar ist das mehrdimensionale Verständnis von Armut auch in den kantonalen Sozialhilfegesetzen. Die Sozialhilfe gewährleistet mehr als die materielle Existenzsicherung (wirtschaftliche Sozialhilfe). Für die Linderung von Notsituationen stehen die persönliche und programmatische Sozialhilfe zur Verfügung. Die programmatische Hilfe wird im Rahmen der persönlichen Hilfe geleistet und umfasst Hilfestellungen zum Erhalt der Erwerbsfähigkeit wie Bildungs- und Beschäftigungsprogramme. Zum Teil haben diese Programme das Ziel, den Betroffenen eine Tagesstruktur zu geben.

24 Fluder/Stremlow (1999), 356.

25 Leu et al. (1997), 56.

26 Ernst (1983), 242–244.

27 Enderle (1987), 73, 77. Als Berechnungsgrundlage wurde die Armutsgrenze bei 60 Prozent des netto verfügbaren Einkommens angesetzt.

28 Buhmann (1988), 212; Buhmann (1989), 124–125.

Schweiz»[29] von 1997 und «Working Poor in der Schweiz»[30] von 2001. Leu, Burri und Priester gehen für das Jahr 1992 von einer Armutsquote von 4,8 bis 11,4 Prozent aus. Streuli und Bauer beziffern für 1999 eine Quote von 7,5 Prozent working poor. In absoluten Zahlen sind dies 250'000 erwerbstätige Personen in 169'000 Haushalten mit insgesamt 535'000 Haushaltsmitgliedern. Die Studie «Existenzsicherung im Föderalismus der Schweiz»[31] von 2003 kommt auf eine Armutsquote von 10,6 Prozent, dies entspricht 250'000 Haushalten. Im Jahr 1992 betrug diese Zahl 170'000 Haushalte. Die Untersuchung «Reichtum in der Schweiz»[32] von 2002 leuchtet die Hintergründe des Reichtums aus. Im Blickfeld liegt die Verteilung der finanziellen Ressourcen: Rund 3 Prozent der Bevölkerung verfügen über 50 Prozent des gesamten Vermögens.

Die verschiedenen Studien lassen zwei Schlüsse zu: Es gibt Armut in der Schweiz, aber sie lässt sich nicht eindeutig beziffern. Die jeweils gewählten Erhebungsmethoden unterscheiden sich stark und erlauben kaum Quervergleiche.

29 Leu et al. (1997), 423. Die Autoren stellen fest, dass diese Quote zwischen 1982 und 1992 in der Schweiz nicht angestiegen ist. In Deutschland hingegen hat die Armutsrate in den letzten 20 Jahren stark zugenommen und hat sich auf einem hohen Niveau stabilisiert. Wohlstand ist nicht mehr für alle, sondern nur noch für die meisten gesichert. Die Bedürftigen verschwinden aus den normalen sozialen Räumen und den Zusammenhängen der Bevölkerungsmehrheit. Vgl. Hengsbach (1996), 8.

30 Streuli/Bauer (2001), 7, 9–13. Working poor sind Personen, die einer bezahlten Arbeit von mindestens einer Wochenstunde nachgehen und in einem Haushalt leben, dessen Einkommen unter der Armutsgrenze liegt. Es werden «Working Poor» und «Vollzeit-Working Poor» unterschieden. Letztere leben in einem Haushalt, dessen Mitglieder gesamthaft mindestens 36 Wochenstunden erwerbstätig sind.

31 Wyss (2003), 4. Die Studie ermittelte zusätzlich zur Armutsquote die Gesamtquote der armutsgefährdeten Personen für das Jahr 1999 und eruierte eine Ziffer von etwa 38 Prozent der Bevölkerung. Der Begriff «armutsgefährdet» wird nicht klar definiert, ist aber vermutlich in Bezug zu den Sozialtransfers zu sehen, die Armut vermeiden sollen. Vgl. dazu die Studie von Suter/Mathey (2000). Eine Untersuchung aus dem Jahr 2003 für das Jahr 1998 stellt fest, dass vor Berücksichtigung der bedarfsabhängigen Transfers die Armutsquote (gemäss Richtlinien der Schweizerischen Konferenz für Sozialhilfe, SKOS-Richtlinien) 5,9 Prozent betrug. Nach erfolgten bedarfsabhängigen Transfers sank die Armutsquote um 28 Prozent auf 4,2 Prozent aller Haushalte. Die Sozialhilfe vermag lediglich 0,3 Prozentpunkte der Armutsquote der Bevölkerung im erwerbsfähigen Alter zu senken. Suter, (2000), 16. Ein wichtiges Element eines Sozialtransfers ist das Ziel der Einkommensumverteilung zwischen Einkommensstarken und Einkommensschwachen. Das Finanzierungsmodell einer Transferleistung ist wesentlich für eine ethische Beurteilung.

32 Mäder/Streuli (2002), 50.

1.2 Armutsauslösende Faktoren

Armut ist ein mehrdimensionales Phänomen. Individuelle wie auch strukturelle Faktoren können zu sozialen Problemen[33] und zu Armut führen. Diese Faktoren sind den sozioökonomischen und soziographischen Wandlungen der Gesellschaft unterworfen. Auslöser für soziale Probleme sind einerseits die individuelle physisch-psychische Konstitution wie Erwerbsunfähigkeit, schlechte Gesundheit, Einsamkeit, soziale Isolation, Suchtprobleme, Verschuldung[34], Überlastung im Privatleben und im Beruf sowie das individuelle soziale Umfeld. Andererseits tragen die gesellschaftlichen Rahmenbedingungen wie Arbeitsmarkt (Erwerbslosigkeit), Zugang zu Bildung und Freizeitgestaltung oder Konsumismus zur Entstehung von sozialen Problemen bei. Soziale Probleme sind in den verschiedensten Lebenslagen auszumachen und betreffen materielle oder immaterielle, objektive oder subjektive Bereiche und Aspekte.[35] Diese Probleme wiederum verstärken die auslösenden Faktoren und ziehen noch grössere gesundheitliche, soziale und materielle Probleme nach sich.

1.2.1 Risikogruppen und soziale Probleme

Das Risiko, in Armut zu geraten, ist für bestimmte Personengruppen höher als für andere. Die Merkmale und Lebenssituationen dieser Menschen ermöglichen Rückschlüsse auf die Ursachen der Armut.[36] In den verschiedenen Armutsstudien werden hauptsächlich folgende Risikogruppen genannt: Alleinerziehende, Familien, ältere Menschen, Erwerbslose sowie Ausländerinnen und Ausländer. Die Untersuchung der Problemlagen in den Lebensbereichen zeigt, dass gesundheitliche Einschränkungen am häufigsten auftreten.[37] Die Lebenssituationen dieser Personen können zu sozialen Problemen führen, die im Blick auf die Sozialhilfe von besonderer Bedeutung sind.

---

33 Soziale Probleme beeinträchtigen Menschen oder Gruppen in ihrer Lebenssituation, sodass sie als veränderungsbedürftig definiert werden und zum Gegenstand politischer Programme und Massnahmen gemacht werden. Vgl. Pfeuffer (2003), 283.

34 Laut einer Erhebung von 1999 über die soziodemographische Zusammensetzung der überschuldeten Haushalte in der Schweiz sind vor allem alleinstehende Personen verschuldet, nämlich 68 Prozent (32 Prozent sind ledig, 34 Prozent geschieden oder getrennt). Zaborowski (1999), 13.

35 Niklowitz (2002), 5.

36 Hradil (1997), 500.

37 Leu et al. (1997), 294.

Einelternfamilien, Alleinerziehende
1980 gab es in der Schweiz 124'400 Einelternfamilien, 1990 bezifferten sie sich auf 145'100. Im Jahr 2000 wurden 161'300 Einelternfamilien eruiert, in denen ungefähr 367'000 Personen lebten[38]. Im Vergleich dazu belief sich die Zahl der (Ehe-)Paare mit Kindern auf 898'300. Die Armut der Alleinerziehenden ist darauf zurückzuführen, dass die private Versorgung ungenügend ist, dass zu wenig familienergänzende Kinderbetreuung vorhanden ist und dass die Chancen auf dem Arbeitsmarkt eingeschränkt sind.

Menschen mit ungenügender Bildung
Menschen mit einer defizitären Grundschul- und Berufsausbildung haben im aktuellen Arbeitsmarkt Schwierigkeiten, eine Arbeit zu finden und damit ihre Existenz zu sichern (vgl. Junge Erwachsene ohne Einkommen). Eine empirische Untersuchung über die Situation von Ausgesteuerten in der Schweiz (Befragungszeitraum 1999) zeigt verschiedene Faktoren auf, welche die Arbeitssuche erschweren. Die relevantesten Merkmale sind das Alter, Bildungsdefizite, zu wenig (Berufs-)Erfahrung, Überqualifikation und Sprachprobleme.[39] Zwischen 2003 und 2004 stieg gemäss SAKE (Schweizerische Arbeitskräfteerhebung) bei den Personen ohne nachobligatorische Ausbildung die Erwerbslosenquote von 6,5 auf 7,3 Prozent an.[40] Gemäss seco (Staatssekretariat für Wirtschaft) waren im September 2005 29 Prozent der Arbeitslosen in Hilfsfunktionen tätig, 54,5 Prozent in Fachfunktionen.[41] Die Arbeitskräfte in Hilfsfunktionen stellen somit die zweitgrösste Gruppe der Arbeitslosen dar.

Junge Erwachsene ohne Einkommen
Für eine Gruppe von jungen Erwachsenen ist der Einstieg ins Berufsleben über die reguläre Ausbildung und Beschäftigung schwierig; er erfolgt oft über Umwege, Zwischenlösungen oder Umschulungen. Zu dieser Gruppe gehören vor allem junge Frauen und Männer aus einem tieferen sozialen und bildungsfernen Milieu sowie aus Migrantenfamilien. Die jungen Erwachsenen mit Migrationshintergrund sind mit Problemen und Hindernissen konfrontiert, die auch mit ihrem Status als Angehörige einer Minderheit zu tun haben. Die SAKE 2004 eruierte für die Altergruppe von 15–24 Jahren eine Erwerbslosenquote von 7,7 Prozent bei einer gesamten Erwerbslosenquote von 4,3 Prozent.[42]

---

38 Bundesamt für Statistik (2005f), 144.
39 Aeppli (2000), 113.
40 Bundesamt für Statistik (2005a), 10.
41 Staatssekretariat für Wirtschaft (seco) (2005), 18.
42 Bundesamt für Statistik (2005a), 11.

Menschen mit Migrationshintergrund
Ausländerinnen und Ausländer sind überdurchschnittlich stark von Armut betroffen.[43] Eine grosse Gruppe der ausländischen Erwerbstätigen arbeitet im Dienstleistungssektor sowie in prekären Arbeitsverhältnissen. So ermittelte die SAKE 2004 8,9 Prozent erwerbslose Ausländerinnen und Ausländer. Im Vergleich dazu betrug die Erwerbslosenquote bei den Schweizerinnen und Schweizern 3,0 Prozent.[44]

Langzeitarbeitslose und Ausgesteuerte
Die Situation der Ausgesteuerten in der Schweiz wird vom Staatssekretariat für Wirtschaft (seco) seit mehreren Jahren immer wieder untersucht.[45] Je länger die Arbeitslosigkeit andauert, desto geringer werden die Chancen, dass die betroffenen Menschen eine Arbeit finden.[46] Gemäss SAKE 2004 waren 60'000 Menschen mehr als ein Jahr erwerbslos, 119'000 weniger als ein Jahr.[47]

Working poor
Als working poor gelten Haushalte, deren Haushaltseinkommen trotz Erwerbstätigkeit[48] nicht über der Armutsgrenze liegt,[49] mit anderen Worten, der Lohn sichert die Existenz nicht. 1999 betrug die Quote 7,5 Prozent working poor bezogen auf alle Erwerbstätigen, das sind rund 250'000 Erwerbstätige zuzüglich 285'000 Haushaltsangehörige, insgesamt also 535'000 Menschen.[50] Bei der Erhebung wurde die Armutsgrenze auf der Höhe des sozialen Existenzminimums nach den Richtlinien der Schweizerischen Konferenz für Sozialhilfe (SKOS) festgelegt.[51]

43 Bundesamt für Statistik (2006), 24. Die Sozialhilfequote für Ausländerinnen und Ausländer beträgt gemäss Sozialhilfestatistik 2004 5,8 Prozent. Bei den Schweizerinnen und Schweizern beträgt die Quote 1,9 Prozent.
44 Bundesamt für Statistik (2005a), 11.
45 Aeppli (2000), 7.
46 Aeppli (2000), 135–138.
47 Bundesamt für Statistik (2005a), 11; Vgl. auch Drilling (2004a): Seine Studie beschäftigt sich mit der Armutsgefährdung von Jugendlichen und jungen Erwachsenen.
48 Liechti/Knöpfel (1998), 15. Sie schlagen vor, von einem Beschäftigungsgrad von 90 Prozent für den ganzen Haushalt auszugehen. Damit wird die Teilzeitarbeit und zunehmende Erwerbstätigkeit der Frauen besser berücksichtigt.
49 Kutzner et al. (2004), 40.
50 Streuli/Bauer (2001), 7, 9–13.
51 Streuli/Bauer (2001), 59. Zum Zeitpunkt der Studie galten die SKOS-Richtlinien 2000. Soziales Existenzminimum siehe auch Kapitel 3. Strukturen und Besonderheiten der sozialstaatlichen Instrumente in der Schweiz.

Ältere Menschen
Die Alterssicherung hängt davon ab, wie hoch das versicherte Einkommen während der Erwerbszeit war und ob zusätzlich eine private Vorsorge getroffen werden konnte. Die Altersvorsorge ist im Grundsatz geregelt mit der Alters- und Hinterlassenenversicherung (AHV), mit der 2. oder 3a Säule sowie mit den Ergänzungsleistungen zur AHV. Da die Lebenserwartung in den vergangenen Jahrzehnten angestiegen ist, leben immer mehr pflegebedürftige Rentnerinnen und Rentner in einem Pflegeheim, deren staatliche und private Alterssicherung nicht ausreicht, um den Aufenthalt zu finanzieren.

Bei den oben beschriebenen Personengruppen kumulieren sich häufig mehrere soziale Probleme. Diese Menschen sind Mehrfachbelastungen ausgesetzt und sie leiden unter Überforderung, Versagensängsten, Schuldgefühlen, mangelndem Selbstwertgefühl, Isolation und psychosomatischen Erkrankungen.[52] Der Gesundheitszustand wird massgeblich beeinflusst von den Lebensbedingungen und der Lebensqualität: «Bei Erwachsenen aus den untersten sozialen Schichten ist das Risiko schlechter Gesundheit etwa viermal grösser als bei jenen aus der höchsten Bildungsschicht, mit hohen Einkommen und hohem beruflichem Status.»[53] Mit den kumulierten Problemen steigt das Armutsrisiko. Eine Studie der Caritas Schweiz von 2002 hält fest, dass Armut wiederum die Gesundheit belastet und Erkrankungen begünstigt.[54] Zu den häufigsten Erkrankungen zählen:

Chronische körperliche Schmerzen
Viele Menschen leiden an chronischen körperlichen Schmerzen, für die keine organischen Ursachen nachgewiesen werden können. Obwohl die chronischen Schmerzen unter Umständen zu Erwerbsunfähigkeit führen können, stellen sie noch keinen ausreichenden Grund für eine IV-Rente dar, wenn kein eindeutiger medizinischer Befund vorliegt.

Psychische Störungen
In den letzten Jahren haben psychische Störungen zugenommen. Spürbar ist dies insbesondere bei den Sozialversicherungen.[55] 1985 erhielten 24 Prozent der Bezügerinnen und Bezüger ihre Rente aufgrund einer psychischen Erkrankung, 2001 waren es 32 Prozent. Die invalidisierende Wirkung von

52 Bundesamt für Statistik (2003b), 82–85.
53 Suter et al. (2004), 43.
54 Künzler/Knöpfel (2002), 45–48.
55 Murer (2002).

psychischen Störungen ist wegen der unklaren Kausalität jedoch schwer nachweisbar.[56]

Suchtprobleme

In der Schweiz trinken gemäss einer Studie von 2003 164'000 Männer und Frauen chronisch und episodisch zu viel Alkohol, 895'000 trinken episodisch zu viel alkoholische Getränke.[57] Rund 60'000 Personen konsumieren Heroin und/oder Kokain, etwa die Hälfte davon ist von diesen Suchtmitteln abhängig.[58] Oftmals stehen die Suchtprobleme in Zusammenhang mit anderen Problemen. Während der Suchtmittelkonsum bei den einen unauffällig und im Verdeckten geschieht, führt er bei anderen zu offensichtlicher Desintegration und Erwerbsunfähigkeit.

Da bei den erwähnten Erkrankungen die Kausalität bezüglich der Erwerbsunfähigkeit nicht immer eindeutig festgestellt werden kann, können die betroffenen Menschen weniger häufig Leistungen der entsprechenden Sozialversicherungen beanspruchen und sind vermehrt auf die Sozialhilfe angewiesen.

1.2.2 Differenzierung der Armutsursachen

Die Differenzierung der Armutsursachen wird besonders dann aktuell, wenn die Anzahl der Armen zunimmt. Seit in der Schweiz die Soziallastquote[59] angestiegen ist und sich damit dem europäischen Niveau angeglichen hat[60], werden die Institutionen der sozialen Sicherheit kritisiert. Die Sparforderungen der Politik in den Bereichen Gesundheit, Soziales und Bildung werden vorangetrieben und zum Teil auch in die Finanzplanungen des Bundes, der Kantone und der Gemeinden integriert. Im Visier der Spar-

---

56 Murer (2002), 3. Entsteht die Erwerbsunfähigkeit durch wirtschaftliche Gründe wie Arbeitslosigkeit, Mangel an Arbeitsmöglichkeiten oder durch persönliche Gründe wie Alter, mangelhafte Bildung sowie fehlende Sprachkenntnisse, ist eine Person im Sinne des Gesetzes nicht invalid. Breitenmoser (2002), 144–145. Zum Verhältnis zwischen IV und Sozialhilfe siehe Breitenmoser (2002), 150.

57 Schweizerische Fachstelle für Alkoholfragen (2004), 13.

58 Quelle bei: http://www.sfa-ispa.ch/index.php?IDtheme=100&IDarticle=879&langue=D, (Stand 13.10.2004); Estermann (1996), 156. Estermann geht von mehr als 50'000 Personen aus, die Heroin oder Kokain konsumieren (inkl. integrierte, mässig Konsumierende).

59 Soziallastquote = Quotient aus Sozialversicherungseinnahmen und Bruttoinlandprodukt (BIP). Die Soziallastquote ist der Indikator für die relative Belastung der Volkswirtschaft durch die Sozialversicherungseinnahmen. Sozialleistungsquote = Quotient aus Sozialleistungen und Bruttoinlandprodukt (BIP). Die Sozialleistungsquote gibt an, welcher Teil der gesamten Wirtschaftsleistung den Empfängerinnen und Empfängern von Sozialleistungen zur Verfügung steht.

60 Obinger (1998), 77.

vorschläge waren die Sozialhilfe in den 90er-Jahren sowie die Invalidenversicherung Ende der 90er-Jahre im kollektiven Bereich (beispielsweise Betriebsbeiträge an Behindertenwerkstätten und -heime) und seit 2003 im individuellen Bereich (Renten).
Die zunehmende Kritik an den Instrumenten der sozialen Sicherheit bedient sich einer geschichtlich weit zurückreichenden Differenzierung von Armutsgründen.[61] Die Gesellschaft anerkennt bestimmte Ursachen, die es den Menschen verunmöglichen, ein existenzsicherndes Einkommen zu erzielen. Ein Indiz für diese Akzeptanz sind die Sozialversicherungen, welche die verschiedenen sozialen Notlagen auffangen. Es sind dies:[62] Unfall und Krankheit im Militärdienst, Krankheit, Invalidität, Verlust des Ernährers, Familiengründung, Austritt aus dem Erwerbsleben, Arbeitslosigkeit und unzureichende Altersvorsorge. Unterstützung erhalten jene Personen, die eindeutige Merkmale aufweisen. Körperliche Beeinträchtigungen, welche die Existenzsicherung aus eigener Kraft einschränken, sowie die Abwesenheit des Ernährers auf Grund von Tod, Unfall oder Krankheit erfahren die höchste moralische Anerkennung und werden durch die Versicherungen AHV, UVG (Unfallversicherungsgesetz) und KVG (Krankenversicherungsgesetz) abgedeckt. Die finanzielle Absicherung des Alters (AHV als 1. Säule) ist in der Schweiz seit rund 50 Jahren unumstritten und hat eine hohe Akzeptanz. Als im Jahr 2002 Turbulenzen an den Aktienmärkten zu Problemen bei der Finanzierung der Pensionskassen (2. Säule) führten, kamen Diskussionen um die Alterssicherung auf. Dabei standen die Senkung der Renten, die Anhebung des Rentenalters und sogar der Ausschluss der höheren Einkommensschichten zur Debatte. Diese Auseinandersetzung ist nach wie vor im Gange, unter anderem auch wegen der demographischen Entwicklung.
Zusätzlich zu den anerkannten Ursachen gibt es weitere Risiken, die Armut hervorrufen können. Die Differenzierung dieser Ursachen in körperliche, psychische, zivilstandsbedingte und nationalitätsbedingte führt zu Ausgrenzungen und moralischen Bewertungen.[63] Weil die Ursache der Armut nicht anerkannt wird, werden auch die Betroffenen nicht anerkannt und sie gera-

---

61 Differenzierungen und moralische Wertungen im Zusammenhang mit der Armut sind bereits im Mittelalter nachzuweisen: So etwa wurde unterschieden zwischen den rechtmässigen Armen, die wegen ihres körperlichen Zustandes (Alter, Krankheit) Unterstützung beanspruchen können und den gefährlichen Verbrechern am Rande der Gesellschaft oder den Landstreichern. Positiv beurteilt auf Grund ihrer Stellung wurden auch Witwen und Kinder. Geremek (1991), 207–208. Die Ursachentypisierung ist sehr anfällig für die Aufspaltung in gute Sozialhilfeklientel und schlechte, die ihre Situation «mitverschuldet» hat. Dietz/Naumann (1999), 496; Enderle (1989), 156–157.

62 Die Reihenfolge entspricht etwa der zeitlichen Realisierung der jeweiligen Versicherung oder des Versicherungszweiges.

63 Vgl. Geremek (1991), 207–208.

ten moralisch unter Druck. Vielfach wird davon ausgegangen, dass diese Menschen ihre Situation mitverschuldet haben, deshalb übernimmt die Gesellschaft für sie weniger Verantwortung. Ein weiterer Grund für die fehlende Anerkennung ist darin zu sehen, dass häufig keine klare Ursache die Bedürftigkeit auslöst. Die Sozialberichterstattung[64] des Kantons Zürich von 2001 zeigt, dass nicht nur Einzelprobleme zu Armut führen, sondern dass sehr oft (25 bis 75 Prozent der Fälle) mehrere Probleme vorhanden sind.
Beigetragen zur Differenzierung der Armutsursachen haben auch die Interessenverbände[65] bestimmter Gruppen, die sich für die gesellschaftliche Akzeptanz und die materielle Absicherung der gruppenspezifischen Merkmale wie körperliche Behinderungen oder Gebrechlichkeit durch eine Sozialversicherung einsetzen.[66] Den anderen Gruppen, die einer Unterstützung bedürfen, wird damit indirekt eine marginale Rolle zugeschoben, weil sich keine spezielle Lobby für sie stark macht. Bei den Suchtkranken, psychisch Kranken, Alleinerziehenden oder working poor zahlt sich ein Engagement offenbar wenig aus, denn die moralische Bewertung dieser Menschen fällt in der Gesellschaft schlecht aus. Ohne Anerkennung durch die Sozialversicherungen verbleiben sie bei der Sozialhilfe, die damit für einige noch nicht geregelte und nicht eindeutige soziale Probleme zuständig ist. Gemäss Definition soll die Sozialhilfe nur vorübergehende Notlagen überbrücken. Die schweizerische Sozialhilfestatistik zeigt jedoch ein anderes Bild: So weist sie in ihren ersten gesamtschweizerischen Ergebnissen eine Sozialhilfequote von 3 Prozent der Gesamtbevölkerung für das Jahr 2004 auf.[67] Diese Quoten lassen den Schluss zu, dass die Sozialhilfe nicht ausschliesslich vorübergehende Notlagen auffängt, sondern eine ausgeweitete und dauernde Funktion wahrnimmt.
Da die Komplexität der Gesellschaft zugenommen hat, sind die Faktoren, die soziale Probleme und Armut verursachen können, vielfältiger geworden. Der Sozialstaat reagiert auf diese Risiken mit neuen differenzierten Hilfsangeboten wie beispielsweise mit dem Ausbau der Sozialversicherungsleis-

64 Vgl. die Problemmerkmale: Bundesamt für Statistik (2003b), 82–85.
65 Zum Beispiel Pro Senectute, Pro Infirmis.
66 So wird teilweise die Meinung vertreten, pflegebedürftigen pensionierten Personen könne nicht zugemutet werden, Sozialhilfe ergänzend zu den Leistungen der AHV und der EL zu beziehen, da dies entwürdigend sei. Diese Einschätzung zeigt auf, dass die Differenzierung von Problemsituationen für eine bestimmte Gruppe eine moralische Besserstellung bewirken soll. Ausführlicher dazu: Grossrätlicher Vorstoss im Kanton Luzern: Interpellation über die Kostenentwicklung in Alters- und Pflegeheimen und deren Finanzierung, Nr. 397, eröffnet am 25. Juni 2001, zugänglich über: http://www.lu.ch/PublicationenCM/pdf/vorstoesse_antworten/i_397_antwort.pdf, (Stand 2005).
67 Bundesamt für Statistik (2006), 12.

tungen[68] für bestimmte Probleme oder mit Beratungsangeboten wie Schuldensanierungsstellen. Die Differenzierung der Armutsursachen basiert hingegen auf alten Erklärungsmustern, welche die Risiken einteilen in anerkannte und weniger anerkannte Formen. Augenfällig wird die moralische Bewertung auch in den Diskussionen über den Missbrauch von Versicherungsleistungen bei den gesellschaftlich breit abgestützten und politisch verankerten Institutionen der sozialen Sicherheit (IV, ALV und KVG). So prangerte die Schweizerische Volkspartei (SVP) im Jahr 2003 den Missbrauch der IV an und bezeichnete psychisch kranke Menschen als Scheininvalide. Der starke Anstieg von psychischen Problemen und der Invalidisierung wegen psychischen Problemen wurde auf die Ärztedichte zurückgeführt.[69] Bei der Sozialhilfe wird die Missbrauchsthematik politisch und fachlich instrumentalisiert. Verlangt wird aufgrund der Missbrauchsgefahr beim Bezug von Leistungen eine restriktivere Handhabung der Sozialhilfe und Sozialpolitikerinnen und Sozialpolitiker sowie Sozialarbeitende schrecken nicht davor zurück, Personalforderungen damit zu begründen, dass mit genauerer Kontrolle Missbräuche verhindert werden können.[70] Die Differenzierung von Ursachen führt in den politischen Diskussionen zu einer Bewertung von Lebenssituationen, die dem Individuum nicht gerecht wird.

1.3 Zusammenfassung

Die Sozialhilfe der Schweiz geht von einem mehrdimensionalen Armutsbegriff aus, der die Lebenslagen berücksichtigt. Armut ist mehr als ein finanzieller und materieller Mangel, Armut ist auch eine Einschränkung eines menschenwürdigen Lebens und verunmöglicht die Teilhabe am gesellschaftlichen Leben. Die Armutsforschung belegt, dass Armut in der Schweiz eine Realität ist, dass sie aber nicht eindeutig beziffert werden kann, weil unterschiedliche Untersuchungsmethoden zum Einsatz kamen. Es lässt sich feststellen, dass bestimmte Risikogruppen vermehrt von Armut betroffen sind und dass sich bei diesen Personengruppen häufig mehrere soziale Probleme kumulieren. Durch den Ausbau des Sozialstaates hat eine Differenzierung zwischen anerkannten Ursachen (Sozialversicherungen) und nicht anerkannten Ursachen (Sozialhilfe) stattgefunden.

---

68 Gemeint sind etwa spezielle Regelungen der Arbeitslosenversicherung für ältere Arbeitnehmerinnen und Arbeitnehmer.

69 So titelte der Tages-Anzeiger vom 13. Juni 2003, 1: «Blocher will gegen ‹Scheininvalide› vorgehen.»

70 Fritschi (2003), 18.

2 Der schweizerische Sozialstaat

2.1 Geschichtliche Entwicklung des Sozialstaates als Antwort auf die Armut

Der schweizerische Sozialstaat kann im europäischen Kontext als «Spätzünder» bezeichnet werden. Die langsame Realisierung der sozialen Sicherheit ist auf die föderalistische Ausgestaltung der Schweizer Politik zurückzuführen. Durchschnittlich verstrichen bei den wichtigsten Sozialversicherungsgesetzen fast 25 Jahre zwischen der Schaffung des Kompetenzartikels in der Bundesverfassung und dem Inkrafttreten des Gesetzes.[71]
Der schweizerische Sozialstaat entwickelte sich ab 1900 aus dem Armenwesen sowie aus den privaten Unterstützungskassen und unternehmerisch-patronalen Sozialleistungen. Diese beiden Formen der Hilfe für Bedürftige sind bis heute erkennbar in der Sozialhilfe einerseits und in den Sozialversicherungen andererseits. Die Sozialhilfe blieb föderalistisch organisiert im Gegensatz zu den Sozialversicherungen, die auf Bundesebene angesiedelt wurden.
Das folgende Kapitel beschreibt die Entstehung der kommunalen Sozialhilfepolitik und der Sozialpolitik der Kantone und des Bundes. Der Begriff der Sozialpolitik hat unterschiedliche Bedeutungen. Während die Sozialpolitik im weiteren Sinne auch die Gesundheits-, Arbeits- und Bildungspolitik beinhaltet, meint die Sozialpolitik im engeren Sinne nur jene Massnahmen, die für die direkte Armutsbekämpfung und -verhinderung eingesetzt werden wie die Sozialversicherungen oder die Sozialhilfe.[72] Die Sozialpolitik auf Bundesebene konzentriert sich oftmals auf die Sozialversicherungspolitik und die Sozialhilfe als wichtiges Instrument der sozialen Sicherheit wird vernachlässigt. Auf Gemeindeebene wird vor allem Sozialhilfepolitik betrieben.

2.1.1 Die kommunale Sozialhilfepolitik

Vor 1900 war das Armenwesen, das sich auf kommunaler Ebene entwickelte, zuständig für die Fürsorge. Das Armenwesen kann daher als Anfang aller staatlich organisierten sozialen Sicherungssysteme bezeichnet werden. Seine Wurzeln reichen historisch weit zurück. In der Zeit der Feudalherrschaft vom 10.–13. Jahrhundert herrschte durch das Lehenswesen eine geschlossen strukturierte Organisationsform der Gesellschaft vor. Sie zeichnete sich

---

71 Obinger (1998), 173.
72 Carigiet (2003), 301–302. Vgl. auch Kapitel 3.2.1. Grundsätzliche Unterscheidungen und Ziele der Sozialhilfe.

aus durch die Vormachtstellung der familialen Sippe und der Blutsbande sowie durch das Verhaftetsein in dauerhaften, in den beschränkten territorialen Gemeinschaften verankerten Abhängigkeits- und Interdependenzbeziehungen.[73] Individuelle Schicksalsschläge wie Gebrechlichkeit oder ein Unfall konnten das Individuum daran hindern, seine Position im System von Austauschbeziehungen zu halten. Die primären Sozialbeziehungen wurden dadurch überbeansprucht und die kommunale Gemeinschaft versuchte, diese Überlastung aufzufangen. Die Gemeinden (Gemeinschaften) stellten das Gleichgewicht durch die Mobilisierung ihrer Eigenressourcen wieder her: «Dadurch, dass sie [die Gemeinden] die wirtschaftlichen und beziehungsmässigen Ressourcen der familiären und/oder lokalen Umgebung um Unterstützung angehen, bewirken sie eine ‹Wiederankoppelung› der destabilisierten Individuen.»[74] Zur Zeit der Feudalsysteme wurden die Schwächeren durch die «Gunst der Stärkeren» mitgetragen. Der Status des Untergebenseins brachte auch Vorteile mit sich: Unter der Patronage eines Mächtigen zu stehen und einer Wohngemeinde angehören, bot eine «maximale Absicherung gegen die Wechselfälle der Existenz»[75]. Die Solidarität in der Gemeinschaft trug die Bedürftigen so lange, bis sie sich selber aus der misslichen Notlage befreien konnten oder bis die Grenzen der gemeinschaftlichen Ressourcen erreicht waren. Die Unterstützung war daher nicht für eine lange Dauer gedacht. Gelang es den Armen nicht, ihre Situation zu verbessern, ergriff die Gemeinschaft Sanktionen, um ihr Gleichgewicht zu erhalten. Arme, die ständig auf Unterstützung angewiesen waren, wurden ausgestossen, verfolgt, verachtet und stigmatisiert[76]. Sie hatten einen schlechten Ruf und galten als unmoralisch.[77]

Die (Feudal-)Gesellschaften waren wenig offen für Neues und für Menschen, die auf der Suche nach Arbeit zuwanderten. In Dorfgemeinden herrschte bis rund 1500–1550 das Einwohnerprinzip, das heisst, die Zugehörigkeit zu einer Gemeinde wurde ausschliesslich durch die Niederlassung im Gemeindegebiet begründet; Fremde hatten weniger Rechte.[78] Es stellte sich schon früh die Frage, wer für zugewanderte Arme zuständig war. Im 16. Jahrhundert galt im französischen Königreich das Prinzip, dass jeder Ort (Wohnort) für seine Armen verantwortlich war, da die Sozialfürsorge nicht in der Verpflichtung der staatlichen Instanzen lag.[79] Im Zusammenhang mit der Arbeitslosig-

73 Vgl. Castel (2000), 32–33.
74 Castel (2000), 34.
75 Castel (2000), 36.
76 Castel (2000), 34.
77 Geremek (1991), 12.
78 Carlen (1988), 63.
79 Geremek (1991), 178.

keit im 16. Jahrhundert[80] in Europa fand ein Wechsel von der Wohnortszuständigkeit zur Heimatortszuständigkeit statt. Besonders das Zurückschieben von Armen in den Heimatort[81], die Bettelverbote[82] in den Städten und die spezielle Erlaubnis, in abgegrenzten Gebieten zu betteln[83], führten zu einer Neuorganisation des Armenwesens. Weltliche Herrscher wie auch die Kirche[84] erteilten Anweisungen zum Umgang mit den Armen. Unterstützung durfte nur den eigenen Armen, also den Mitgliedern der örtlichen Gemeinde gewährt werden. Almosen sollten jene Arme bekommen, über deren materielle Lage und moralische Vorzüge man Bescheid wusste[85]; deshalb konnten Arme nur noch an ihrem Heimatort um Hilfe bitten.[86] Man hoffte, auf diese Weise die Landstreicherei verhindern zu können.
Mitte des 19. Jahrhunderts löste die Industrialisierung auch in der Schweiz Massenarmut und Wanderbewegungen aus. Die Unterstützung der Armen erfolgte gemäss den eidgenössischen Tagsatzungen von 1491 und 1551 nach dem Heimatortprinzip.[87] Dadurch kam es zu Abschiebungen von Armen. Das entsprechende Vorgehen wurde in Rückschiebeabkommen zwischen den Gemeinden und mit den Nachbarländern der Schweiz festgehalten.
Seit Anfang des 20. Jahrhunderts existierten mehrere interkantonale Abkommen (Konkordate) darüber, wer für die Unterstützung von Bedürftigen zuständig war. Die Kantone traten diesen Konkordaten nur vereinzelt bei. Zwischen dem ersten Konkordat von 1914 und dem Abkommen von 1960 blieb die Diskussion um das Heimatprinzip bestehen, denn die Kantone, in denen sich überdurchschnittlich viele Bedürftige ansammelten, hatten in wirtschaftlichen Krisenzeiten eine grosse Last zu tragen. Vor allem der Kanton Zürich[88] war auf Grund der Zuwanderung stark belastet und löste als erster Kanton in seinem Armenfürsorgegesetz von 1927 das «innerkantonale Heimatprinzip durch die Einwohnerfürsorge»[89] ab. Auf Bundesebene (interkantonal) wurde das Prinzip der Einwohnerfürsorge übernommen und nach und nach über Konkordate realisiert. 1960 kam ein Abkommen aller

80 Geremek (1991), 146–149.
81 Geremek (1991), 163.
82 Geremek (1991), 215.
83 Geremek (1991), 179.
84 Luther: Liber vagatorum (1523); nach Geremek (1991), 217.
85 Geremek (1991), 221.
86 Geremek (1991), 149.
87 Obinger (1998), 64.
88 In Zürich entwickelten sich im 19. und 20. Jahrhundert die auf Mittelalter und Reformation zurückgehenden Institutionen des Armen- und Gesundheitswesens zu einem breiten Geflecht von Anstalten und Institutionen der Fürsorge. Lag die Zuständigkeit für das Armenwesen früher bei der Stadt (Kommune), ging sie nun auf den Kanton über. Huonker (2003), 18–24. Auch in anderen Kantonen wurde die Fürsorge immer häufiger in den kantonalen Fürsorgegesetzen geregelt.
89 Huonker (2003), 26.

Kantone zustande, welches das Heimatprinzip modifizierte[90]. Darin wurde festgehalten, dass der Wohnkanton (die Wohngemeinde) die Fürsorge der Bedürftigen zu gewähren hat. Die einstige Koppelung der Fürsorge an die Heimatgemeinde, an die Ursprungsfamilie, an den Clan und an die Verwandten wurde damit abgeschwächt. Die Niederlassungsfreiheit der Einzelnen wurde nicht mehr wegen Fürsorgeabhängigkeit eingeschränkt. Die Verwandtenunterstützung als Grundsatz blieb aber in den kantonalen Sozialhilfegesetzen bestehen.

Seit 1977 gilt gemäss Bundesgesetz über die Zuständigkeit für die Unterstützung Bedürftiger (ZUG) in der Sozialhilfe das Wohnortsprinzip. Wie im Konkordat von 1960 ist nicht mehr der Heimatkanton für die Unterstützung von Bedürftigen zuständig, sondern der Wohnkanton[91]. Aufgrund des föderalistischen Systems dauerte es mehrere Jahrzehnte (1914 bis 1977), bis auf schweizerischer Ebene eine klare Regelung geschaffen wurde. In dieser Zeit verlor die Fragestellung jedoch an gesellschaftlicher und politischer Brisanz. Zwei Gründe waren dafür besonders ausschlaggebend: der Rückgang an fürsorgeabhängigen Menschen und die veränderte Mobilität der Bevölkerung. Der wirtschaftliche Aufschwung mit Vollbeschäftigung ab 1950 sowie neue Sozialversicherungen führten dazu, dass weniger Personen auf die Sozialhilfe angewiesen waren. Das Wohnortsprinzip konnte infolge der grösseren Mobilität nicht mehr ernsthaft in Frage gestellt werden und das Heimatrecht büsste an Bedeutung ein. Ab 1990 stiegen die Kosten der Sozialhilfe an, daher wurden auch die Heimatkantone wieder vermehrt in die Finanzierung miteinbezogen, obwohl die bedürftigen Personen kaum mehr einen Bezug zu ihrer Heimatgemeinde haben.

Die Debatte um die Zuständigkeit für die Unterstützung der Armen macht es nachvollziehbar, dass sich über Jahrhunderte hinweg der Grundsatz der örtlichen Beurteilung von Notsituationen und der Grundsatz der «Hilfe in der Nähe» erhalten haben: «Es ist verlockend und in gleichem Wortsinn ganz allgemein ökonomischer, an Ort und Stelle zu reparieren, beispielsweise zu Hause Hilfe zu leisten.»[92] Die Hilfe vor Ort wurde zwischen dem 9. und 12. Jahrhundert in Gilden und Kommunen sichergestellt.[93] Die Gilde hatte kein

---

90 Thomet (1994), 26. Auf Konkordatsebene wird beispielsweise bis 2005 auch die Zusammenarbeit der Kantone im Bereich der Heimunterbringungen geregelt. Es steht den Kantonen frei, sich den Abkommen anzuschliessen oder eigene Regelungen zu treffen. Eine gesamtschweizerische Zusammenarbeit wird damit erschwert.

91 Thomet (1994), 30. Das Wohnortsprinzip brachte für die interkantonale Zusammenarbeit wie auch für den Umgang mit fürsorgeabhängigen Personen Verbesserungen.

92 Castel (2000), 39.

93 In der bäuerlichen Welt im 9. und 10. Jahrhundert, in den Städten im 11. und 12. Jahrhundert. Oexle (1996), 87.

Territorium und war nicht auf ein Gebiet beschränkt; die Kommune hingegen war eine örtlich verankerte Gruppenbildung, das heisst eine Form der Vergesellschaftung, die auf dem Substrat eines örtlichen oder regionalen Bereichs beruhte.[94] Mit der Bildung von Gilden wurde das Ziel verfolgt, einen umfassenden Schutz und gegenseitige religiöse, wirtschaftliche und soziale Hilfe in allen Notlagen des Alltagslebens zu gewährleisten.[95] Durch die Aufwertung von Selbstverwaltung und Ehrenamt, von Solidarität und Subsidiarität[96] wurde die Verantwortung für die Hilfestellungen möglichst auf der Ebene der Kommune gehalten. Immer mehr wurde die Gemeinde zur kommunalen Trägerin der Sozialhilfe, wobei das Heimatprinzip (Abschiebung) verstärkt angewendet wurde.[97]
Obwohl Armut und soziale Not heute nur noch zu einem kleinen Teil lokale Wurzeln haben, blieb die Sozialhilfe als kommunale Aufgabe bestehen. Gebende (fürsorgerisches Engagement) und Nehmende stehen in einem engen räumlichen Verhältnis zueinander und die Ausrichtung der Sozialhilfe ist an den Wohnsitz[98] gebunden.

2.1.2 Sozialpolitik des Bundes und der Kantone

Die Sozialpolitik auf Bundesebene umfasste in den Anfängen nur die Arbeiterschutzgesetzgebung (Bundesverfassung von 1874).[99] Die Selbsthilfeorganisationen (private Unterstützungskassen) und die staatliche Arbeiterschutzgesetzgebung vermochten aber die industrialisierungsbedingten Risiken wie Massenarbeitslosigkeit oder Arbeitsunfälle nicht aufzufangen. In der zweiten Hälfte des 19. Jahrhunderts ergriffen daher auf lokaler und regionaler Ebene allmählich die Kantone die Initiative. Sie gründeten verschiedene Kassen mit unterschiedlichen Finanzierungs-, Träger- und Organisationsstrukturen. Die unübersichtliche Vielfalt von Kassen hatte Zusammenbrüche, Unterfinanzierung oder Mitgliedermangel zur Folge. Die Bundespolitik reagierte auf diese problematische Entwicklung und nach jahrelanger politischer Diskussion gelang 1911 die Verwirklichung einer einheitlichen erwerbszentrierten Kranken- und Unfallversicherung (KUV).
In der Zwischenkriegszeit von 1919 bis 1939 tauchte auf Bundesebene die Forderung nach einer Alters-, Hinterlassenen- und Invalidenversicherung

94 Oexle (1996), 86.
95 Oexle (1996), 85.
96 Siehe Kapitel 5.2.4. Subsidiarität.
97 Obinger (1998), 64.
98 Im Bundesgesetz über die Zuständigkeit für die Unterstützung Bedürftiger (ZUG) wird vom Unterstützungswohnsitz gesprochen, da sich dieser vom zivilrechtlichen Wohnsitz unterscheiden kann.
99 Maurer (1981), 767–772.

auf. Die Debatten führten jedoch zu keinen konkreten Ergebnissen und die Gemeinden mussten ihre Fürsorgetätigkeit gezwungenermassen ausbauen. Da das Engagement der Gemeinden aber nicht genügte, wurden zusätzlich private Hilfsorganisationen und Stiftungen gegründet (Pro Juventute[100], Pro Infirmis, Pro Senectute), welche die Notsituationen der jeweiligen Bevölkerungsgruppe anfänglich mehrheitlich mit Spenden lindern konnten. So entstand ein dichtes Netz von privaten und staatlich subventionierten Institutionen und Stiftungen.

Zum Durchbruch des schweizerischen Sozialstaates kam es erst nach dem Zweiten Weltkrieg, und zwar 1948 mit der Alters- und Hinterlassenenversicherung (AHV). Das System der Sozialversicherungen ist kein dominant erwerbszentriertes System sozialer Sicherheit, es ist vielmehr mit Strukturelementen der Beveridgesysteme verknüpft.[101] Der Sozialstaat ist organisiert als Mischtypus von Volksversicherung und Arbeitnehmerversicherung. Er vereint liberale Subventions- und Rahmengesetze und weist insgesamt liberale, konservative und sozialdemokratische Züge auf.[102] Auch die später eingeführten Sozialversicherungen sind nach diesem Mischtypus ausgestaltet worden.

Die verschiedenen Sozialversicherungen wurden politisch immer breiter mitgetragen. 1848 bis 1890 gehörte dem Schweizerischen Bundesrat lediglich der liberale Freisinn an, 1891 kam ein katholisch-konservativer Bundesrat dazu und ab 1943 war die Sozialdemokratische Partei (mit Unterbruch) ebenfalls in der Regierung vertreten. Die Gestaltung der Sozialversicherungen ist aber nicht nur eine Frage der politischen Machtverteilung oder der Machtressourcen (Parteien). In der Schweiz herrscht ein institutioneller Pluralismus vor, der im Zusammenspiel mit der direkten Demokratie und dem fakultativen Referendum ein mächtiges Vetoinstrument darstellt. Durch ein schrittweises Einbinden der wichtigsten referendumsfähigen Interessen-

100 Vgl. Leimgruber (1998).

101 Obinger (2000b), 245; vgl. Monachon (2002), 321–329. Gemäss Plan Beveridge sind fünf Gründe verantwortlich für die Misere der Arbeiterklasse: Mangel (Bedarf, Bedürftigkeit), Krankheit, Unwissenheit (Unkenntnis), schlechte Lebensbedingungen (Unterkunft) und Untätigkeit (Arbeitslosigkeit). Der Plan schlägt drei Grundprinzipien für alle Systeme sozialer Sicherheit vor: eine Kinderzulage bis zum Alter von 15/16 Jahren, ein umfassendes Gesundheitssystem für alle und eine Politik der Vollbeschäftigung. Dies bedeutet eine allgemeine und einheitliche Kostenübernahme der Bedürfnisse und Leistungen für alle, ohne Unterscheidung der Einkommen. Die Leistungen werden zum Teil durch die Beteiligten finanziert, hauptsächlich aber durch den Staat. Vorgesehen ist eine Kombination von drei Methoden: Versicherung für die existentiellen Bedürfnisse, Hilfe für spezielle soziale Fälle, Privatversicherung für eventuelle Ergänzungen. Insgesamt ist das Beveridgesystem ein einheitliches und zentrales System, das auf der Solidarität der Bürgerinnen und Bürger aufbaut; es fördert das Gemeinschaftsgefühl und die Solidarität durch gemeinschaftliche Übernahme der Risiken.

102 Obinger (2000b), 245.

organisationen[103] in den vorparlamentarischen Entscheidungsprozess (Vernehmlassungsverfahren) wird das Blockadepotenzial gegen Neuerungen kanalisiert. Das Resultat dieser politischen Kultur sind Kompromisslösungen.[104] Die Kantone sind im Wesentlichen für die Sozialhilfe zuständig und delegieren die Ausführung an die Gemeinden. So legen die 26 kantonalen Sozialhilfegesetze die rund 2'800 kommunalen Sozialhilfesysteme fest[105]. Diese Gesetze haben sich seit 1950 kontinuierlich verändert.[106] Nach der Schaffung der Gesetze für die AHV 1946 und die IV 1959 erhielt die Sozialhilfe – damals die Fürsorge[107] – einen anderen Stellenwert. Die Risiken Alter und Invalidität wurden nun über die beiden Versicherungen abgedeckt. Dadurch mussten bedeutend weniger Menschen von der Fürsorge unterstützt werden. Infolge der wirtschaftlichen Rezession in den 80er und 90er-Jahren kam es zu einem Anstieg von Personen, die wegen Langzeitarbeitslosigkeit auf Sozialhilfe angewiesen waren. Die Sozialhilfegesetze wurden daher den neuen Gegebenheiten angepasst. Die Fürsorge wurde abgelöst durch die Sozialhilfe; dieser Begriff machte die Abkehr von der Haltung deutlich, dass die Armen vor allem als Objekte der Fürsorge betrachtet wurden und dass das Fürsorgewesen eine polizeiliche Angelegenheit war. Die überarbeiteten

---

103 Für den Bereich der Sozialhilfe sind dies etwa folgende Institutionen: Schweizerische Konferenz für Sozialhilfe (SKOS), Association romande et tessinoise des institutions sociales (ARTIAS), Pro Infirmis, Pro Senectute, Pro Juventute, Pro Familia, Hilfswerk der Evangelischen Kirchen der Schweiz (HEKS), Schweizerisches Arbeiterhilfswerk (SAH), Schweizerisches Rotes Kreuz (SRK), Caritas Schweiz, Arbeitgeberverbände und Arbeitnehmerverbände. Iustitia et pax und der Schweizerische Evangelische Kirchenbund (SEK) als kirchlich getragene Institutionen beteiligen sich ebenfalls an der Entwicklung des Sozialstaates.

104 Obinger (2000b), 255.

105 Ich gehe davon aus, dass von den über 2'800 Gemeinden in der Schweiz aufgrund der kantonalen Organisationsunterschiede und der Gemeindegrösse nur etwa 2'400 Gemeinden Sozialhilfe gewährleisten. Je nach Organisation ist der Kanton oder auch eine regionale Institution für die Sozialhilfe zuständig.

106 Die Fürsorgegesetze vor 1950 bauten auf den Problemlagen der damaligen Arbeitssituation, der Arbeitsbedingungen sowie der Nahrungssituation auf. Vgl. dazu Möckli (1988), 13–31; Schmid (1914); Wild (1914); Coullery (1993), 35–42; Huonker (2003), 17–18. Die erste Generation der Armengesetze hatte eine repressive oder repressiv beraterische Ausrichtung mit offensichtlich diskretionären Elementen (diskretionär = dem Ermessen des Partners anheim stellend, das heisst, die Antrag stellende Person ist von der Sozialhilfestelle abhängig. Coullery [1993], 62.). Die Fürsorgegesetze ab 1950 gestalteten die materielle und immaterielle Hilfe gleichberechtigt aus. Coullery (1993), 63; Obinger (1998), 68. Die neuen Sozialhilfegesetze ab 1990 gehen auf die veränderten Lebenslagen und gesellschaftlichen Entwicklungen ein, enthalten aber nach wie vor diskretionäre Elemente. Wolffers (1993); Höpflinger/Wyss (1993); Hotz et al. (1995); Eardley et al. (1996); Coullery (1993), 35–42; Huonker (2003), 17–18.

107 Fürsorge: Älterer Begriff für die »organisierte materielle und seelsorgerische und erzieherische Hilfstätigkeit durch Staat, Kirche oder private Hilfsorganisationen zur Behebung individueller, schwer oder nicht normierbarer Notlagen und Gefährdungen, [. . .]«. Brockhaus (1968 17), 688. In der Auflage von 1968 wurde der Begriff noch etwas ausführlicher behandelt als in den folgenden Ausgaben, in denen es zu keiner Erweiterung des Begriffes kam.

Gesetze setzen trotz des Paradigmenwechsels unterschiedliche Schwerpunkte. Die Unterschiede sind vor allem durch den Entstehungszeitpunkt und den Föderalismus erklärbar.[108] Die Gesetze vor Mitte der 90er-Jahre enthalten noch keine Aussagen über mögliche Gegenleistungen. Die Hilfe zur Selbsthilfe steht im Vordergrund. Die späteren Gesetze berücksichtigen die komplexen sozialen Probleme und fordern eine stärkere Einbindung der Betroffenen. Diese sind verpflichtet, eine zumutbare Arbeit anzunehmen oder an Beschäftigungsprogrammen teilzunehmen. Sie müssen ihre persönlichen Verhältnisse offenlegen; bei Verletzung der Mitwirkungspflicht haben sie mit Verwarnungen oder Kürzungen zu rechnen. Diese Elemente drücken eine veränderte Einstellung gegenüber den Empfängerinnen und Empfängern von Sozialhilfe aus: Ihre Eigeninitiative wird stärker gewichtet. In den neueren Sozialhilfegesetzen werden Gegenleistungen wie gemeinnützige Arbeit als Vorschriften formuliert. Damit hat eine Verrechtlichung moralischer Pflichten stattgefunden.

2.2 Gesetzliche Grundlagen der Existenzsicherung

Die Existenzsicherung in der Schweiz orientiert sich an zwei Grundprinzipien, und zwar am Versicherungsprinzip und am Fürsorgeprinzip (bedarfsorientierte Existenzsicherung). Im folgenden Kapitel liegt der Fokus auf der Zielsetzung und der Ausrichtung der beiden Prinzipien, welche die Existenzsicherung mit einem unterschiedlichen Abdeckungsgrad gewähren. Ich diskutiere hier nicht die Höhe des Existenzminimums[109] oder die Armutsgrenze[110], zur Debatte steht auch nicht die Einschätzung der Bedürfnislage[111] oder das Existenzminimum in absoluten Zahlen. Bei der Darstellung dieser Grundprinzipien der Existenzsicherung beschränke ich mich bei den Sozialversicherungen auf die Bereiche Alter, Invalidität und Arbeitslosigkeit, bei der bedarfsorientierten Existenzsicherung werden die Ergänzungsleistungen und die Sozialhilfe betrachtet.

---

108 Vgl. dazu Obinger (1998), 68; Fluder/Stremlow (1999), 45.

109 Die jeweilige Höhe der verschiedenen Existenzminima wird durch die entsprechenden Gesetze festgelegt. Harmonisierungsbestrebungen sind besonders zwischen dem betreibungsrechtlichen und dem sozialhilferechtlichen Existenzminimum zu erkennen. Das betreibungsrechtliche Existenzminimum unterliegt dem Bundesgesetz über Schuldbetreibung und Konkurs (SchKG) vom 11. April 1889 (Stand 31. Oktober 2000). Das sozialhilferechtliche Existenzminimum ist in den kantonalen Sozialhilfegesetzen geregelt. Im Allgemeinen werden dort die Richtlinien der Schweizerischen Konferenz für Sozialhilfe (SKOS) angewendet. Das Existenzminimum der Ergänzungsleistungen gemäss Bundesgesetz über Ergänzungsleistungen zur Alters-, Hinterlassenen- und Invalidenversicherung (ELG) ist höher als das sozialhilferechtliche Existenzminimum und das betreibungsrechtliche Existenzminimum.

110 Vgl. Leu et al. (1997), 35–42.

111 Vgl. Caritas Schweiz (1999).

Nach dem Versicherungsprinzip funktionieren die Alters- und Hinterbliebenenversicherung (AHV), die Invalidenversicherung (IV) und die Arbeitslosenversicherung (ALV). Die Leistungen dieser Sozialversicherungen beruhen auf gesetzlichen Grundlagen und sind, unabhängig von der Besonderheit eines Einzelfalles, zu einem gesetzlich festgelegten Zeitpunkt zu erbringen oder auszuzahlen. Die Renten oder Taggelder korrelieren mit den jeweiligen Versicherungsbeiträgen. Sie beinhalten aber auch einen solidarischen Ausgleich, denn es erfolgt eine Umverteilung von den hohen zu den niedrigen Einkommen. Der persönliche Bedarf wird nicht berücksichtigt. Dadurch kann der Abdeckungsgrad dieser Sozialversicherungen ungenügend ausfallen[112].

Ergänzt werden die Leistungen der AHV und der IV durch die berufliche Vorsorge gemäss BVG, das heisst durch die obligatorische 2. Säule und die freiwillige, private steuerbegünstigte Säule 3a. Im Normalfall sollte mit diesen Leistungen der bisherige Lebensstandard weitergeführt werden können. Falls die berufliche Vorsorge fehlt und das Existenzminimum nicht erreicht wird, können Ergänzungsleistungen beantragt werden. Bei der Arbeitslosenversicherung gibt es keine Ergänzungsleistungen. Ist das Existenzminimum mit den Taggeldern der Arbeitslosenversicherung nicht gedeckt, übernimmt die Sozialhilfe den fehlenden Betrag bis zur Höhe des Existenzminimums.

Das Fürsorgeprinzip (bedarfsorientierte Existenzsicherung) wird bei den Ergänzungsleistungen zur AHV/IV und bei der Sozialhilfe angewendet. Hier ist der Abdeckungsgrad ausreichend, da die Leistungen sich nach dem Bedarf ausrichten und die konkrete Lebenssituation berücksichtigen. Diese Instrumente garantieren somit eine ausreichende monetäre Existenzsicherung.

Im Folgenden wird dargelegt, wie die bedarfsorientierte Existenzsicherung in der Bundesverfassung und in den Gesetzen geregelt ist.

2.2.1 Bundesverfassung

In der Bundesverfassung vom 18. April 1999 (BV) finden sich in den Artikeln 12, 41 und 115 Elemente der sozialen Sicherheit, die unter anderem für die Sozialhilfe von Bedeutung sind. Es sind dies das Recht auf Hilfe in Notlagen, die Sozialziele und die Zuständigkeit der Kantone für die Sozialhilfe.

---

112 Die Krankenversicherung bildet unter den Sozialversicherungen eine Ausnahme, weil die Grundversicherung die Kosten der Gesundheitsversorgung unabhängig von den geleisteten Beiträgen trägt.

Artikel 12 Recht auf Hilfe in Notlagen
Wer in Not gerät und nicht in der Lage ist, für sich zu sorgen, hat Anspruch auf Hilfe und Betreuung und auf die Mittel, die für ein menschenwürdiges Dasein unerlässlich sind.

Artikel 41 Sozialziele
1 *Bund und Kantone setzen sich in Ergänzung zu persönlicher Verantwortung und privater Initiative dafür ein, dass:*
  a. *jede Person an der sozialen Sicherheit teilhat;*
  b. *jede Person die für ihre Gesundheit notwendige Pflege erhält;*
  c. *Familien als Gemeinschaften von Erwachsenen und Kindern geschützt und gefördert werden;*
  d. *Erwerbsfähige ihren Lebensunterhalt durch Arbeit zu angemessenen Bedingungen bestreiten können;*
  e. *Wohnungssuchende für sich und ihre Familie eine angemessene Wohnung zu tragbaren Bedingungen finden können;*
  f. *Kinder und Jugendliche sowie Personen im erwerbsfähigen Alter sich nach ihren Fähigkeiten bilden, aus- und weiterbilden können;*
  g. *Kinder und Jugendliche in ihrer Entwicklung zu selbstständigen und sozial verantwortlichen Personen gefördert und in ihrer sozialen, kulturellen und politischen Integration unterstützt werden.*

2 *Bund und Kantone setzen sich dafür ein, dass jede Person gegen die wirtschaftlichen Folgen von Alter, Invalidität, Krankheit, Unfall, Arbeitslosigkeit, Mutterschaft, Verwaisung und Verwitwung gesichert ist.*
3 *Sie streben die Sozialziele im Rahmen ihrer verfassungsmässigen Zuständigkeiten und ihrer verfügbaren Mittel an.*
4 *Aus den Sozialzielen können keine unmittelbaren Ansprüche auf staatliche Leistungen abgeleitet werden.*

Artikel 115 Unterstützung Bedürftiger
Bedürftige werden von ihrem Wohnkanton unterstützt. Der Bund regelt die Ausnahmen und Zuständigkeiten.

Die Bundesverfassung enthält kein Grundrecht auf allgemeine Existenzsicherung. In den Entwürfen von 1977, 1985 und 1995 für eine neue Bundesverfassung wurde die Sicherung des Existenzminimums oder die Garantie des Existenzminimums als eigenständiges Grundrecht postuliert und formuliert. Mit der Anerkennung wäre die fundamentale Bedeutung des Rechts auf ein Existenzminimum betont worden.[113] Das Parlament verzichtete in der

113 Vgl. Müller/Müller (1985), 31–32.

Endfassung jedoch darauf, dieses Grundrecht auf Existenzsicherung zu etablieren und einigte sich auf das «Recht auf Hilfe in Notlagen» in Artikel 12 der Bundesverfassung.[114]
Obwohl die verfassungsrechtlichen Sozialziele im Rahmen der schweizerischen Sozialpolitik festgehalten sind, wird in Artikel 41 Absatz 4 BV ausdrücklich darauf hingewiesen, dass kein unmittelbarer Anspruch auf staatliche Leistungen besteht. Damit bleiben die Sozialziele unverbindlich. Trotzdem sind sie wichtige Leitlinien für das sozialpolitische Handeln, denn den Zielen könnte «eine spezifische, erhöhte Sorgfaltspflicht in der Konkretisierung der Gleichheit»[115] entnommen werden.
Artikel 115 BV regelt auf Bundesebene das Wohnortsprinzip bei der Unterstützung von bedürftigen Menschen. Er ist zudem die Verfassungsgrundlage für das Bundesgesetz über die Zuständigkeit für die Unterstützung Bedürftiger (ZUG).

2.2.2 Bundesgesetz über Ergänzungsleistungen zur Alters-, Hinterlassenen- und Invalidenversicherung (ELG)[116]

Das Gesetz legt den Anspruch auf Ergänzungsleistungen zur Sicherung des Existenzminimums wie folgt fest: Ergänzungsleistungen sind für Personen vorgesehen, die eine Rente, eine Hilflosenentschädigung oder ein Taggeld der IV beziehen und deren Existenzbedarf damit nicht gedeckt ist.[117] Der Bund entschädigt die Kantone nur für diese im Gesetz beschriebenen Personengruppen. Einzelne Kantone richten Ergänzungsleistungen auch an weitere Bezugsgruppen aus.[118] Die anfallenden Kosten tragen dann die Kantone und/oder Gemeinden.
Das Bundesgesetz regelt die Organisation und das Verfahren der Ergänzungsleistungen (Artikel 6 ELG). Die Kantone bezeichnen die Organe für die Ent-

114 Die ablehnende Haltung des Parlamentes wurde in der Presse entsprechend kommentiert: «Damit sich die Bürgerinnen und Bürger für das Projekt der Revision der Bundesverfassung interessieren, müsste man zumindest den Mut haben, in zwei oder drei Schlüsselbereichen Neuerungen vorzuschlagen, welche die berechtigten Sorgen der Bevölkerung aufnehmen. So hätte zum Beispiel das Recht auf ein Existenzminimum, das der Bundesrat vorgeschlagen hatte, beibehalten werden müssen. Man begnügte sich aber mit dem Recht auf Hilfe in Notsituationen.» Chiffelle (1999), 15.

115 Müller (19993), 438–439.

116 Das Gesetz stützt sich auf Artikel 112 Absatz 6 und Artikel 196 Ziffer 10 der Bundesverfassung vom 18. April 1999 sowie auf Artikel 11 Absatz 1 der Übergangsbestimmungen der Bundesverfassung (Fassung gemäss Ziffer I des BG vom 23. Juni 2000, in Kraft seit 1. Januar 2001).

117 Das ELG regelt den Anspruch für Personen mit Schweizer Bürgerrecht und für ausländische Personen unterschiedlich. Je nach Aufenthaltsstatus kommen verschiedene Karenzfristen zur Anwendung.

118 Als Beispiel sei hier der Kanton Tessin erwähnt, der spezielle Ergänzungsleistungen an Familien und Alleinerziehende ausrichtet.

gegennahme der Gesuche und die Festsetzung und Auszahlung. Gemäss Gesetz können die kantonalen Ausgleichskassen damit beauftragt werden; Armenbehörden[119] dürfen nicht herangezogen werden. Der explizite Ausschluss der Armenbehörden von dieser Aufgabe ist wohl darin begründet, dass eine klare Trennung zwischen Ergänzungsleistungen und öffentlicher Sozialhilfe angestrebt wurde. Im Verfahren ist die Rechtssicherheit gewährleistet, da jedes individuelle Gesuch um Ergänzungsleistungen per Verfügung mit Rechtsmittelbelehrung[120] beantwortet wird.

2.2.3 Bundesgesetz über die Zuständigkeit für die Unterstützung Bedürftiger (ZUG)

Das Gesetz bestimmt in erster Linie die Zuständigkeit für die Unterstützung von bedürftigen Menschen in der Schweiz sowie die Kostenfolge unter den Kantonen. Damit die Kantone im Rahmen dieses Lastenausgleichs von ähnlichen Leistungen ausgehen, definiert das Gesetz die Bedürftigkeit und die Unterstützungen:

Artikel 2 Bedürftigkeit
1 *Bedürftig ist, wer für seinen Lebensunterhalt nicht hinreichend oder nicht rechtzeitig aus eigenen Mitteln aufkommen kann.*
2 *Die Bedürftigkeit wird nach den am Unterstützungsort geltenden Vorschriften und Grundsätzen beurteilt.*

Artikel 3 Unterstützungen
1 *Unterstützungen im Sinne dieses Gesetzes sind Geld- und Naturalleistungen eines Gemeinwesens, die nach kantonalem Recht an Bedürftige ausgerichtet und nach den Bedürfnissen bemessen werden.*

Als eigene Mittel gelten: Lohn, andere Guthaben, Versicherungsansprüche, Schadenersatzansprüche, andere Ansprüche, familienrechtliche Unterhalts- und Unterstützungsbeiträge, die tatsächlich fliessen oder auf erstes Begehren erhältlich sind, andere Beiträge von privater Seite (Kirchen, Stiftungen, Hilfsfonds), soweit sie tatsächlich ausgerichtet werden oder zugesichert sind. Die Sozialhilfe unterliegt damit dem Subsidiaritätsprinzip[121], mit anderen Worten, sämtliche verfügbaren eigenen Mittel gehen der Sozialhilfe vor. Die Anwen-

119 Der Begriff der Armenbehörde wird vereinzelt noch in der Bundesgesetzgebung verwendet. Gemeint sind damit die für die Festlegung und Ausrichtung der Sozialhilfe zuständigen Behörden, meistens die Gemeindebehörden.
120 Die Kantone müssen eine von der Verwaltung unabhängige Beschwerdeinstanz bezeichnen.
121 In Kapitel 5.2.4. wird Subsidiarität ausführlicher reflektiert.

dung des Subsidiaritätsprinzips legitimiert die Ausrichtung von Sozialhilfe, weil alle anderen Möglichkeiten der Existenzsicherung ausgeschöpft sind. Die Bedürftigkeit wird am Unterstützungsort beurteilt. Diese Regelung will ausschliessen, dass das kostenersatzpflichtige Gemeinwesen (Heimatkanton) bei dieser Beurteilung Einfluss nehmen kann.
Das Bundesgesetz (ZUG) bleibt in der Formulierung der Sozialhilfeleistungen vage. Die Kantone legen in eigener Kompetenz fest, unter welchen Voraussetzungen und in welcher Weise in ihrem Zuständigkeitsbereich Sozialhilfe gewährt wird. Diese Regelung ist unbestritten und entspricht dem föderalen System der Schweiz sowie dem Subsidiaritätsprinzip. Die 26 kantonalen Sozialhilfegesetze erklären im Allgemeinen die Gemeinden zuständig für die Bemessung und Ausrichtung der wirtschaftlichen Sozialhilfe sowie für die Gewährung der persönlichen Sozialhilfe. Dies führt dazu, dass in den rund 2'800 Gemeinden die Sozialhilfe materiell und organisatorisch sehr unterschiedlich ausgestaltet ist.

2.2.4 Kantonale Verfassungen und Sozialhilfegesetze

Einzelne Kantone nehmen in ihren Verfassungen Bezug auf die Sozialziele des Bundes, so etwa der Kanton Graubünden in Artikel 7 (Grundrechte und Sozialziele): *Die Grundrechte und Sozialziele sind im Rahmen der Bundesverfassung und der für die Schweiz verbindlichen internationalen Abkommen gewährleistet.* Der Kanton Schaffhausen hat in seiner Verfassung in Artikel 22 sämtliche Sozialziele des Bundes übernommen. Die Verfassung des Kantons Solothurn führt in Artikel 22 fünf Sozialziele auf, die in der kantonalen Politik verfolgt werden sollen. Die Ziele überschneiden sich mehrheitlich mit denen der Bundesverfassung. Artikel 22 Ziffer a nimmt explizit Bezug auf die Existenzsicherung. Der Kanton St. Gallen hat die Sozialziele nach eigener Systematik in seine Staatsziele integriert. Insgesamt enthalten die kantonalen Verfassungen ähnliche Sozialziele wie die Bundesverfassung.
Alle 26 Kantone verfügen über ein Sozialhilfegesetz, das die Existenzsicherung oder die Hilfe in Notlagen garantiert.[122] Obwohl die Unterstützung Bedürftiger gemäss Artikel 115 BV Aufgabe der Kantone ist und keine gesamtschweizerische Verpflichtung zur Anpassung der Gesetze bestand, sind innerhalb von rund 20 Jahren fast alle Gesetze neu formuliert worden. Da die Gesetzesrevisionen in jüngster Zeit erfolgt sind, ist das in Artikel 12 BV festgeschriebene Recht auf Hilfe in Notlagen bereits in den meisten kantonalen

122 In einigen Kantonen ist die Existenzsicherung sogar in der kantonalen Verfassung geregelt (z.B. BE, BL, AR). Ausführlich dazu Amstutz (2002), 36–50.

Sozialhilfegesetzen enthalten (Anspruch auf wirtschaftliche Hilfe unter bestimmten Voraussetzungen). Die kantonalen Sozialhilfegesetze regeln die Sozialhilfe im Grundsatz. Sie geben den allgemeinen Rahmen vor, was die Sozialhilfe beinhaltet, wie sie zu organisieren ist und wer Leistungen beziehen kann. Die nachstehende Übersicht zeigt einige wesentliche Merkmale der Sozialhilfegesetze.

Subsidiarität

Die Sozialhilfe ist subsidiär, das bedeutet, sie kommt dann zum Zuge, wenn die Betroffenen keine anderen Möglichkeiten haben, den Lebensunterhalt zu sichern oder eine Notlage abzuwenden. Der Sozialhilfe vorgelagert sind folgende Hilfsquellen: Selbsthilfe: eigene Kräfte, insbesondere eigenes Einkommen und Vermögen, Einsatz der eigenen Arbeitskraft; Leistungsverpflichtungen Dritter: privat- und öffentlich-rechtliche Ansprüche; freiwillige Leistungen Dritter, die ohne rechtliche Verpflichtung erbracht werden. Die Leistungen der Sozialhilfe werden ebenfalls im Sinne der Subsidiarität erbracht. Im Vordergrund steht die unentgeltliche persönliche Sozialhilfe (Beratung, Betreuung, Vermittlung), erst dann folgt die wirtschaftliche Sozialhilfe, die rückerstattungspflichtig ist. Auch das Verhältnis von öffentlicher und privater Sozialhilfe wird in den Gesetzen gemäss Subsidiarität geregelt. Die Subsidiarität ist in allen kantonalen Sozialhilfegesetzen erwähnt. In diesem Sinne sind auch die nachstehenden Regelungen zu sehen:

- Die Betroffenen sind verpflichtet, eine zumutbare Arbeit aufzunehmen (AR, BL, TG).
- Die Betroffenen sind verpflichtet, an Beschäftigungsprogrammen teilzunehmen (NE, TG, VS).
- Bei der Bemessung der Sozialhilfe werden die vereinbarten Integrationsleistungen berücksichtigt (BE).
- Integrations- und Eingliederungsmassnahmen: Massnahmen zur (Wieder-) Erlangung oder Entwicklung der Autonomie und der sozialen Eingliederung; zweckgerichtete Arten von Tätigkeiten, Schulungen, Praktika, Weiterbildungen werden angeboten oder gefordert (BE, BL, BS, FR, JU, NE, TG, TI, VS).

Finalität

Die Sozialhilfe ist final. Ihr Ziel ist es, eine Notsituation zu beheben und den Bedürftigen ein selbstständiges und menschenwürdiges Leben zu ermöglichen. Dabei spielt es keine Rolle, welche Ursachen zu dieser Not geführt haben. Dennoch kann die Sozialhilfe Einfluss nehmen auf «risikoreiches Verhalten» und Sanktionen aussprechen.

- Wer sich oder seine Familie der Verarmung aussetzt, kann verwarnt werden (AR).

Individualisierung – Einzelfallhilfe

Die Sozialhilfe ist angepasste Einzelfallhilfe, sie ist «Massarbeit». Die Einzelnen werden mit ihrer individuellen Bedürftigkeit ernst genommen. Die persönliche und die wirtschaftliche Sozialhilfe zielen ab auf eine selbstständige Lebensgestaltung.[123] Auch bei ungenügender Eigenverantwortung und Mitwirkung der Betroffenen ist eine professionelle Anwendung der Sozialhilfe garantiert.

- Die Sozialhilfe trägt den Gegebenheiten des Einzelfalles angemessen Rechnung (BE, LU, SH, ZG, ZH).

Menschenwürde, persönliche Integrität

Artikel 7 der Bundesverfassung hält fest: *Die Würde des Menschen ist zu achten und zu schützen.* Dieser Grundsatz besagt, dass jede Person ein Anrecht hat auf eine autonome menschenwürdige Lebensgestaltung und um ihres Menschseins willen vom Gemeinwesen die Sicherung der baren Existenz fordern darf: «Sozialhilfe vermeidet alles, was Menschen entwürdigt, demütigt, etikettiert.»[124] In dieser Definition schwingt der Appell mit, dass die Sozialhilfe menschenwürdig zu gestalten ist.[125]

- Die Menschenwürde und die persönliche Integrität sind zu respektieren (BE [gegenseitig], LU, SH).
- Die Gleichstellung von Frauen und Männern ist zu beachten (BE).

Existenzsicherung – Bedarfsdeckung

Die sozialhilferechtliche Existenzsicherung erfolgt im Rahmen des sozialen Existenzminimums, das in den meisten Kantonen angewendet wird: «Das soziale Existenzminimum umfasst die Ermöglichung der Teilhabe am gesellschaftlichen Leben und ist somit relativ zum materiellen Lebensniveau der Gesamtgesellschaft anzusetzen.»[126] Die Relation zum Lebensniveau der Gesamtgesellschaft bezweckt, dass die soziale Integration von Bedürftigen gewährleistet wird. Die Bedarfsdeckung besagt, dass die Leistungen den konkreten Bedarf berücksichtigen und den Einzelfall würdigen.[127] Damit sind sie teilweise höher als die Sozialversicherungsleistungen.

123 In den meisten kantonalen Sozialhilfegesetzen sind die Aufgaben der persönlichen und der wirtschaftlichen Sozialhilfe ausformuliert.

124 Geiser (1994), 33.

125 Grund für diesen Appell waren die Schwierigkeiten der Sozialhilfe (Gemeinden), auf die starke Zunahme der Sozialhilfebedürftigen adäquat zu reagieren. Vgl. dazu auch Fluder/Stremlow (1999), 246. Eine Gemeindebefragung von 1994 gibt Auskunft über die Leistungsgrenzen der Gemeinden in bestimmten Aufgabenfeldern des Sozialwesens.

126 Campiche/Kissling (1999), 2.

127 Das Existenzminimum nach den Richtlinien der Schweizerischen Konferenz für Sozialhilfe (SKOS) kann höher ausfallen als ein Einkommen im Niedriglohnsegment.

- Die Sozialhilfe gewährt die zum Lebensunterhalt notwendigen Mittel oder die materielle Sicherheit (alle Kantone).

Aufenthaltsort – Abschiebeverbot

Das Bundesgesetz über die Zuständigkeit für die Unterstützung Bedürftiger (ZUG) verbietet, Hilfsbedürftige abzuschieben. Die Unterstützung von Menschen in Notlagen erfolgt am Aufenthaltsort.[128] Besonders wichtig ist diese Regelung bei Personen, die keinen festen Wohnsitz haben, bei Ausländerinnen und Ausländern, die sich illegal in der Schweiz aufhalten und infolge mangelnder Reisepapiere nicht in ihre Heimatstaaten zurückgeführt werden können, sowie bei Touristinnen und Touristen, die medizinische Hilfe benötigen. Das ZUG regelt die finanzielle Abgeltung und Zusammenarbeit unter den Kantonen für alle Personen mit einem Aufenthaltsrecht. Das interkantonale Abschiebeverbot gemäss Bundesgesetz wird in den kantonalen Sozialhilfegesetzen auch gegen die innerkantonale Abschiebung von Gemeinde zu Gemeinde bekräftigt.[129]

- Die Behörden dürfen hilfebedürftige Personen nicht veranlassen, aus der Gemeinde wegzuziehen (BE, GL, LU, SG, UR, ZG [sinngemäss ZUG], ZH).

Rechtsanspruch

In den kantonalen Sozialhilfegesetzen ist das Beschwerderecht nicht überall explizit erwähnt. Falls das Sozialhilfegesetz keine Beschwerderegelung getroffen hat, ist innerhalb des kantonalen Verwaltungsrechts immer eine Beschwerde gegen das staatliche Handeln möglich. Es lässt sich aber weder in Artikel 12 der Bundesverfassung noch in den kantonalen Gesetzen ein Rechtsanspruch auf eine bestimmte Höhe der Unterstützung finden.[130]

- Die Aufsicht über die Ausführung der Sozialhilfe wird durch kantonale Stellen wahrgenommen (alle Kantone).
- 23 Kantone haben den Rechtsweg explizit im Sozialhilfegesetz genannt. Drei Kantone erwähnen kein Rechtsmittel (AI, GR, SH).

---

128 Erst im ZUG von 1977 (Artikel 10) wurde ein Abschiebeverbot gesamtschweizerisch festgehalten. Diese Regelung zielt vor allem auf das Verhältnis zwischen den Kantonen ab. Nach wie vor ist aber das Thema der Abschiebung aktuell, was dem erhöhten Druck in den Gemeinden sowie weiteren Faktoren zuzuschreiben ist. Gemäss Thomet richtet sich das Verbot der Abschiebung an alle Behörden: «Verboten ist vor allem, den Bedürftigen aus dem Kanton auszuweisen oder ihn durch behördliche Schikanen zum Wegzug zu veranlassen. Aber auch behördliche Interventionen bei Arbeitgebern oder Vermietern mit dem Zweck, sie zur Auflösung eines Arbeits- oder Mietvertrages mit dem Bedürftigen zu veranlassen, sind verboten. Auch das Angebot einer Umzugsunterstützung, um den Bedürftigen zu einem Wegzug zu veranlassen, ist untersagt.» Thomet (1994), 108.

129 Vgl. Hess (1979), 1.

130 Bei den Sozialversicherungen ist dieser Rechtsanspruch gegeben.

Prävention
Die Sozialhilfe hat den Auftrag, präventiv auf die sozialen Probleme einzuwirken. Die präventive Ausrichtung ist in allen kantonalen Gesetzen festgehalten.
- Die Gemeinden und der Kanton klären die allgemeinen Ursachen der Hilfsbedürftigkeit und betreiben Sozialplanung oder Ursachenbekämpfung.

Mitwirkungspflicht – Gegenleistung
Das Verständnis von Sozialhilfe hat sich in den letzten Jahren gewandelt: Stand früher der Fürsorgeaspekt im Sinne von Wohltätigkeit im Vordergrund, werden heute Mitwirkung und Gegenleistung erwartet. Integrationsmassnahmen sollen die Selbsthilfe fördern.
- Die Regelung von Sanktionen wie Kürzung, Einstellung oder Verweigerung von wirtschaftlicher Sozialhilfe trägt zur Rechtssicherheit[131] bei (BE, BL, BS, GL, NW, OW, SG, SH, SO, TG, UR, ZH).
- Die Leistungen werden mit Weisungen und Auflagen verknüpft (GL, ZH).

Rückerstattung von Sozialhilfeleistungen
Die meisten kantonalen Gesetze sehen eine Rückerstattungspflicht vor, sofern sie zumutbar ist, das heisst, wenn die ehemaligen Bezügerinnen und Bezüger wieder in «günstigen wirtschaftlichen Verhältnissen» leben. Die Pflicht zur Rückzahlung darf allerdings nicht dazu führen, dass die Betroffenen wieder bedürftig werden.
- In zwei Kantonen wird die Rückerstattungspflicht nicht erwähnt (GR, SH).[132]

Bei der Durchsicht der kantonalen Sozialhilfegesetze hat sich gezeigt, dass es in der Schweiz keine einheitliche Sozialhilfe gibt. Selbst die wesentlichen Merkmale der Sozialhilfe sind nicht in allen Gesetzen zu finden. Teilweise werden sie nur marginal erwähnt oder kommen gar nicht zur Sprache. Es lässt sich nicht feststellen, ob gewisse Elemente bewusst weggelassen wurden oder ob die Sozialhilfegesetze aufgrund der jeweiligen kantonalen Gesetzeslogik so unterschiedlich ausgefallen sind.

---

131 Ausführlich in Kapitel 2.3. Demokratie und Rechtsstaatlichkeit.

132 Das Sozialhilfegesetz von Schaffhausen (SH) verwendet den Begriff der Rückerstattung in einem anderen Sinne als die anderen kantonalen Gesetze. Das Gesetz von SH meint damit die Rückerstattung der wirtschaftlichen Sozialhilfe gemäss ZUG oder nach Sozialhilfegesetz. Die Rückerstattung wird entweder vom kostenersatzpflichtigen Heimatkanton oder von der kostenersatzpflichtigen vormaligen Wohngemeinde verlangt.

2.2.5 Kommunale Reglemente

Den Gemeinden kommt keine gesetzgeberische Aufgabe zu. Die kommunalen Kompetenzen beschränken sich auf die Gestaltung der Sozialhilfe, die sie, gestützt auf Artikel 50 der Bundesverfassung vom 18. April 1999, autonom ausführen. Kommunale Reglemente legen also meist die konkrete Umsetzung fest oder regeln die Kompetenzen innerhalb der Gemeinde, sofern dies nicht bereits im kantonalen Gesetz abschliessend bestimmt ist.

Artikel 50 BV Gemeindeartikel

1 *Die Gemeindeautonomie ist nach Massgabe des kantonalen Rechts gewährleistet.*

2 *Der Bund beachtet bei seinem Handeln die möglichen Auswirkungen auf die Gemeinden.*

3 *Er nimmt dabei Rücksicht auf die besondere Situation der Städte und der Agglomerationen sowie der Berggebiete.*

Die Ausprägung der Gemeindeautonomie ist nach Bundesverfassung durch die Kantone zu regeln. Die Gemeindeautonomie ist entsprechend föderalistisch differenziert.[133] In den 26 kantonalen Sozialhilfegesetzen ist die Massgabe der Kantone erkennbar.

Die Beurteilung der Notlage nehmen die Gemeinden vor, wobei die Leistungen in den meisten Kantonen nach den SKOS-Richtlinien zu erfolgen haben. Die Behörden legen zudem örtliche Mietzinsrichtlinien oder gelegentlich sogar die Lebenshaltungskosten fest. In der organisatorischen Ausgestaltung der Hilfe sind die Gemeinden überwiegend autonom. Deshalb ist hier ein Überblick über die rund 2'800 verschiedenen kommunalen Regelungen der Sozialhilfe nicht möglich.

Die Gesetze und Weisungen der Gemeinwesen haben unterschiedliche Ziele und sind in diverse politische Prozesse und Verwaltungsabläufe eingebunden. Es lohnt sich daher, einen Blick auf die Grundsätze der Demokratie und der Rechtsstaatlichkeit zu werfen sowie ihr Verhältnis zueinander zu beleuchten.

133 So wird die Gemeindeautonomie in den Sozialhilfegesetzen des Kantons St. Gallen (Gemeindeautonomie) und des Kantons Bern (kantonale Regelungen bis ins Detail) sehr unterschiedlich umgesetzt.

2.3 Demokratie und Rechtsstaatlichkeit

Das schweizerische Staatswesen ist geprägt durch die direkte Demokratie. Sie beeinflusst auch die soziale Sicherheit, im Besonderen die Sozialhilfe, die auf Gemeindeebene unmittelbar der Exekutive unterstellt ist. Die Umsetzung der sozialen Sicherheit ist aber nicht nur eine Frage der demokratisch ermittelten Mehrheitsmeinung, es sind auch die Interessen des Individuums mit rechtsstaatlichen Mitteln zu wahren.

Demokratie

Die direkte Demokratie ist ein System der Volksrechte. Die stimmberechtigten Einwohnerinnen und Einwohner können mit Volksabstimmungen in wichtigen Sachfragen mitentscheiden. Die Staatsmacht wird damit eingeschränkt und unterliegt der direkten Kontrolle des Volkswillens. Stabilisiert wird die Demokratie durch die Gewaltenteilung von Legislative, Judikative und Exekutive, durch die föderalistische Dezentralisierung der staatlichen Aufgaben und durch die Wahl von Volksvertreterinnen und -vertretern. Die jeweiligen Exekutivmitglieder werden aufgrund von Mehrheitsentscheidungen gewählt.

Für die politische Intervention stehen dem Volk drei Instrumente zur Verfügung: das obligatorische Referendum bei Verfassungsänderungen, das fakultative Referendum als Vetoinstrument für Interessengruppen und die Initiative für Verfassungsänderungen.

Eine grosse Vielzahl der politischen Entscheidungen und Vollzugsaufgaben wird in den kleineren und mittleren Gemeinden von Milizpolitikerinnen und -politikern sowie von einem kleinen Verwaltungsapparat erledigt. Mit dem Milizsystem entstehen für die Bewältigung von sporadisch anfallenden kommunalen Aufgaben relativ geringe Kosten.[134] Diese Organisationsstruktur bewirkt, dass politische Entscheidungen in grosser Nähe zu den Einwohnerinnen und Einwohnern zustande kommen. Die kollektive Beteiligung der politisch aktiven Bevölkerung an Entscheidungen kann einerseits partikulare Anliegen neutralisieren, andererseits kann sie persönlichen Interessen der Beteiligten zum Durchbruch verhelfen.[135] In den vergangenen Jahrzehnten hat sich jedoch gezeigt, dass das Milizsystem immer weniger in der Lage ist, die vielfältigen Gemeindeaufgaben zu bewältigen. Die Sozialhilfe wie auch andere Bereiche der kommunalen Tätigkeit werden vermehrt nach den Grundsätzen der Effektivität und der Rechtmässigkeit realisiert. Diese Tendenz fördert den Ausbau der professionell geführten Verwaltungen auf Kosten der Milizgremien.

---

134 Geser (1987), 28–33.
135 Rentsch (1997), 330.

Rechtsstaatlichkeit
Ein wichtiger, stark verankerter Grundsatz in Demokratien ist die Rechtsstaatlichkeit, das heisst, staatliches Handeln erfolgt auf der Grundlage und in den Schranken des Rechts.[136] Der schweizerische Rechtsstaat entwickelte seit seiner Gründung eine immer höhere Regelungsdichte in der Gesetzgebung. Damit sollen Bereiche der Politik oder Themen des öffentlichen und privaten Lebens festgelegt und gesteuert werden. Die Judikative gewinnt so an Macht, Exekutive und Legislative verlieren zugleich an Einfluss. Dies wird unter anderem für die Gemeinden (Exekutive) zum Problem, denn rechtsstaatliche Vorschriften generieren Ausgaben, die durch die kommunale Politik nicht mehr zu beeinflussen sind.[137]
Im Rechtsstaat kann das Individuum seine Grundrechte über den Rechtsweg einfordern.[138] Wenn Grundrechte nicht bereits (proaktiv) gewährleistet sind, können sie mit Rechtsmitteln durchgesetzt werden. Die allgemeinen Verfahrensgarantien von Artikel 29 der Bundesverfassung regeln, dass jede Person Anspruch hat auf eine gleiche und gerechte Behandlung (Verbot der Rechtsverweigerung und -verzögerung) sowie auf rechtliches Gehör.[139]

Zur Rechtsstaatlichkeit gehören die Elemente Rechtsanspruch, Rechtssicherheit und Verfahrenssicherheit.
Die Bundesverfassung (Artikel 12 BV) wie auch die meisten kantonalen Sozialhilfegesetze halten den Anspruch auf Hilfe in Notlagen fest, was bedeutet, dass die Existenz gesichert ist. Es besteht aber im Rahmen der Sozialhilfe kein Anspruch auf eine eindeutig definierte Hilfe, denn die Sozialhilfe orientiert sich am Bedarfsprinzip. Dieser Bedarf ist in jedem Einzelfall zu ermitteln und zu begründen (Individualisierung der Hilfe). Einzelne kantonale Regelungen (z.B. Kanton Basel Landschaft[140]) nennen differenziert die Voraussetzungen für einen Anspruch auf Hilfe und beschreiben die Pflichten der unterstützten Personen. Der Rechtsanspruch auf Sozialhilfe ist also gegeben, es ist ein Rechtsanspruch dem Grunde nach, nicht aber der Art und der Höhe nach.[141] So hält beispielsweise das Sozialhilfegesetz des Kantons Luzern in § 25 fest: *Wer sich in persönlichen Schwierigkeiten befindet, hat Anspruch auf persönliche Sozialhilfe.* In § 28 Absatz 1 heisst es: *Wer seinen Lebensbedarf und den seiner Familienangehörigen nach den Bestimmungen des Bundesgesetzes über die Zuständigkeit für die Unterstützung Bedürftiger nicht rechtzei-*

136 Vgl. Artikel 5 Bundesverfassung.
137 Höffe (2001), 60.
138 Amstutz (2002), 343–349.
139 Siehe dazu Müller (1999), 493–592.
140 §§ 6–11 im Gesetz über die Sozial-, die Jugend- und die Behindertenhilfe vom 21. Juni 2001 (BL).
141 Lampert/Althammer (2001), 311–312.

tig oder nicht hinreichend mit eigenen Mitteln, Arbeit oder Leistungen Dritter bestreiten kann, hat Anspruch auf wirtschaftliche Sozialhilfe.

Die Rechtssicherheit wird durch die Festsetzung eines Rechtsanspruchs geschaffen, so auch in Artikel 12 der Bundesverfassung. «Die Anerkennung des Rechts auf Existenzsicherung schafft auch Rechtssicherheit für jene, die sich noch nicht unmittelbar in einer Notlage befinden.»[142] In einem dezentral organisierten Staat, in dem die einzelnen Akteurinnen und Akteure ihre Entscheide zum Teil autonom treffen, hängt die Qualität der Entscheidungen davon ab, wie der Handlungsrahmen rechtlich-institutionell ausgestaltet ist.[143] Allerdings prüft und interpretiert der Staat (Bund, Kanton) das gesetzte Recht nicht aus eigener Initiative zum Schutz der Individuen. Diese müssen ihr Recht mit einer Beschwerde selber geltend machen.[144] Die Rechtssicherheit wird also nur reaktiv durchgesetzt. Eine proaktive Sicherstellung der Grundrechte oder der Gewährleistung von Rechten ist dem Gestaltungswillen der Verantwortlichen überlassen.[145]

Die Verfahrenssicherheit leistet einen wesentlichen Beitrag zur Rechtssicherheit, denn sie konkretisiert den Ablauf und die Zuständigkeiten bei strittigen Entscheiden. Die Verfahrenssicherheit im Sinne der Verfahrensgerechtigkeit[146] ist ein formaler Aspekt der Gerechtigkeit, sie garantiert Fairness im Rechtsvollzug und in der Rechtsfindung.[147] Darin birgt sich eine Entwicklungschance für inhaltlich wichtige Fragestellungen.

Die Verfahrensgerechtigkeit ist besonders wichtig im Verwaltungsverfahren,[148] das sich wesentlich durch die Vorbereitung und den Erlass einer erstinstanzlichen Verfügung auszeichnet.[149] Die Qualität einer erstinstanzlichen Verfügung liegt vollumfänglich in der Gestaltungsbereitschaft des jeweiligen Gemeinwesens. Im Weiteren sichert das Verwaltungsverfahren auf kantonaler Ebene durch Verwaltungsgerichte oder Bezirksgerichte einen Rechtsschutz. Diese Gerichte entscheiden ohne direkte Kenntnisse der Situation aufgrund von Akten und beschränken sich in der Regel auf die Rechtskontrolle. Sie überprüfen bei entsprechender Kompetenzzuteilung die Angemessenheit einer Verfügung im Bereich der Sozialhilfe.[150] Der Entscheid der

---

142 Amstutz (2002), 103.
143 Vgl. dazu auch die Ausgestaltung der Wirtschaftsordnung bei Kirchner (1999), 165.
144 Vgl. Bussmann (1997) zum Thema der Politikevaluation; Kissling-Näf/Wälti (20023), 651–689.
145 Vgl. Uhlmann (2003), 248–249. Gemäss Uhlmann «verhindert das Gebot der Rechtssicherheit ein Auseinanderklaffen zwischen gesetzlicher Regelung und Praxis der Behörden.»
146 Siehe auch Kapitel 5.2.2 Soziale Gerechtigkeit und Gemeinwohl.
147 Anzenbacher (1998), 223.
148 Wolffers (1993), 195–204.
149 Wolffers (1993), 195.
150 Wolffers (1993), 207, Fn 8.

ersten gerichtlichen Instanz kann mit einer staatsrechtlichen Beschwerde an das Bundesgericht weitergezogen werden.

Verhältnis zwischen Demokratie und Rechtsstaatlichkeit
In der direkten Demokratie stehen die Souveränität des Volkes (Demokratie) und die Freiheit der einzelnen Person (Rechtsstaat) in einem Spannungsverhältnis.[151] Die direktdemokratische Partizipation der Bevölkerung an politischen Entscheidungen kann den rechtsstaatlichen Vollzug von öffentlichen Aufgaben infrage stellen. Die demokratische Mitbestimmung stösst teilweise an Grenzen, da die Mehrheitsentscheide gegen den Rechtsstaat und die Grundrechte einzelner Individuen oder kleinerer Gruppen ausfallen können. In kleineren und mittleren Gemeinden wird dies besonders sichtbar bei der Sozialhilfe, wo demokratisch gewählte Volksvertreterinnen und -vertreter im Sinne ihrer (partei-)politischen Haltung über die Hilfe entscheiden anstelle von Fachpersonal, das die Hilfe gemäss gesetzlichen Grundlagen zuspricht. Häufig werden diese Interessenkonflikte dadurch gelöst, dass die politisch Gewählten die strategische Führung des Sozialamtes übernehmen und die konkrete Arbeit an das Fachpersonal delegieren. Damit kann sowohl dem demokratischen Willen als auch der Rechtsstaatlichkeit Rechnung getragen werden.
Demokratische und rechtsstaatliche Regeln werden nicht auf allen Ebenen des Staates gleich gewichtet. Auf Gemeindeebene findet eine direkte demokratische Beteiligung statt. Die Demokratie wird daher in der Tendenz höher gewertet als die Rechtsstaatlichkeit.[152] In den Kantonen halten sich demokratische und rechtsstaatliche Grundsätze die Waage. Auf Bundesebene hat die Rechtsstaatlichkeit eine Vorrangstellung. Die Demokratie hat dort trotz der gut ausgebauten Volksrechte stärker in den Schranken des Rechtsstaates zu funktionieren, weil der Bund für allgemein verbindlichere Aufgaben und Fragestellungen zuständig ist: «Je höher die staatliche Ebene, desto ausgeprägter geht es um den Schutz persönlicher Rechte und Freiheiten vor der Willkür kollektiver Entscheidungen durch anonyme Mehrheiten.»[153]

151 Borner (1997), 18.
152 Die Schweizerische Volkspartei (SVP) plant eine Initiative, die bewirken will, dass vom Volk gefällte Entscheide künftig abschliessend gelten und nicht mehr mit Rechtsmitteln wie Rekurs oder Beschwerde angefochten werden können. Vgl. Prinz (2006a), 5.
153 Rentsch (1997), 331.

2.4 Zusammenfassung

Die ursprünglich kommunale Zuständigkeit für die Linderung aller Notlagen (Armenwesen) wurde im 20. Jahrhundert mehr und mehr durch verschiedene sozialstaatliche Leistungen abgelöst. Im Verlauf von einigen Jahrzehnten entstand eine politisch und gesellschaftlich stark verankerte und zugleich differenzierte Struktur der sozialen Sicherheit in der Schweiz. Bund, Kantone, Gemeinden und private soziale Institutionen leisten gemeinsam mit unterschiedlichen Instrumenten die Existenzsicherung. Diese funktioniert einerseits gemäss Versicherungsprinzip und andererseits nach Bedarfsdeckung. Versicherungsleistungen und Ergänzungsleistungen sind auf Bundesebene einheitlich geregelt. Die Sozialhilfe hingegen ist nach 26 Sozialhilfegesetzen und nach rund 2'800 Gemeindereglementen ausgestaltet. Diese Ausgestaltung ist wesentlich geprägt vom demokratisch festgelegten Willen.

3 Strukturen und Besonderheiten der sozialstaatlichen Instrumente in der Schweiz

3.1 Sozialversicherungen

Bis etwa 1950 sorgte die kantonal organisierte Waisen- und Armenpflege für das physische Überleben der armen Bevölkerung, die vor allem im Familienverband organisiert war. Die Familie sicherte die Kinder sozial ab und die Kinder wiederum garantierten die Altersvorsorge und Altersfürsorge für die Eltern. Wo diese familiäre Existenzsicherung nicht funktionierte, half das staatliche Armenwesen. Mit der Einführung der Sozialversicherungen sind immer mehr soziale Risiken abgedeckt worden wie Alter, Invalidität, Erwerbslosigkeit, Unfall und Krankheit, was zu einer Differenzierung der Bedürftigen beigetragen hat.[154] Diese Versicherungen wirken einer materiellen Verarmung entgegen und verhindern vorerst eine Exklusion[155] oder Desintegration der Betroffenen. Allerdings gewährleistet die finanzielle Absicherung keine ganzheitliche Existenzsicherung.[156]

In rund hundert Jahren sind in der Schweiz die folgenden Sozialversicherungen entstanden:[157]

- Militärversicherung (MV), 1901/1949/1992[158]
- Kranken- und Unfallversicherung (KUV), 1911 (wurde abgelöst durch UV und KVG)
- Alters- und Hinterlassenenversicherung (AHV, 1. Säule), 1946
- Arbeitslosenversicherung (ALV), 1951/1977/1982/1995
- Familienzulagen für die Landwirtschaft (FL), 1947/1952
- Erwerbsausfallentschädigung für Militär- und Zivilschutzdienst (EO), 1952/1962
- Invalidenversicherung (IV, 1. Säule), 1959
- Ergänzungsleistungen zur AHV und IV (EL zur 1. Säule), 1965
- Unfallversicherung (UV), 1981
- Berufliche Alters-, Hinterlassenen- und Invalidenvorsorge (BVG, 2. Säule), 1982
- Steuerlich begünstigte, gebundene Vorsorge (3. Säule, Säule 3a), 1982
- Krankenversicherung (KVG), 1994

---

154 Vgl. dazu Lampert/Althammer (2001б), 128–132.

155 Vgl. Kronauer (2002).

156 Eine ganzheitliche Existenzsicherung umfasst die materielle Absicherung, persönliche Hilfestellungen und die Integrationshilfe.

157 Übersicht über die Sozialversicherungen und ihre Einführungsdaten bei Häcki (2002), 7 und Kieser (2003).

158 Die Jahreszahlen beziehen sich auf die Datierung der Gesetze.

- Mutterschaftsversicherung (MSV), 2004
- Familienzulagen (FZ)[159]

Das System der sozialen Sicherheit basierte bis in die 80er- / 90er-Jahre auf der traditionellen Familienform (Ernährerlohn) und auf der Vollbeschäftigung.[160] Nach 1980 erfolgte ein wirtschaftlicher Strukturwandel, der Unterbeschäftigung, flexibilisierte und prekäre Arbeitsverhältnisse sowie Langzeitarbeitslosigkeit hervorrief. Diese Veränderungen hatten auch einen sozialen Strukturwandel zur Folge. Dieser zeigt sich in neuen Lebensformen, neuen Erwerbsbiografien und in den Auswirkungen der Migration. Die Sozialversicherungen konzentrieren sich auf die im Erwerbsleben Tätigen und die Versicherungsleistungen stehen in direktem Zusammenhang mit den während der Erwerbstätigkeit geleisteten Versicherungsbeiträgen. Im Vergleich mit den europäischen Nachbarstaaten verfügt die Schweiz über eine hohe Erwerbstätigenquote. So waren 2004 3,959 Millionen Erwerbstätige registriert, das entspricht einer Quote von 64,4 Prozent.[161] Damit ist ein Grossteil der arbeitsfähigen Bevölkerung über die erwerbszentrierten Sozialversicherungen abgesichert. In der Schweiz sind aber auch prekäre Arbeitsverhältnisse auszumachen, was bedeutet, dass diese Erwerbstätigen schlecht oder nicht sozialversichert sind.[162] Zudem wird eine steigende Zahl von Menschen infolge von lang andauernder Arbeitslosigkeit aus den erwerbszentrierten Versicherungen ausgeschlossen und gelangt in den Zuständigkeitsbereich der Sozialhilfe.
Nicht über die Erwerbstätigkeit geregelt sind die Unfall- und die Krankenversicherung. Sie sind obligatorisch, unabhängig von einem Erwerbseinkommen. Bei fehlendem Einkommen wird die Versicherungsprämie durch den Bund, die Kantone und die Gemeinden übernommen. Damit ist die Gesundheitsversorgung für alle in der Schweiz anwesenden Personen gewährleistet und finanziert.[163] Eine Verarmung aufgrund hoher Gesundheitskosten kann demnach ausgeschlossen werden.
Im Bundesgesetz über den Allgemeinen Teil des Sozialversicherungsrechts (ATSG) ist eine intensive Zusammenarbeit der Sozialversicherungen (und der Sozialhilfeinstitutionen [Gemeinden]) zugunsten der betroffenen Personen verankert.[164] Eine konkrete Auswirkung dieses Bundesgesetzes wird

---

159 Die Familienzulagen sind seit 1945 in der Verfassung vorgesehen, aber noch nicht eingeführt.
160 Knöpfel/Ferroni (1999), 65.
161 Bundesamt für Statistik (2005a), 7, 9.
162 Eine Studie der Caritas spricht von 430'650 (potenziell) prekären Arbeitsverhältnissen in der Schweiz: Caritas (2001), 127.
163 Vgl. Bundesamt für Sozialversicherung (2002b). Alle in der Schweiz Anwesenden, auch illegal Anwesende, sind zu versichern und erhalten unter bestimmten Voraussetzungen eine Prämienverbilligung.
164 Bundesgesetz vom 6. Oktober 2000 über den Allgemeinen Teil des Sozialversicherungsrechts (ATSG), (SR 830.1). In Kraft seit 1.1.2003.

sichtbar im Arbeitsvermittlungsgesetz (AVG), das die Interinstitutionelle Zusammenarbeit (IIZ)[165] festhält.

3.2 Sozialhilfe

Nicht alle Lebenssituationen und sozialen Probleme lassen sich über Versicherungen absichern. So generiert beispielsweise die Zugehörigkeit zur Gruppe der Menschen in flexiblen und prekären Arbeitsverhältnissen oder zur Gruppe der working poor keine spezielle Versicherungsleistung, die bei nicht ausreichendem Einkommen den Lebensunterhalt sichert. Für diese sowie für die anderen nicht versicherten Armutsursachen ist die Sozialhilfe als ursprüngliches Sicherungsinstrument vorgesehen. Vor 1950 kam die Fürsorge bei sozialen Problemen für die Hilfeleistungen auf. Durch die Differenzierung der Ursachen und die Schaffung der Sozialversicherungen verlor die Sozialhilfe allmählich an Bedeutung; sie war nur noch zuständig für die «Restarmut» und wurde dadurch stark marginalisiert. Seit den 80er-Jahren steigen die Ausgaben der Sozialhilfe wieder an, was auf eine Zunahme der nicht versicherten Armutsursachen schliessen lässt.

3.2.1 Grundsätzliche Unterscheidungen und Ziele der Sozialhilfe

Da die sozialen Probleme in der Gesellschaft komplex sind und zugenommen haben, hat die Sozialhilfe differenzierte Leistungen zu erbringen. Sie lässt sich entsprechend ihren Aufgaben gliedern in die Sozialhilfe im weiteren Sinne und die Sozialhilfe im engeren Sinne.

Sozialhilfe im weiteren Sinne[166]
Die Sozialhilfe im weiteren Sinne besteht aus allen bedarfsabhängigen Sozialleistungen[167], die neben der Sozialhilfe im engeren Sinne erbracht werden. Die Sozialhilfe im weiteren Sinne ist der Sozialhilfe im engeren Sinne vorgelagert und den Leistungen der allgemeinen Grundversorgung[168] sowie den Leistungen der Sozialversicherungen nachgelagert (subsidiär). Die Sozialhilfe im weiteren Sinne ist wegen des föderalistischen Systems unterschiedlich

165 Bundesgesetz über die Arbeitsvermittlung und den Personalverleih (Arbeitsvermittlungsgesetz, AVG) vom 6. Oktober 1989 (Stand 24. Juni 2003), (SR 823.11).
166 Knöpfel (2003), 294–295.
167 Bundesamt für Statistik (1998). Das Bundesamt für Statistik hat ein umfangreiches Inventar über die bedarfsabhängigen Leistungen der Sozialhilfe im weiteren Sinne erstellt. Bedarfsabhängige Leistungen werden dann gewährt, wenn ein tatsächlicher Bedarf nachgewiesen wird. Dies im Gegensatz zu den Versicherungsleistungen, die im Schadenfall aufgrund von Vorleistungen erfolgen.
168 Zur allgemeinen Grundversorgung gehören das Bildungssystem, die Gesundheitsversorgung, das Rechtssystem usw.

ausgestaltet, deshalb kann kein abgeschlossener Leistungskatalog genannt werden.[169] In einzelnen Kantonen und Gemeinden werden folgende Leistungen gewährleistet:

- Ordentliche EL zur AHV/IV
- Ausserordentliche EL als Zuschüsse zur AHV/IV
- Zuschüsse für Heimunterbringung
- Zuschüsse für den Schulbesuch
- Alimentenbevorschussung
- Unterhaltszuschüsse für Familien mit Kindern und für Alleinerziehende
- Ausserhäusliche Unterbringung von Kindern
- Mutterschaftsleistungen
- Geburtshilfen
- Prämienzuschüsse gemäss Krankenversicherungsgesetz

Diese Hilfeleistungen werden von Kantonen, Gemeinden, privaten Hilfswerken, Kirchen, Stiftungen, Fonds, Vereinen, Interessengruppen oder Firmen angeboten. Die Sozialhilfe im weiteren Sinne ist differenziert und gut verankert in der Gesellschaft. Dabei steht oftmals – vor allem bei den privaten Institutionen – die Fürsorge oder die Wohltätigkeit im Vordergrund.
Das vorgelagerte Netz der Sozialhilfe im weiteren Sinne und die Sozialversicherungen werden unter dem Spardruck immer mehr in Frage gestellt und die Leistungen der Sozialhilfe im engeren Sinne werden gewichtiger.[170]

Sozialhilfe im engeren Sinne
Die bedarfsabhängige Sozialhilfe im engeren Sinne ist gefordert, wenn die Sozialhilfe im weiteren Sinne und die Sozialversicherungen nicht greifen. Die Ausgestaltung der Sozialhilfe im engeren Sinne orientiert sich an der Definition von Armut, sie wird aber auch von der politischen Meinung und von den Budgetvorgaben beeinflusst. Heute geht man in der Schweiz von einem mehrdimensionalen Armutskonzept aus. Die Sozialhilfe im engeren Sinne wird verstanden als umfassende Existenzsicherung mit materieller, persönlicher und programmatischer Hilfe. Sie geht über das absolut notwendige Minimum hinaus und gewährt ein soziales Existenzminimum. Dieses garantiert nicht nur die materielle Existenz und das Überleben der Bedürfti-

169 Bundesamt für Statistik (2005d), 12: Es werden verschiedene Leistungen der Sozialhilfe im weiteren Sinne aufgelistet, die in der Rechnung von Gemeinden, Kantonen und Bund erscheinen. Es ist unklar, weshalb in dieser Liste beispielsweise das Asylwesen, die Soziallöhne oder die Bekämpfung von Alkoholismus und Drogenabhängigkeit aufgeführt werden. Meiner Meinung nach gehören diese Leistungen in den Bereich der Sozialhilfe im engeren Sinne, da sie die Existenzsicherung in einem umfassenden Sinne gewährleisten, dass heisst, sie sind Elemente der persönlichen und der wirtschaftlichen Sozialhilfe.

170 Bundesamt für Statistik (1999c), 15.

gen, sondern fördert die Eigenverantwortung, den Erhalt der sozialen Kompetenz und damit die Hilfe zur Selbsthilfe. Das soziale Existenzminimum weitet die Existenzsicherung aus auf die soziale und die berufliche Integration.[171] Je nach Sozialhilfegesetz gilt in den Kantonen eine unterschiedliche Betonung dieser Elemente.

Ziele der Sozialhilfe im engeren Sinne[172]
Die Sozialhilfe im engeren Sinne ist final, das heisst, sie will eine Notlage beheben, die anderweitig nicht abgesichert ist. Nach der Schweizerischen Konferenz für Sozialhilfe (SKOS) hat die Sozialhilfe im engeren Sinne folgende Zielsetzung: «Sozialhilfe sichert die Existenz bedürftiger Personen, fördert ihre wirtschaftliche und persönliche Selbstständigkeit und gewährleistet die soziale und berufliche Integration.»[173] Mit sozialer und beruflicher Integration ist die von Dritten organisierte Teilhabe am gesellschaftlichen Leben gemeint. Die SKOS-Richtlinien 2005 nehmen die leistungsbezogenen Elemente Eigenverantwortung und Motivation auf und schaffen damit ein Anreizsystem für Personen, die sich verstärkt um ihre berufliche und soziale Integration bemühen. Im Weiteren zielt die Sozialhilfe darauf, die Gesundheit und das Wohlbefinden der Betroffenen zu erhalten.

3.2.2 Akteurinnen und Akteure

Die Organisation und die Ausgestaltung der Sozialhilfe werden auf allen staatlichen Ebenen geregelt. Dabei nehmen Bund, Kantone und Gemeinden unterschiedliche Funktionen wahr, was auf der Gesetzesebene sichtbar wird. Neben den staatlichen Instanzen engagieren sich auch Parteien, Interessenverbände und private Organisationen sowie Betroffene in der Sozialhilfepolitik. Dabei befinden sich diese verschiedenen Akteurinnen und Akteure in einem «unverbindlichen» Verhältnis.

171 Die kantonalen Gesetze definieren die Sozialhilfe weniger klar als etwa das deutsche Bundessozialhilfegesetz. Sozialhilfe meint dort die Hilfe für Personen, die nicht in der Lage sind, das «soziokulturelle Existenzminimumniveau» durch Einkommen, Vermögen, Ansprüche, Sozialversicherungen oder Dritte oder durch eigene Mittel und Kräfte zu erzielen. Lampert/Althammer (2001), 307. Das soziokulturelle Existenzminimum ist demnach mehr als die Mittel, die für das Überleben notwendig sind, und wird im deutschen Bundessozialhilfegesetz in Relation zum Umfeld definiert. Die Teilhabe an der Gesellschaft ist damit festgehalten.

172 Gesamtschweizerisch ist bei der Zielsetzung der Sozialhilfe in den kantonalen Sozialhilfegesetzen und in den Richtlinien der Schweizerischen Konferenz für Sozialhilfe (SKOS) eine grosse Übereinstimmung auszumachen.

173 Schweizerische Konferenz für Sozialhilfe (2005), A. I–I.

Bund

Das in Artikel 12 BV festgeschriebene Recht auf Hilfe in Notlagen trägt zu einer einheitlicheren Sozialhilfe in der Schweiz bei. Die Sozialhilfe wird aufgewertet, denn sie hat nun einen festen Platz im schweizerischen System der sozialen Sicherheit. Verfassungsrechtlich abgestützt muss Hilfe und Betreuung angeboten werden für Personen, die in Not geraten sind. Dieser wichtige Artikel der Bundesverfassung widerspiegelt jedoch die Problematik, die in der Sozialhilfe überall zu spüren ist. Die Regelung bleibt unverbindlich, und zwar in zweifacher Hinsicht: Der Bund formuliert lediglich auf der Ebene der Bundesverfassung Vorgaben zur Sozialhilfe, ein gesamtschweizerisches konkretes Gesetz zur Umsetzung des Artikels fehlt hingegen. Zudem entscheidet das Bundesgericht im Beschwerdefall nicht materiell, sondern es überprüft nur die Gesetzes- oder Verfassungsmässigkeit eines kantonalen Entscheides. Aus den in Artikel 41 BV erwähnten Sozialzielen können ebenfalls keine unmittelbaren Leistungen abgeleitet werden.

Kantone

In den 26 kantonalen Sozialhilfegesetzen ist die Sozialhilfe unterschiedlich detailliert geregelt. Die meisten Kantone delegieren die Ausführung an die Gemeinden, wobei die Aufsicht über die Sozialhilfe den kantonalen Behörden obliegt. Die Kantone haben als Gesetzgeber sicherzustellen, dass die Gemeinden ihre Aufgabe wahrnehmen. Im Weiteren koordinieren sie die Zusammenarbeit zwischen den verschiedenen Trägerschaften der Sozialhilfe.

Gemeinden

Die Umsetzung der kantonalen gesetzlichen Vorgaben und die konkrete Ausgestaltung der Sozialhilfe geschehen mehrheitlich in den Gemeinden, die sich dafür zum Teil zu Zweckverbänden oder regionalen Sozialdiensten zusammengeschlossen haben.[174] Die Gemeinden orientieren sich meistens an den SKOS-Richtlinien, falls diese nicht bereits über die kantonale Gesetzgebung als verbindlich vorgegeben sind. Die Ausführung der Sozialhilfe liegt in der Verantwortung der Gemeinderäte und Gemeindeverwaltungen.

Parteien

Auf schweizerischer Ebene engagieren sich die Parteien vor allem in der Sozialversicherungspolitik und nicht auf dem Gebiet der Sozialhilfepolitik, da der Bund keine materiellen Regelungen für die Sozialhilfe festhält. In den Kantonen ist ebenfalls wenig parteipolitischer Einsatz für die Sozialhilfe auszumachen, denn der Kanton ist für die Ausführung und Finanzierung der

174 Fluder/Stremlow (1999), 39.

Sozialhilfe nicht zuständig. Auf Gemeindeebene sind die Parteien je nach Gemeindegrösse in die Organisation der Sozialhilfe involviert.
In ihren Parteiprogrammen äussern sich die Parteien allgemein zur Sozialhilfe. Die bürgerlichen Parteien fordern eine Individualisierung sozialer Leistungen. Sie plädieren für die Eigenverantwortung des Individuums und seiner Familien und für weniger staatliche Hilfe und Grundversorgung. Die Hilfestellungen sollen möglichst dezentral erbracht werden. Die politische Linke plädiert für eine bessere Verteilung der Ressourcen sowie für eine gerechte Lohnpolitik. Sie verlangt, dass soziale Ungerechtigkeiten durch staatliche Umverteilung aufgehoben werden und dass der Zugang zu den Leistungen des Sozialstaates vereinfacht wird.

Interessenverbände, private Organisationen und Kirchen
Die Interessenverbände und privaten Organisationen sind auf Bundesebene und auf kantonaler Ebene für die Sozialhilfepolitik tätig. Die Konferenz der kantonalen Sozialdirektorinnen und -direktoren (SODK) behandelt grundlegende Fragen des Sozialwesens wie die Sozialhilfe in den Kantonen, den Vollzug der Sozialversicherungen, die Asyl- und Flüchtlingspolitik, die Opferhilfe oder das Heimwesen. Die Konferenz der 26 kantonalen Vertretungen nahm seit ihrer Gründung im Jahr 1943 vor allem Informations- und Koordinationsaufgaben wahr. Der wichtigste Fachverband für die Sozialhilfe ist die Schweizerische Konferenz für Sozialhilfe (SKOS). Die SKOS wird von den Kantonen, von vielen Gemeinden, privaten Sozialhilfeorganisationen und vom Bund getragen und definiert ihr Engagement wie folgt: «Der Fachverband fördert das Verständnis und die Zusammenarbeit zwischen diesen verschiedenen Institutionen. [. . .] Der Verband entwickelt zudem Arbeitsinstrumente für den Alltag in der Sozialhilfe und Modelle für die Gestaltung der sozialen Schweiz von morgen. Die SKOS ist ein öffentlich und privat breit abgestützter Fachverband, ihre Stimme hat Gewicht und wird gehört.»[175] Die ARTIAS setzt sich in der Westschweiz und im Tessin für die Sozialpolitik ein.[176] Ihr Engagement gilt einer umfassenden Information, der Solidarität und dem Kampf gegen den sozialen Ausschluss. Die Schweizerische Vereinigung für Sozialpolitik (SVSP) gibt Anstösse zur Entwicklung der Sozialpolitik.

175 http://www.skos.ch/deutsch/skos_vorstellen/index.html, (Stand 29.1.2004).
176 ARTIAS = Association romande et tessinoise des institutions d'action sociale. «L'ARTIAS est un organisme regroupant les secteurs public et privé, qui contribue au développement, en Suisse romande et au Tessin, d'une action sociale basée sur la promotion de l'information, de la solidarité et de la lutte contre l'exclusion, ainsi qu'au renforcement des liens avec les institutions sociales suisses, en particulier avec celles de langue allemande.» http://www.artias.ch/Public/statut/f_set.html

Weitere Grundlagenarbeit für die Sozialpolitik leisten private Organisationen wie Pro Infirmis, Pro Senectute, Pro Juventute, Caritas Schweiz oder das Schweizerische Rote Kreuz. Mit themenspezifischen Publikationen liefern sie einen wichtigen Forschungsbeitrag für die Sozialhilfe im weiteren Sinne[177]. Dieser Beitrag entspringt der konkreten Arbeit, welche die privaten Organisationen im Auftrag Dritter oder aus eigener Motivation erbringen. Die öffentliche Hand finanziert einen grossen Teil der privaten Aktivitäten.[178] Andere Angebote werden von den privaten Institutionen mit viel Engagement initiiert und finanziert und entlasten damit die kommunalen Institutionen. Die Kirchen engagieren sich in der Gemeinwesenarbeit der Pfarreien, wo Projekte und Hilfeleistungen organisiert werden. Die Kantonalkirchen oder Landeskirchen nehmen Stellung zu aktuellen sozialen Themen und fördern die Diakonie auf Gemeindeebene.

Betroffene

Die Betroffenen organisieren sich teilweise in Selbsthilfegruppen.[179] Vor allem ausgesteuerte arbeitssuchende Menschen haben verschiedene Projekte entwickelt, die auf die Folgen der Arbeitslosigkeit aufmerksam machen und sich für die Betroffenen einsetzen. Die generelle Stigmatisierung sowie die unterschiedlichen Probleme und Interessen verhindern jedoch oftmals, dass für die ganze Gruppe der Sozialhilfebezügerinnen und -bezüger gemeinsame Anliegen formuliert werden (können). Ausser dem fehlenden Einkommen liegt keine eindeutige gemeinsame Problemsituation vor, die ein solidarisches Engagement begründen würde.

3.2.3 Organisatorische Vorgaben

Die organisatorischen Vorgaben sind in den kantonalen Gesetzen und Gemeindereglementen festgehalten. Sie betreffen die Strukturen und die Umsetzung der Sozialhilfe. Eine abschliessende Übersicht über die föderalistische Vielfalt kann nicht geboten werden, sodass nachstehend nur die wichtigsten Vorgaben beschrieben werden.

---

177 Vgl. Kapitel 3.2. Sozialhilfe.

178 Jahresbericht 2002 Pro Senectute Schweiz und kantonale Organisationen: 45 Prozent der Erträge stammen von der öffentlichen Hand, 40 Prozent werden durch Kursteilnehmende finanziert. Jahresbericht 2002 der Caritas Schweiz: Alle Aktivitäten: 39 Prozent der Erträge werden von der öffentlichen Hand finanziert; Bereich Asyl- und Flüchtlingswesen: 95 Prozent der Erträge stammen aus öffentlichen Mitteln. Jahresbericht 2002 von Pro Infirmis: Rund 50 Prozent der Mittel kommen von Bund, Kantonen und Gemeinden.

179 Vgl. dazu: http://www.viavia.ch/spip/article.php3?id_article=249: Der Verein viavia stellt eine «Checkliste zur Sozialhilfe» zur Verfügung.

3.2.3.1 Organisationsformen

Insgesamt gibt es in der Schweiz im Bereich der kommunalen Sozialhilfe eine Anzahl unterschiedlicher Organisations- und Entscheidungsstrukturen.[180] Eine Gemeindebefragung von 1994 hat Daten erhoben zu den Entscheidungsträgern sowie zu Organisation und Kooperation[181] von Verwaltung, Politik und privaten Organisationen. In der aufwändigen Untersuchung haben sich typische Organisationsformen herauskristallisiert:[182]

- Klassisches Milizsystem[183]
- Delegation der Vollzugsaufgaben an die Gemeindeverwaltung
- Delegation der Vollzugsaufgaben an das kommunale Sozialamt ohne Sozialdienst[184]
- Milizsystem trotz Anschluss an einen regionalen Sozialdienst
- Delegation von Fachaufgaben an den regionalen Sozialdienst
- Delegation an das kommunale Sozialamt trotz Anschluss an einen regionalen Sozialdienst
- Delegation an ein ausgebautes Sozialamt mit Sozialdienst

In den rund 2'800 Gemeinden der Schweiz ist das Sozialwesen nach diesen Organisationsformen strukturiert, wobei innerhalb eines Kantons alle Typen vorkommen können. Oftmals korrespondieren Gemeindegrösse und Organisationsart. In kleineren Gemeinden sind kaum Fachpersonen im Einsatz, dort übernehmen die Behördenmitglieder (Miliz) die Ausführung der Sozialhilfe. In den grössten Gemeinden wird der Vollzug der Sozialhilfe an ein ausgebautes Sozialamt mit fachspezifisch ausgebildetem Personal delegiert. Seit der Gemeindebefragung von 1994 wurden in den Kantonen mehrere Reorganisationen und gesetzliche Anpassungen vorgenommen. Diese Umstrukturierungen waren eher von Rationalisierungsargumenten[185] und weniger von sozialarbeiterischen Überlegungen geleitet. Durch die Verwaltungsreformen erhielt die Sozialhilfe in der Organisation der Gemeinden einen grösseren Stellenwert.

---

180 Fluder/Stremlow (1999), 13.

181 Fluder/Stremlow (1999), 118–124.

182 Fluder/Stremlow (1999), 111–118.

183 Die in den Gemeinderat gewählte Person hat ein politisches Amt inne und übernimmt gleichzeitig die Aufgaben einer Fachperson (Sozialbehörde im Nebenamt).

184 In diesem Zusammenhang wird unter einem Sozialamt eine Dienststelle innerhalb der öffentlichen Verwaltung verstanden, die vor allem wirtschaftliche Sozialhilfe ausrichtet, hingegen kein Beratungsangebot (persönliche Sozialhilfe) zur Verfügung stellt.

185 Rationalisierungen stehen vor allem bei steigenden Fallzahlen oder bei neuen Aufgaben der Sozialdienste im Vordergrund. So werden beispielsweise spezielle Leistungen nur noch für jene Personengruppen erbracht, bei denen eine intakte Chance auf Verbesserung der Lebenssituation vorliegt. Vgl. Sozialamt Basel-Stadt: http://www.bs.ch/sozialhilfe.htm, (Stand Mai 2004).

Die zwei Fachverbände ARTIAS und SKOS haben im Rahmen einer gemeinsamen Fachtagung vier typische Organisationsformen der schweizerischen Sozialhilfe vorgestellt.[186] In den ausgewählten Kantonen Basel Stadt, Bern, Tessin und Uri sind einige massgebliche Merkmale auszumachen, welche die Organisationsform bestimmen: Je nach Gemeindegrösse und Sozialhilfequote ist eine andere Organisation und Qualitätssicherung vorhanden. Die Grösse des Sozialdienstes und die Höhe des Jahresumsatzes (geleistete Sozialhilfe) sind wesentliche Faktoren, die zuhanden der Politik kommentiert und begründet sein wollen. Diese harten Faktoren beeinflussen die Motivation, das System neu zu gestalten. Dabei spielen aber auch weiche Faktoren wie das Menschenbild oder die Beurteilung der Sozialhilfebezügerinnen und -bezüger (Stigmatisierung) eine Rolle.

3.2.3.2 Professionalisierung

Die Komplexität der sozialen Probleme und die steigenden Kosten der Sozialhilfe in den Gemeinden haben die Professionalisierung vorangetrieben. Gemeindeverwaltungen sowie kommunale und regionale Sozialdienste haben ihr Angebot aus- oder umgebaut, weil sie immer stärker mit Menschen konfrontiert werden, die auf Sozialhilfe angewiesen sind. Seit 1999 liegen Daten zum Professionalisierungsgrad in der Sozialhilfe vor. Gemäss einer Befragung von 1995 wurden 83 Prozent der unterstützten Personen in einem ausgebauten Sozialamt mit Sozialdienst betreut und 57 Prozent der Mitarbeitenden verfügten über eine Fachausbildung.[187] Aufgrund der Entwicklung zwischen 1995 und 2005 kann heute von einem höheren Professionalisierungsgrad ausgegangen werden. Ein weiteres Indiz für ein mehrheitlich professionalisiertes Sozialwesen liefert die Verteilung der Gesamtbevölkerung auf die Gemeinden, da alle grossen Gemeinden eine professionelle Struktur anbieten (müssen): Zürich, Genf, Basel, Bern und Lausanne sind die grössten Gemeinden und gelten mit einer Bevölkerung von mehr als 100'000 Personen als Grossstädte. Als Städte zählen 112 Gemeinden, deren Bevölkerung mehr als 10'000 Personen umfasst; in Winterthur, St. Gallen und Luzern leben mehr als 50'000 Einwohnerinnen und Einwohner. Verschiedene Parameter zeigen, dass die Schweiz auch kleine und kleinste Gemeinden aufweist. Der Median beträgt 896 Einwohnerinnen und Einwohner (2002)[188],

186 Fachtagung «Neue Organisationsformen, neue Professionalitäten in der Sozialhilfe» vom 18.3.2004 in Fribourg. Ziel der Tagung war es, einen Beitrag zur Debatte über die Professionalisierung der Sozialen Arbeit zu leisten.

187 Fluder/Stremlow (1999), 116–117.

188 In der Hälfte der Gemeinden wohnen also lediglich 1,25 Millionen Menschen. In der ganzen Schweiz leben 7,36 Millionen Menschen (2003).

der Durchschnitt hingegen 2'554 Personen (2002). 50 Prozent der Gemeinden zählen weniger als 896 Personen und in 139 Gemeinden (5 Prozent) wohnen bis zu 100 Personen.[189] Der Blick auf die Gemeindegrössen macht deutlich, dass die Professionalisierung in kleineren Gemeinden nur über Zusammenschlüsse der Sozialdienste realisiert werden kann.

3.2.3.3 Finanzierung

Die Bundesverfassung (Artikel 115 BV) schreibt die kantonale Zuständigkeit für die Sozialhilfe fest und regelt die Finanzierung im Grundsatz. Es ist demnach Aufgabe der Kantone, eine adäquate Finanzierung über Kantons- oder Gemeindesteuern wie auch über Lastenausgleiche sicherzustellen. Für die Sozialhilfe bestehen drei Varianten von Lastenausgleichen:

- Der direkte interkantonale Lastenausgleich ist verankert im Bundesgesetz über die Zuständigkeit für die Unterstützung Bedürftiger (ZUG). Damit wird ein Kostenausgleich zwischen dem Wohnkanton und dem Heimatkanton in den ersten Jahren nach dem Einzug in den Wohnkanton festgeschrieben.
- Der innerkantonale Lastenausgleich ist ein Ausgleich unter den Gemeinden für die Kosten der Sozialhilfe, wobei es sich oftmals um einen Ressourcenausgleich (Finanzausgleich im engeren Sinne) handelt. Teilweise sind kantonale Kostenbeteiligungen zur Entlastung aller Gemeinden vorgesehen.
- Der horizontale Lastenausgleich soll die Zusammenarbeit unter den Gemeinden fördern (z.B. regionale Sozialdienste oder Gemeindeverbände).

Bei der Sozialhilfe sind wegen der geltenden Regelungen zwischen Wohnkanton und Heimatkanton die Bearbeitungspflicht und die Zahlungspflicht bei rund 15 Prozent der Unterstützungsfälle der Schweiz nicht identisch.[190] Die Kosten tragen gemäss direktem interkantonalem Lastenausgleich je nach Fall der Heimatkanton, die Heimatgemeinde oder ein anderes Land (nur Deutschland[191] und Frankreich).

Eine Grundlage für diese Lastenausgleiche bildet unter anderem die Aufgabenentflechtung. Wo politisch durchsetzbar, ist nur noch eine Ebene[192] (Bund,

189 http://de.wikipedia.org/wiki/Gemeinden_der_Schweiz, (Stand März 2004).

190 Schätzung aufgrund der Zahlen des Kantons Luzern (unveröffentlichte Statistik).

191 Die Vereinbarung zwischen der Schweizerischen Eidgenossenschaft und der Bundesrepublik Deutschland über die Fürsorge für Hilfsbedürftige vom 14. Juli 1952 ist auf Ende März 2006 aufgehoben worden. Die Vereinbarung wird als nicht mehr zeitgemäss eingestuft.

192 Gemeint ist die Einheit von Entscheidungskompetenz, Aufgabenerfüllung und Finanzierung.

Kanton oder Gemeinde) für ein bestimmtes Aufgabengebiet wie die Sozialhilfe zuständig, wobei horizontale Kooperation möglich ist. Vertikale Kooperation meint die strategische Führung durch den Bund oder den Kanton und die operative Verantwortung durch den Kanton oder die Gemeinden (Verbundaufgaben). Bei der Abgeltung wird dann häufig ein Lastenausgleich zwischen Bund, Kantonen und Gemeinden in globaler Form, das heisst über alle Leistungen und Lasten hinweg vorgesehen.[193]

3.2.3.4 Zugang zur Sozialhilfe

Wer seinen Lebensunterhalt nicht selbstständig oder mit Hilfe Dritter decken kann, beantragt direkt bei der zuständigen Stelle Hilfe, meistens beim Gemeindesozialamt.[194] Neben diesem direkten Zugang zur Sozialhilfe über die Sozialämter ist oftmals auch ein indirekter Zugang möglich. Verschiedene private soziale Institutionen fungieren als Anlaufstellen bei sozialen Problemen wie Verschuldung, persönlichen Problemen, Suchtproblemen oder Beziehungsproblemen und bieten unbürokratische Hilfe an. Bei einmaligen finanziellen Hilfestellungen (Überbrückung) oder bei Beratungsgesprächen leisten die Privaten ihre Unterstützung, ohne die Hilfesuchenden an öffentliche Stellen weiterzuvermitteln. Zudem übernehmen sie wichtige anwaltschaftliche Funktionen. Bei Bedarf an längerfristiger wirtschaftlicher Sozialhilfe überweisen sie die Betroffenen an die öffentliche Sozialhilfe (Sozialämter, Sozialdienste). Obwohl die Hilfsangebote der privaten sozialen Institutionen nicht schweizweit bekannt sind, erleichtern die Beratungsstellen den Bedürftigen den Zugang zur öffentlichen Sozialhilfe.

3.2.3.5 Feststellen der individuellen Notlage

Bedürftige Menschen, die einen Antrag auf Sozialhilfe stellen, müssen ihre persönlichen Verhältnisse offenlegen. Dies betrifft nicht nur finanzielle Aspekte, vielmehr sind auch familiäre Angelegenheiten zu deklarieren. Die Wohnsituation sowie das Beziehungsnetz sind massgebend, da sich die Berechnung der Sozialhilfe am effektiven Bedarf orientiert. Die Antragstellenden werden bereits beim Erstgespräch auf ihre Pflicht zur Mitwirkung und zur wahrheitsgetreuen Information hingewiesen. So heisst es etwa in einem kommunalen Merkblatt für Empfängerinnen und Empfänger von wirtschaft-

193 Zu nennen sind geo-, topo- und soziographische Lastenausgleiche.

194 Im Allgemeinen genügt es, den Antrag mündlich (ohne spezielle Form) zu deponieren. In seltenen Fällen wie Verwahrlosung ist vorgesehen, dass Interventionen zur Existenzsicherung von Amtes wegen (persönliche Sozialhilfe, Vormundschaftsbereich) eingeleitet werden. Meistens geschieht dies aufgrund von Meldungen Dritter.

licher Sozialhilfe: «Sie sind verpflichtet, Ihre Einkommens- und Vermögensverhältnisse genau und lückenlos darzulegen und über die Familienverhältnisse Auskunft zu geben. Insbesondere muss Einsicht in Unterlagen wie Mietverträge, Lohnabrechnungen, Steuerunterlagen, Verfügungen von Sozialversicherungen etc. gewährt werden. Leben Sie in familienähnlichen Gemeinschaften zusammen (z.B. Konkubinat, mit PartnerIn, Geschwistern, KollegInnen etc.), so haben sich diese an den Lebensunterhaltskosten anteilsmässig zu beteiligen. Die zuständigen Organe der Sozialhilfe sind nach Absprache mit Ihnen berechtigt, die erforderlichen Auskünfte einzuholen.»[195] Diese Orientierung entspricht den gesetzlichen Grundlagen, denn in allen kantonalen Sozialhilfegesetzen wird die Mitwirkungspflicht unter Androhung von Sanktionen explizit gefordert.
Bei der Abklärung werden die persönlichen Lebensbedingungen der Betroffenen stärker beachtet, als dies etwa bei den anderen bedarfsabhängigen Leistungen wie Ergänzungsleistungen oder Prämienverbilligungen der Fall ist. Auf grösseren Sozialämtern erfolgen die Abklärungen häufig in automatisierter Form und in anonymer Atmosphäre. Die Sozialarbeitenden entscheiden nach bestimmten Regeln der Sozialbehörde autonom über die Gewährung oder Ablehnung von Sozialhilfe. Diese Entscheide werden mit einem internen Controlling überprüft. In einigen Kantonen und Gemeinden nehmen die zuständigen Milizbehörden die Abklärungen vor und beschliessen zugleich die Anträge. Für die Betroffenen in diesen Gemeinden ist die Offenlegung der privaten Verhältnisse eine einschneidende Erfahrung, denn der ganze Gemeinderat oder die Fürsorgebehörde weiss nun über ihre Privatsphäre Bescheid.[196]

3.2.3.6 *Verwandtenunterstützung*[197]

Im Sinne der Subsidiarität wird für die Ausrichtung der Sozialhilfe vorerst das Einkommen und Vermögen der nächsten Verwandten in direkter aufsteigender oder absteigender Linie überprüft. Die Geltendmachung der Verwandtenunterstützung erfolgt aber erst ab einem gewissen Einkommens- und Vermögensniveau.[198]
Die freiwillige monetäre Verwandtenunterstützung reicht selten für eine vollumfängliche Existenzsicherung von bedürftigen Familienmitgliedern

195 http://www.kriens.ch/webautor-data/dokus/wsh_merkblatt_deutsch.pdf, (Stand März 2004).
196 Im Kanton Uri entscheidet beispielsweise in jeder Gemeinde ein sogenannter Sozialrat über die Unterstützung von Bedürftigen (Artikel 8 und Artikel 10 des Gesetzes über die öffentliche Sozialhilfe vom 28.9.1997).
197 Widmer (2001).
198 SKOS-Richtlinien 2005, F. 4–I und H. 4–I.

aus, zumal sich die finanziellen Verpflichtungen des Individuums im Verlaufe des 20. Jahrhunderts grundlegend verändert haben. Die schweizerische Gesellschaft bindet die meisten Menschen in ein differenziertes System sozialer Sicherheit und in ein relativ hohes soziales Niveau ein. Diese Einbindung ist nur mit angemessenen finanziellen Leistungen möglich. Die Existenzsicherung umfasst monatlich anfallende Kosten für Wohnung, Lebensunterhalt und Versicherungen sowie gelegentliche Ausgaben für medizinische und zahnmedizinische Behandlungen. Je nach Problemsituation (Suchterkrankungen, psychische Krankheiten, Spielsucht, Altersbetreuung[199]) ist eine Familie nicht in der Lage, zusätzlich ihre bedürftigen Angehörigen zu unterstützen, und ist daher auf professionelle Hilfeleistungen angewiesen.

3.2.3.7 Art und Höhe der Sozialhilfeleistungen

Da die Sozialhilfe subsidiär zu erfolgen hat, wird geprüft, ob andere Leistungserbringer zuständig oder weitere Ressourcen verfügbar sind. Es besteht kein Rechtsanspruch auf eine bestimmte Art und Höhe von Leistungen[200] wie beispielsweise bei den Sozialversicherungen. Vielmehr wird aufgrund des Antrages und der vorliegenden individuellen Situation Hilfe geleistet. Bei der Abklärung wird der Bedarf der antragstellenden Person nach der Haushaltsgrösse und den anfallenden fixen Ausgabenpositionen wie Miete oder situationsbedingte Leistungen berechnet. Es kommt also eine individualisierte Form der Hilfe zur Anwendung.

Die meisten Kantone halten in ihren Gesetzen oder Weisungen fest, dass die SKOS-Richtlinien für die Berechnung der Sozialhilfe massgebend sind[201], wobei einige Kantone Abweichungen beschlossen haben. Auch die SODK empfiehlt, die Sozialhilfebeiträge nach den SKOS-Richtlinien zu bemessen. Angesichts der hohen Lebenshaltungskosten der Schweiz seien diese Leis-

---

199 Mit dem Trend zur Kleinfamilie (Konzentration auf die Kernfamilie) und der zunehmenden Individualisierung nimmt seit Beginn der 70er-Jahre die Bereitschaft ab, Familienmitglieder mitzutragen oder mitzufinanzieren. Diese Feststellung bezieht sich vor allem auf den monetären Aspekt der Unterstützung von Familienmitgliedern, denn die nicht materielle Verwandtenunterstützung als direkte Hilfe ist nach wie vor eine der wichtigsten und verbreitetsten Hilfeleistungen in der Gesellschaft. Der Grossteil der älteren Menschen lebt im eigenen Haushalt und kann auf verwandtschaftliche und/oder nachbarschaftliche Hilfestellungen zählen. Die pflegebedürftigen oder behinderten Personen können aber ohne zusätzliche externe professionelle Unterstützung kaum mehr privat gepflegt werden.

200 Ein Rechtsanspruch besteht (nur) auf Hilfe in Notlagen. Siehe dazu Kapitel 2.2.1 Bundesverfassung.

201 Durch die SKOS-Richtlinien erhält die Beurteilung des Einzelfalles weniger Gewicht, denn es kommen fixe Ansätze zur Anwendung. Im Sinne der Rechtsgleichheit ist die Normierung gewisser Leistungen von grosser Bedeutung. Damit wird die Gefahr einer rechtsungleichen Beurteilung des Einzelfalles minimiert.

tungen angezeigt, um eine folgenschwere soziale Ausgrenzung der Bedürftigen zu verhindern. Zudem würden die Richtlinien die nötige Vergleichbarkeit zwischen den Regionen und den Kantonen sichern. Die SKOS-Richtlinien werden wohl in den meisten Gemeinden angewendet. Allerdings kann keine gesicherte Aussage gemacht werden, da eine Erhebung in den rund 2'800 Gemeinden der Schweiz fehlt. Von den kantonalen Gerichten werden die Richtlinien, falls nicht gesetzlich vorgegeben, als richtungsweisend akzeptiert.

Die Aussage, dass die Leistungen der Sozialhilfe in der Schweiz zu den höchsten in Europa[202] zählen, ist mit Vorsicht zu behandeln, da die SKOS-Richtlinien über die Existenzsicherung im Sinne der Nothilfe hinausgehen und wesentlich auf die Integration der Unterstützten ausgerichtet sind. Der Warenkorb, der für die Berechnung des Lebensbedarfs herangezogen wird, beinhaltet die Ausgabenpositionen eines ganzen Jahres. Bei Unterstützungen, die nur wenige Monate dauern, erscheinen daher die Ansätze als hoch. Differenziert beurteilt eine Studie im Auftrag der SKOS die Höhe der Leistungen und stellt fest, dass «die Richtlinien für Einpersonenhaushalte tendenziell zu hoch sind»[203], die Ausgaben-Äquivalenzskala aber mit dem jeweiligen Bedarf übereinstimmt.[204]

Zu den Sozialhilfeleistungen gehört auch die persönliche Sozialhilfe. Sie ist eine fachliche Beratung für Menschen in belastenden Lebenssituationen und bietet Hilfe zur Selbsthilfe sowie Unterstützung bei anstehenden Entscheidungen. In den Sozialhilfegesetzen und in den SKOS-Richtlinien finden sich wenige Anhaltspunkte und Vorgaben für die persönliche Sozialhilfe. Daraus resultieren verschiedene kantonale und kommunale Interpretationen. Im Zuge der Professionalisierung besteht in einigen Gemeinden und Kantonen die Tendenz, die materielle Existenzsicherung losgelöst von der persönlichen Sozialhilfe zu leisten. In anderen Sozialhilfegesetzen hingegen wird die Einheit von persönlicher und wirtschaftlicher Sozialhilfe betont.

---

202 Obinger (1998), 67–69.

203 Gerfin (2004), 32. Untersucht wurden die SKOS-Richtlinien 2000. Die SKOS-Richtlinien 2005 sind entsprechend gekürzt worden.

204 «Eine Äquivalenzskala ist definiert als Verhältnis der Ausgaben zweier Haushalte mit unterschiedlicher Zusammensetzung, evaluiert an einem bestimmten Wohlfahrtsniveau. Die Äquivalenzskala ist somit der Faktor, mit welchem die Ausgaben eines Haushaltes multipliziert werden müssen, damit dieser Haushalt dasselbe Wohlfahrtsniveau erreicht wie der andere Haushalt, wobei beide Haushalte denselben Preisen gegenüberstehen.» Gerfin (2004), 38.

3.3 Das spannungsvolle Verhältnis zwischen Sozialversicherungen und Sozialhilfe

Im 20. Jahrhundert hat sich eine gemischte Finanzierung der sozialen Sicherheit mit Steuergeldern und Versicherungsbeiträgen etabliert. Einerseits konnte die, über die Steuern finanzierte, Sozialhilfe reduziert werden, andererseits stellten Arbeitgebende und Arbeitnehmende die Finanzierung der Sozialversicherungen AHV, IV und ALV sicher. In den zwei Jahrzehnten zwischen 1980 und 2000 kam es zu einem Anstieg der Kosten der Sozialversicherungen und der Sozialhilfe, gleichzeitig gerieten die beiden Instrumente durch die wirtschaftliche Entwicklung finanziell unter Druck. Zudem forderten viele Gemeinden von den Sozialversicherungen, mehr Verantwortung für Menschen zu übernehmen, die ihre Existenz nicht mehr selbstständig bestreiten konnten. Dadurch stiegen die Leistungen der Sozialversicherungen, vornehmlich diejenigen der IV, an. Diese Zunahme wird seit Mitte der 90er-Jahre von den Arbeitgeberverbänden kritisiert (Verteuerung der Arbeit durch Abgaben). Sie verlangen bei den Sozialversicherungen Reformen; verbunden sind diese Forderungen mit Sparvorlagen und mit Aus- und Umbauvorschlägen für die einzelnen Sozialversicherungen. Diese Appelle sowie die Rezession erhöhen den Druck auf die Sozialhilfe. Die Einschränkungen bei der Bezugsdauer der Arbeitslosenversicherung (2003) und die Forcierung der Integration (Eingliederungsmassnahmen) durch die Invalidenversicherung lassen die Kosten in der Sozialhilfe weiter ansteigen. Die Debatte um die finanzielle Belastung der Gemeinwesen wird vor allem durch die Städte und Agglomerationen geprägt. Auslöser für diese Diskussionen ist die ungleiche Zunahme der Sozialhilfe in den Gemeinden.[205] Es steht nicht mehr die Kostentragung für den Einzelfall im Vordergrund, sondern die Verteilung der «Zentrumslasten» auf alle Gemeinden und Kantone.
Die in den Gemeinden ausgerichtete Sozialhilfe wurde bis anhin nie systematisch festgehalten. Die Sozialhilfequote wird erst seit Einführung der schweizerischen Sozialhilfestatistik ab 2002 ausgewiesen und die Kosten der Sozialhilfe werden seit 2004 erfasst.[206] Hingegen werden die Leistungen der Sozialversicherungen seit der Einführung der AHV im Jahre 1948 erhoben. Die schweizerische Sozialversicherungsstatistik dokumentiert die Soziallast-

205 Bundesamt für Statistik (2006), 21.
206 In der Statistik werden nur jene Personen erfasst, die Sozialhilfe erhalten. Bedürftige Menschen, die trotz Anrecht auf Sozialhilfe keine Unterstützung beziehen, tauchen in den Zahlen nicht auf (verdeckte Armut). Auch Personen, die sich mit ihrem Einkommen am Rande des sozialen Existenzminimums bewegen, werden nicht ausgewiesen.

und Sozialleistungsquote und zeigt die finanzielle Entwicklung der sozialen Sicherheit in der Schweiz auf.[207] Die Aufwendungen für die Sozialversicherungen sind damit gesamtschweizerisch (zentral) gesammelt. Die Tabelle beschränkt sich auf den Zeitraum von 1970 bis 2003.

Tabelle 1: Soziallast- und Sozialleistungsquote

In % des BIP	1970	1980	1985	1990	1995	2000	2003
Soziallastquote	13,5	19,6	21,0	23,0	26,5	26,0	27,31
Sozialleistungsquote	8,5	13,2	14,4	14,4	19,3	20,1	21,94

Quelle: Schweizerische Sozialversicherungsstatistik 2005

Für den Anstieg der Soziallast- und Sozialleistungsquote seit den 80er-Jahren sind nicht nur die Sozialversicherungen AHV, IV und ALV verantwortlich. Die höheren Quoten sind besonders auf das Obligatorium der beruflichen Vorsorge (2. Säule) zurückzuführen. Die berufliche Vorsorge ist notwendig geworden, weil die Lebenserwartung zugenommen hat (demographische Entwicklung) und weil die Renten der AHV und IV für die Existenzsicherung nicht (mehr) ausreichen. Die Zunahme ist auch mit der Entlastung der Sozialhilfe durch die Sozialversicherungen zu erklären.[208]

---

207 Schweizerische Sozialversicherungsstatistik 2005, 82. Soziallastquote = Quotient aus Sozialversicherungseinnahmen und Bruttoinlandprodukt (BIP). Die Soziallastquote ist der Indikator für die relative Belastung der Volkswirtschaft durch die Sozialversicherungseinnahmen. Sozialleistungsquote = Quotient aus Sozialleistungen und Bruttoinlandprodukt (BIP). Die Sozialleistungsquote gibt an, welcher Teil der gesamten Wirtschaftsleistung den Empfängerinnen und Empfängern von Sozialleistungen zur Verfügung steht.

208 Die Soziallastquote der Schweiz ist nicht massgeblich auf die Veränderungen bei den Ergänzungsleistungen zu AHV/IV oder bei der Sozialhilfe zurückzuführen. Die Schweiz gehört im internationalen Vergleich zu den Ländern mit einem unterdurchschnittlichen Sozialtransfer. Trotzdem hat die Schweiz seit den 80er-Jahren eine grosse Steigerung der Soziallastquote zu verzeichnen. Die im Vergleich zu anderen Ländern verzögerte Steigerung kann mit politisch-institutionellen Faktoren erklärt werden. Die sozioökonomischen Variablen sind weniger relevant. Obinger, (1998), 60. Steigerungen sind erkennbar bei der AHV aufgrund der demographischen Gegebenheiten, bei der IV und bei der ALV wegen der erhöhten Arbeitslosigkeit. Zudem fällt auf, dass die Sozialhilfe seit den 80er-Jahren wieder vermehrt zur Existenzsicherung benötigt wird. Von überhöhten und mit negativen Anreizen versehenen Transferleistungen (Sozialhilfe und EL) kann aber nicht gesprochen werden, denn die Verdoppelung der Sozialhilfe von 0,5 auf 1 Milliarde Franken innerhalb von 12 Jahren wiegt im Vergleich zur IV mit 4,4 Milliarden (1990) und 8,7 Milliarden (2002) relativ gering. Die Sozialhilfe unterstützt rund 220'000 Menschen (Bundesamt für Statistik [2006], 20). 1990 bezogen 151'379 Personen Ergänzungsleistungen (EL); 2002 waren es 216'953 Personen. Die Kosten der EL stiegen von 1,4 auf 2,5 Milliarden Franken. Bundesamt für Sozialversicherung (2003b), 116.

Die Verschiebung der Verantwortung für bestimmte Risiken an die Sozialversicherungen wird besonders augenfällig im Verhältnis der Sozialhilfe zur Invalidenversicherung. Der Sozialhilfe ist es gelungen, den Zuwachs an Bedürftigen in den 90er-Jahren zu meistern.[209] Einerseits haben die Gemeinden durch strukturelle Anpassungen die Abwicklung und die fachlich korrekte Anwendung der Sozialhilfe (Professionalisierung) verbessern können. Andererseits haben sie die Zuweisung von fürsorgeabhängigen[210] Personen an die Invalidenversicherung vorangetrieben.[211] Der finanzielle Druck auf die Gemeinden im Bereich der Sozialhilfe hat dazu beigetragen, dass die Sozialämter möglichst andere Kostenträger für die Sozialhilfebezügerinnen und -bezüger gesucht haben.[212] Zum einen ging es darum, Berufsabklärungen durchzuführen und gezielte Integrationshilfen zu finanzieren, zum andern waren damit auch die Erwartungen verbunden, monetäre Versicherungsleistungen zu erwirken. Rund ein Drittel der «Abgänge» bei der Sozialhilfe erhält Sozialversicherungsleistungen, hauptsächlich von der Invaliden- und Arbeitslosenversicherung.[213] Die Rentenleistungen der Invalidenversicherung sind im Allgemeinen nicht auf eine bestimmte Zeit beschränkt und entlasten die Sozialhilfe längerfristig.[214] Sie führen jedoch «lediglich» zu einer finanziellen Abgeltung der betroffenen Menschen, ohne dass die gesellschaftliche Integration berücksichtigt wird. Seit einigen Jahren berufen sich die IV-Stellen wieder vermehrt auf den Grundsatz «Eingliederung vor Rente», was wiederum den Druck auf die Gemeinden verstärkt.[215] Nach 2000 fanden Integrationsangebote auch bei den zuständigen Gemeindebehörden eine angemessene Anerkennung.

209 Fluder/Stremlow (1999), 233–269. Dort finden sich Anhaltspunkte für die Belastung der kommunalen Sozialdienste in den 90er-Jahren.

210 Es wurden nicht alle fürsorgeabhängigen Personen der IV zugewiesen, aber zumindest ein grosser Teil der Personen, bei denen die Sozialhilfebehörden keine Integrationsmöglichkeit sahen.

211 Städteinitiative (1999), 23.

212 In der Folge wurde der fachlichen Ausbildung in Sozialversicherungsfragen eine hohe Aufmerksamkeit geschenkt.

213 Bei der Arbeitslosenversicherung übernimmt die Sozialhilfe oftmals eine Bevorschussung der Arbeitslosentaggelder, die aus bestimmten Gründen erst später ausbezahlt werden können. In diesen Fällen kann nicht von einem Abschieben in die Sozialversicherungen gesprochen werden, da die Versicherungsleistung der Sozialhilfe vorgeht.

214 Es werden zwar regelmässige Überprüfungen der IV-Renten durchgeführt. Diese erfolgen meistens durch eine administrative Massnahme und einen medizinischen Bericht.

215 Die IV hilft mit ihren Leistungen in erster Linie invalid gewordenen Menschen bei der (Wieder-) Eingliederung ins Berufsleben nach dem Grundsatz «Eingliederung vor Rente». Ist eine (Wieder-) Eingliederung nicht oder nur teilweise möglich, sorgt die IV in zweiter Linie für die wesentliche wirtschaftliche Existenzsicherung behinderter Personen, indem sie Renten ausrichtet. Vgl. dazu auch Breitenmoser et al. (1999), 288–307; vgl. Bundesamt für Sozialversicherung (1995).

Die Tabelle zeigt die Entwicklung in der Invalidenversicherung von 1960 bis 2005.

Tabelle 2: Entwicklung der IV-Renten[216]

	IV-Renten[217]	Zunahme absolut	Zunahme in%	Zeitraum
1960	25'609	–	–	–
1970	Keine Datenerhebung			
1980	123'322	97'713	381%	20 Jahre
1990	164'329	41'007	33%	10 Jahre
2000	228'714	64'385	39%	10 Jahre
2005	289'834	61'120	27%	5 Jahre

Quelle: Schweizerische Sozialversicherungsstatistik 2005

Infolge des Finanzdrucks auf die Instrumente der sozialen Sicherheit und der anhaltenden Arbeitslosigkeit auf hohem Niveau werden neue Wege gesucht, der Armut vorzubeugen und die Desintegration zu verhindern.[218] Das nächste Kapitel dokumentiert einige grundlegende Vorschläge zur sozialstaatlichen Existenzsicherung.

3.4 Suche nach neuen Wegen zur Existenzsicherung[219]

Im Zentrum der Diskussionen über eine existenzsichernde Grundversorgung steht die Verteilgerechtigkeit.[220] Diese strebt eine gerechte Gesellschaft und eine gerechte Güterverteilung an, in deren Folge Armut nicht aufkommen kann. Einige politische Bereiche wie Bildungspolitik, Wirtschaftspolitik, Sozialpolitik, Gesundheitspolitik etc. sind mehr oder weniger durch die Verteilgerechtigkeit geprägt. Sie wird über sozialstaatliche Regeln und Leistungen wie Rahmenbedingungen für die Wirtschaft, Marktstützung, Steuern, Stipendien, Sozialversicherungen und Sozialhilfe realisiert. Die Sozialversicherungen und die Sozialhilfe werden als ineffiziente und mit falschen Anreizen verbundene Instrumente kritisiert. Daher wird verschiedentlich der

216 Bundesamt für Sozialversicherung (2005), 112.
217 Anzahl Renten ohne Zusatzrenten für Ehefrau, Ehemann und Kinder.
218 Eidgenössisches Departement des Innern (1995), 1–3.
219 Stutz (2002) bietet eine Zusammenstellung der in der Literatur behandelten Grundsicherungsmodelle.
220 Ausführlicher dazu Kapitel 5.2.2 Soziale Gerechtigkeit und Gemeinwohl.

Vorschlag geäussert, die bestehenden Sicherungsinstrumente durch ein garantiertes Mindesteinkommen zu ergänzen oder zu ersetzen.[221]
Das garantierte Mindesteinkommen (GME) oder das existenzsichernde Grundeinkommen bezeichnet im Allgemeinen eine staatliche Leistung, die der ganzen Bevölkerung oder Teilen davon die Existenz sichert und die Sozialversicherungen ergänzen oder ablösen kann.[222]
Je nach Ausgangsproblemen und Zielsetzungen werden beim garantierten Mindesteinkommen (GME) unterschiedliche Umsetzungsmodelle vorgeschlagen, die mehrheitlich Arbeitsanreize beinhalten. Das Mindesteinkommen ist entweder als neue staatliche Leistung konzipiert oder wird im Rahmen des bestehenden Steuersystems vorgeschlagen.[223] Jene Modelle, welche auf die Absicherung und die soziale Integration von Nichterwerbstätigen fokussieren, kommen bei strukturell bedingter Arbeitslosigkeit in Frage.[224]
Die neueren Ansätze in der Sozialhilfe wollen vor allem mit Anreizen (Zusatzleistungen) die Erwerbstätigkeit und die berufliche Integration von Menschen fördern.

3.4.1 Ansätze der Mindestsicherung

Negative Einkommenssteuer (NES)[225]
Die negative Einkommenssteuer (NES) ist eine Grundsicherung und baut auf dem bestehenden Steuersystem auf. Wer mit seinem Einkommen über ein bestimmtes Niveau (Break-Even-Einkommen) kommt, zahlt Steuern, wer weniger verdient, erhält Leistungen. Liegt das Einkommen unter dem Break-Even-Niveau, wird es nicht voll angerechnet; dies soll den Arbeitsan-

---

221 In einigen Kantonen werden Diskussionen geführt zur Einführung von sogenannten Harmonisierungsgesetzen, in anderen Kantonen sind die Gesetze bereits realisiert worden (TI, VD). Die Harmonisierungsgesetze zielen auf eine finale Existenzsicherung ab. Kausale Begründungen für eine Leistung werden darin mehr und mehr zurückgedrängt. Andererseits wird aber gerade bei neueren Vorschlägen wie beispielsweise Unterstützung der Familien mit Ergänzungsleistungen wieder über Sozialleistungen nach dem Kausalitätsprinzip diskutiert.

222 Stutz (2002), 3.

223 Das garantierte Mindesteinkommen (GME) will den grössten Teil der Einkünfte aus den Umverteilungsprozessen wie Familien- und Wohnungsbeihilfen, Arbeitslosen- und Krankentaggeld, Sozialhilfe oder Mindestrente ersetzen und soll vor Not und Elend schützen. Dieses garantierte Mindesteinkommen ist nicht existenzsichernd, deshalb muss zusätzlich noch ein Erwerbseinkommen erzielt werden. Damit soll die Akzeptanz von Teilzeitarbeit oder von flexiblen Arbeitszeiten mit flexiblem Lohn gefördert werden. Gorz (2000), 111–112.

224 Das allgemein garantierte, ausreichende soziale Grundeinkommen (bedingungslose Sozialdividende) nach Gorz bewertet die Arbeit nicht mehr nur positiv. Es kann die Abhängigkeit von «unwürdiger Arbeit» verhindern, das heisst, ein Arbeitsangebot darf abgelehnt werden, wenn die Arbeitsbedingungen prekär sind. Gorz (2000), 114–115.

225 Stutz (2002), 16–17.

reiz erhalten. Die negative Einkommenssteuer ist eine «vom autonomen Einkommen abhängige Direktzahlung des Staates an einzelne Haushalte»[226]. Damit werden drei Hauptziele verfolgt: Bekämpfung der Armut, Verminderung negativer Arbeitsanreize gegenüber dem üblichen Sozialhilfesystem und Kosteneffizienz wegen der einfachen administrativen Handhabung durch die Steuerbehörde.
Der Hauptvorteil des Modells liegt in der automatischen Auszahlung. Die Leistungen erreichen damit auch Bedürftige in versteckter Armut. Ein gewichtiger Nachteil ist der Wegfall von Integrationshilfen für die Betroffenen. Zudem entstehen in der Konkretisierung einer negativen Einkommenssteuer Zielkonflikte. Werden die Grundgarantie und der Arbeitsanreiz auf einem niedrigen Niveau angesetzt, wird bei der Armutsbekämpfung und der beruflichen Integration eine ungenügende Wirkung erzielt. Eine hohe Grundgarantie mit starkem Anreiz zur Arbeit hingegen macht das Modell sehr teuer. Sollen die Kosten niedrig bleiben und der Arbeitsanreiz stark ausgestaltet sein, erfolgt daraus eine schwache Grundgarantie, welche wiederum die soziale Desintegration und das Auseinanderdriften der Gesellschaftsmitglieder fördert.

Steuerkredite[227]
Steuerkredite sind eine Form der negativen Einkommenssteuer und werden ebenfalls mit den Einkommenssteuern verrechnet. Der Steuerkredit ist keine Grundsicherung; es wird eine minimale Erwerbstätigkeit vorausgesetzt. Wer kein Einkommen erzielt, kann von dieser Leistung nicht profitieren. Das Modell ist besonders geeignet für die Unterstützung von working poor, denn die Steuerkredite erreichen die Betroffenen gezielter als Mindestlöhne[228], da es die Haushaltssituation berücksichtigt. Die Steuerkredite werden in den Steuergesetzen zum Teil bereits umgesetzt. Sie stehen in der Schweiz vor allem im Blick auf die Familienpolitik als Ersatz für die Kinderzulagen zur Diskussion.[229]

226 Stutz (2002), 16.
227 Stutz (2002), 20–24.
228 In der Schweiz besteht kein staatlich festgelegter Mindestlohn. Mindestlöhne werden in Gesamtarbeitsverträgen zwischen Arbeitgebenden und Arbeitnehmenden in bestimmten Branchen festgehalten.
229 Zum Teil wird dieses Modell auch in Reformvorschlägen zur Familienbesteuerung eingebracht. Steuerabzüge für Kinder sollen in «Steuergutschriften» umgewandelt werden. Dadurch können die niedrigen Einkommen stärker entlastet werden. Vgl. Stutz (2002), 23–24. Die aktuellsten Entwicklungen setzen aber wieder eher auf das System der Kinderzulagen, zumal mit der Gesetzesrevision minimale Kinderzulagen für die ganze Schweiz festgelegt werden sollen. Vgl. Parlamentarische Initiative «Leistungen für die Familie» (2004).

Lohnsubventionen

Lohnsubventionen zielen ab auf die Verbesserung des Einkommens von Menschen, die in Branchen mit tiefen Löhnen arbeiten. Sie sind aber kein garantiertes Mindesteinkommen für alle, da sie nur an Erwerbstätige ausgerichtet werden und die Haushaltsgrösse nicht einbeziehen. Lohnsubventionen werden an Arbeitnehmende oder Arbeitgebende ausbezahlt und sind mit unterschiedlichen Anreizen verbunden. Sie werden im Sinne von Lohnzuschüssen an gefährdete Branchen und Betriebe vergütet, um Entlassungen zu vermeiden, oder sie gehen an Betriebe, die als Gegenleistung Arbeitslose oder Sozialhilfebeziehende anstellen (Kombilohn).[230] Es werden verschiedene Modelle wie Einarbeitungszuschüsse oder «1000-Franken-Jobs»[231] diskutiert und erprobt. Hier steht die mittelfristige Integration der Arbeitnehmenden im Vordergrund und die Finanzierung ist zeitlich beschränkt. Einarbeitungszuschüsse oder tiefe Einstiegslöhne werden durch die öffentliche Hand nur nach Klärung der Chancen für die berufliche Integration finanziert. Bei der Lohnsubvention fallen zwei Nachteile ins Gewicht: Die Arbeitgebenden erhalten einen unerwünschten Anreiz, die Löhne zu senken, oder sie können unrentable Strukturen erhalten, was den Wettbewerb verzerrt.

Sozialdividende

Die Sozialdividende ist vorgesehen als individuelles primäres Sozialeinkommen (basic income), das in gleichberechtigter und bedingungsloser Weise unabhängig vom eigenen Einkommen oder Vermögen ausgerichtet wird.[232] Es sind mehrere Ausformungen denkbar. Die Existenzsicherung für alle ist mit diesem Ansatz nicht möglich, da sie nicht dem individuellen Existenzminimum entspricht. Vorteile dieser Grundabsicherung sind, dass nicht bezahlte, aber gesellschaftlich nützliche Arbeit ermöglicht wird, dass Aus- und Fortbildungsphasen finanziert werden und die Flexibilisierung des Arbeitsmarktes sozial abgefedert werden kann.[233] Andere Vorschläge verbinden das «basic income» mit einer Gegenleistung und sprechen von einem «participation income».

Bedarfsorientierte Grundsicherung

Die bedarfsorientierte Grundsicherung gilt als «Letztsicherung» und soll die bestehenden Sozialversicherungen ergänzen sowie die Sozialhilfe entlasten. Die Sozialhilfe kann somit wieder die Funktion der Hilfe in besonderen Lebenslagen übernehmen.[234] Die Grundsicherung soll «Massentatbestände

230 Stutz (2002), 25.
231 Vgl. dazu Stocker (2005), 33.
232 Stutz (2002), 27.
233 Ruh (1995), 19–72.
234 Stutz (2002), 31.

sozialer Bedürftigkeit» mit einem eigenen System auffangen. Die Finanzierung erfolgt über öffentliche Gelder (Steuern), ist also beitragsunabhängig. Der Unterschied zur Sozialhilfe ist lediglich in der Organisation und der eindeutigen Ursachendefinition zu finden.

Mindesteinkommen zur Wiedereingliederung[235]
Das Mindesteinkommen zur Wiedereingliederung dient der Armutsbekämpfung und soll die soziale und wirtschaftliche Wiedereingliederung ermöglichen. Zusätzlich stehen den (ausgesteuerten) Arbeitslosen Eingliederungsprogramme zur Verfügung. In einem Wiedereingliederungsvertrag verpflichten sich die Bezügerinnen und Bezüger zu Eigenaktivitäten wie Eingliederung in den Arbeitsmarkt, Weiterbildung oder Betreuungsarbeit. Dieses Grundeinkommen ist der Sozialhilfe vorgelagert. In der Schweiz haben die Kantone Genf und Waadt bereits Erfahrungen gemacht mit diesem Modell in der sozialen Sicherung.[236]

3.4.2 Neuere Anreizmodelle in der Sozialhilfe

In den neueren Ansätzen einer auf berufliche Integration ausgerichteten Sozialhilfe wird die Hilfe zur Selbsthilfe, also die Eigeninitiative in den Vordergrund gestellt. Ein Auslöser für diese Modelle ist auch die Vorstellung, dass die Menschen nach den Prinzipien des «homo oeconomicus» funktionieren. Exemplarisch werden drei Modelle aufgezeigt, die mit positiven Anreizen die Erwerbstätigkeit fördern wollen.
Das Sozialamt der Stadt Basel hat am 1. Januar 2002 ein Projekt gestartet unter dem Titel «Arbeit soll sich lohnen».[237] Mit diesem Ansatz sollen Erwerbsarbeit und Eigeninitiative von Sozialhilfebeziehenden honoriert werden. Besondere Aufmerksamkeit wird dabei den jungen Erwachsenen (18–25 Jahre) geschenkt. Für diese jungen Menschen soll die Sozialhilfe nicht höher sein als das Einkommen von Gleichaltrigen, die in einer Ausbildung sind. So werden die SKOS-Richtlinien auf ein tieferes Niveau abgesenkt, um Arbeitsanreize zu verstärken oder negative Anreize zu verhindern.
Das Chancenmodell der Stadt Zürich ist ein «nachhaltig dynamisches Modell der Sozialhilfe»[238]. Das Pilotprojekt will den Menschen in der Sozialhilfe eine Chance zur beruflichen und sozialen Integration geben und fördert vor allem die Eigeninitiative. Das Chancenmodell ist eine planmässige Hilfe, die

235 Das Mindesteinkommen zur Wiedereingliederung entspricht in etwa dem Revenu Minimum d'insertion (RMI) in Frankreich.
236 Vgl. dazu Stutz (2002), 28–40.
237 Bürgergemeinde der Stadt Basel (2003), 11.
238 Sozialdepartement der Stadt Zürich (2003), 2.

auf dem Gegenseitigkeitsprinzip beruht. Wichtige Elemente sind die finanziellen Anreize oder Boni bei entsprechendem Engagement. Alle Sozialhilfebeziehenden sind verpflichtet, am Programm mitzumachen, ausgenommen sind Personen, die befreit sind von der Arbeitssuche, oder Personen mit medizinisch belegter Arbeitsunfähigkeit. Mit dem Chancenmodell soll die Sozialhilfe glaubwürdig bleiben, da zuweilen von der Politik und von Fachpersonen der Verdacht geäussert wird, dass die finanzielle Hilfe einer Erwerbsarbeit vorgezogen werde.
Die SKOS hat der Kritik Rechnung getragen, dass die Sozialhilfe einen negativen Anreiz beinhaltet, und hat daher in den Richtlinien 2005 verschiedene Anpassungen vorgenommen, welche die Initiative der Einzelnen für eine berufliche oder soziale Integration fördern sollen. Erwerbstätige werden gegenüber nicht erwerbstätigen Menschen besser gestellt. Personen, die sich um ihre soziale Integration bemühen, werden belohnt und gemeinnützige Tätigkeit wird honoriert. Erwerbsunfähige Personen erhalten ebenfalls eine spezielle Zulage. Die Unterstützung gemäss SKOS orientiert sich seit 2005 an den untersten 10 Prozent (Dezil) des Einkommensspektrums der schweizerischen Verbraucherstatistik.
Diese Anreizmodelle in der Sozialhilfe sind dem Artikel 12 der Bundesverfassung verpflichtet. Sie garantieren für alle ein soziales Existenzminimum, das Exklusion verhindern soll. Zugleich werden aber besondere Leistungen für die berufliche und die soziale Integration belohnt.

3.5 Zusammenfassung

Obwohl die Sozialversicherungen seit den 50er-Jahren kontinuierlich ausgebaut wurden, können sie die neueren sozialen Risiken nicht auffangen. Sozialversicherungen und Sozialhilfe schieben sich gegenseitig die Verantwortung zu. Die Sozialhilfe muss immer mehr für strukturelle Risiken Daueruntersützung leisten und diejenigen Menschen mittragen, die von den Sicherungssystemen ausgeschlossen sind. Dadurch wird die subsidiäre Funktion der Sozialhilfe durch die komplementäre und substitutive ergänzt. Die Sozialhilfe im engeren Sinne als bedarfsabhängige Hilfe ist ein bedeutendes Instrument zur Vermeidung von Armut, denn rund 220'000 Menschen sind auf Unterstützung angewiesen. Sie ist föderalistisch verankert und entsprechend unterschiedlich sind die Ausrichtung und die Organisation, was eine eindeutige Definition der schweizerischen Sozialhilfe erschwert.
Zur Weiterentwicklung des Sozialstaates sind verschiedene Mindestsicherungsmodelle entwickelt worden, welche die bestehenden Leistungen ergänzen oder ablösen sollen. Die meisten dieser Modelle fördern den Arbeitsanreiz oder stellen generell ein Einkommen sicher, das nicht erwerbsorientierte Arbeit (Familienarbeit, Ausbildung, Weiterbildung) ermöglicht.

4 Gesetzgebung und Umsetzung der öffentlichen Sozialhilfe: Stärken und Schwächen

Die Darstellung der organisatorischen und inhaltlichen Merkmale der Sozialhilfe lässt bereits wesentliche Stärken und Schwächen in der Gesetzgebung und in der Umsetzung erkennen. Die wichtigsten Punkte werden nachfolgend nochmals aufgegriffen, da sie für die spätere ethische Beurteilung relevant sind.

4.1 Sozialhilfe als individualisierte Existenzsicherung

Zugang

Anlaufstelle und Abklärungsinstanz für die Sozialhilfe ist mehrheitlich die politische Gemeinde, konkret der Sozialdienst oder die Gemeindeverwaltung. In manchen Kantonen wird diese Aufgabe regionalen Sozialdiensten oder Sozialberatungszentren übertragen. Private soziale Institutionen wirken ebenfalls als Meldeinstanz. Daraus resultiert ein dichtes Netz an Institutionen, die den Zugang zur Sozialhilfe ermöglichen. Aufgrund der föderalistischen Ausgestaltung bestehen aber vielerorts uneinheitliche organisatorische und inhaltliche Zugangsbedingungen zu den Leistungen. Den Bedürftigen bietet sich ein unübersichtliches Bild und sie können schwer abschätzen, ob, wann und wo sie Sozialhilfe beantragen können. Die Mehrzahl der antragstellenden Personen ersucht beim Sozialamt zu spät um Hilfe. Oftmals ist bereits eine Überschuldung oder eine Problemchronifizierung eingetreten. Dieses Verhalten ist eine Form des «Stigma Managements»,[239] bei dem die betroffenen Personen möglichst lange ohne fremde Hilfe zurechtkommen wollen.

Obwohl der Zugang zur Sozialhilfe über staatliche und private Organisationen möglich ist, ist in der Öffentlichkeit über Inhalt und Höhe der Sozialhilfe nur wenig bekannt, was beispielsweise auch der Ratgeber des Beobachters feststellt: «Bei den Betroffenen selbst herrscht jedoch über Rechte, Pflichten und Ansprüche im Bereich der Sozialhilfe immer noch grosse Unsicherheit.»[240]

Die Gemeindebehörden prägen die Verwaltungskultur und den Umgang mit den Hilfesuchenden. In grossen Gemeinden und Sozialämtern finden die Abklärungen in einer standardisierten Form statt. Die Bedürftigkeit wird mit formalen Kriterien überprüft. Je kleiner die Gemeinde ist, desto weniger können Anonymität und eine unbelastete Situationsanalyse gewährleistet

239 Maeder/Nadai (2004), 142.
240 Wirz/Alfirev-Bieri (1999), 6.

werden. Die Beziehungsebene zwischen den Sozialarbeitenden oder Behördenmitgliedern und den Betroffenen kann eine grössere Rolle spielen als der eigentliche Sachverhalt, der für eine Gewährung oder Ablehnung von Hilfe relevant ist. Einige politische Kräfte finden es gut, dass die mangelnde Anonymität und die Pflicht zur Offenlegung der persönlichen Lebensumstände die Betroffenen unter Druck setzt, sodass sie eigene oder fremde Ressourcen mobilisieren und einen Sozialhilfebezug vermeiden können. Zu verweisen ist in diesem Zusammenhang auf die OECD-Studie von 1999 zur Bekämpfung sozialer Ausgrenzung, welche die Zugangsbarrieren des schweizerischen Sozialhilfesystems kritisiert.[241] Obwohl die Meinung vorherrscht, dass der Zugang zur Sozialhilfe durch die örtliche Zuständigkeit gewährleistet ist, muss mit einer hohen Nichtbezugsquote gerechnet werden.[242] Dies lässt vermuten, dass gerade die Hilfe vor Ort dazu führt, dass Sozialleistungen nicht bezogen werden. Der Vorteil der lokalen Nähe der Institutionen für die Gewährung von Hilfe und Sorge wird in kleinräumigeren sozialen Gefügen ins Gegenteil verkehrt. Die lokalen Stellen (Milizsystem in kleineren und mittleren Gemeinden) üben in der Sozialhilfe vielfach eine zu hohe Sozialkontrolle aus.[243]

---

241 OECD (1999), 170: Der OECD-Bericht spricht von «archaischen Besonderheiten des Systems».

242 Leu meint in seiner Armutsstudie für das Jahr 1994, dass bei den bedarfsabhängigen Leistungen wie den Ergänzungsleistungen (EL) und der Sozialhilfe die Nichtbezugsquote enorm hoch ist. Bei den Ergänzungsleistungen beläuft sie sich auf insgesamt 34 Prozent, wobei sie bei den IV-Rentnerinnen und IV-Rentnern höher ist (39 Prozent). Bei der Sozialhilfe ist eine Schätzung viel schwieriger, weil verschiedene andere bedarfsabhängige Leistungen (wie KK-Prämienverbilligung, Kleinkinderbetreuungsbeiträge oder Mietzinszuschüsse) nicht berücksichtigt werden können. Demnach wird sich die Nichtbezugsquote für die Sozialhilfe zwischen 45 und 86 Prozent bewegen. Siehe Leu (1997), 171–184. Die Zahlen für die EL sind 2005 kaum mehr zutreffend. Das Verhältnis der Betroffenen zu den Ergänzungsleistungen hat sich in den 90er-Jahren stark verändert. Bei der Sozialhilfe wird aber nach wie vor mit höheren Zahlen gerechnet: «Auch der hohen Dunkelziffer bezüglich der Nichtbezugsquote von Sozialhilfeleistungen sollte nachgegangen werden.» http://www.sozialstaat.ch/global/projects/security/maeder_u/maeder_schlussbericht_2003.pdf, (Stand 2005).

243 Damit soll aber nicht der Wert des sozialpolitischen Engagements von Hunderten von Gemeinderätinnen und Gemeinderäten, von Fürsorgebehörden und -kommissionen pauschal negativ bewertet werden. Die Sozialkontrolle wird zu einem Konformitätszwang (= Moral der Sozialhilfe), der nicht nur im Milizsystem, sondern auch in professionalisierten Sozialdiensten erkennbar ist. Vgl. Maeder/Nadai (2004), 117–142. Die Einzelfallhilfe führt wegen der damit verbundenen Kontrolle zu einem starken Eindringen in die Privatsphäre. Vgl. dazu Kaltenborn (1998), 60; Maeder/Nadai (2004), 139. Die Sozialhilfe ist in dieser Ausformung dem Vormundschaftswesen nahe, das aus Gründen des Schutzes in die Lebensgestaltung der Einzelnen eingreifen kann.

Individualisierte Hilfe

Der Individualisierungsgrundsatz der Sozialhilfe bedeutet, dass den Gegebenheiten des Einzelfalles Rechnung getragen wird.[244] Die individualisierte Existenzsicherung kann präventiv und nachträglich problemlösend wirken, weil dem Einzelfall angepasste Hilfe gewährt wird und individuelle Lösungen organisiert und finanziert werden. Um zu starke Unterschiede in der Einzelfallbeurteilung zu vermeiden, hat die Schweizerische Konferenz für Sozialhilfe (SKOS) Richtlinien für die Bemessung der Unterstützung erarbeitet. Da sie aber nicht in allen Kantonen verbindlich und einheitlich umgesetzt werden, führt dies zur Ungleichbehandlung von Bezügerinnen und Bezügern in ähnlich oder gleich gelagerten Lebenssituationen.[245]

Die Offenlegung der persönlichen Situation ist unumgänglich, weil die Sozialhilfe nach bestimmten Bemessungskriterien sowie final und subsidiär ausgerichtet wird. Die Notlage muss nachgewiesen werden und die Ausgabenpositionen sind für die Bedarfsberechnung zu belegen. Der Einblick in die persönliche Lebensgestaltung oder in die Schicksale der Betroffenen ist ein sensibles Element, denn es gilt, die Menschenwürde zu wahren. Verstösse gegen die Pflicht zur Offenlegung werden als Missbrauch oder nicht kooperatives Verhalten gewertet und ziehen Sanktionen nach sich. Missbräuchlicher Bezug von Leistungen kann objektiv festgestellt werden. Die Beurteilung von kooperativem oder nicht kooperativem Verhalten hingegen birgt die Gefahr der Willkür.

Verwandtenunterstützung

Die Sozialhilfe setzt gemäss Subsidiarität erst nach der familiären Unterstützung ein. Sie berücksichtigt dabei die Vermögens- und Einkommensverhältnisse der Verwandten. Da potenzielle Sozialhilfebeziehende und ihre Angehörigen die gesetzlichen Grundlagen zu wenig kennen, lassen sie sich möglicherweise von diesem Element abschrecken und verzichten darauf, beim Sozialamt einen Antrag zu stellen.[246] Die Verwandtenunterstützung ist finanziell allerdings kein relevanter Faktor, denn der Rückgriff auf die Verwandten trägt wenig dazu bei, die Ausgaben der Sozialhilfe zu senken.

244 Der Individualisierungsgrundsatz verunmöglicht die Realisierung eines Rechtsanspruches auf eine bestimmte Art und ein bestimmtes Mass von Unterstützung.

245 Umstritten ist in einzelnen Kantonen und Gemeinden die Höhe der Unterstützungsansätze und die Anwendung von Integrationszulagen. Schweizerische Konferenz für Sozialhilfe (2005), 21.

246 Gemeint ist damit die Anwendungspraxis der Behörde.

4.2 Integration

Die explizite Erwähnung der sozialen und beruflichen Integration in verschiedenen Sozialhilfegesetzen zeigt, dass die Sozialhilfe wesentliche Strömungen und Problemfelder der 80er- und 90er-Jahre aufgenommen hat. Die Reaktion der staatlichen Stellen auf gesellschaftliche Entwicklungen erfolgt immer mit einer zeitlichen Verzögerung, während private Institutionen oftmals schneller Hilfsangebote schaffen können. Die lange Vorlaufzeit bei der Umsetzung notwendiger Massnahmen liegt in den unklaren gesetzlichen Grundlagen, aber auch im föderalistischen System der Schweiz begründet. Häufig kommen staatliche Interventionen erst auf politischen Druck zustande. In den Bereichen der Drogenhilfe und der Arbeitslosigkeit beispielsweise hat dieser Druck zu spät eingesetzt, was zu Desintegration und Verelendung von Drogenabhängigen oder zu einem Anstieg von Langzeitarbeitslosen geführt hat.[247]

Die Diskussion um die soziale und berufliche Integration von Bedürftigen kann aber nicht nur aus dem Blickwinkel einer optimal organisierten und ausgestalteten Sozialhilfe heraus geführt werden. Die staatlichen und individuellen Bemühungen um Integration sind starken gesellschaftlichen Strömungen ausgesetzt: Neoliberalismus, Migration, Wandel in der Berufswelt (neue Berufe, wegrationalisierte Arbeitsplätze, prekäre Arbeitsverhältnisse) oder durch den Arbeitsmarkt verursachte Desintegration gehören zu den gesellschaftlichen Rahmenbedingungen. Seit den 80er-Jahren sind immer mehr Menschen verschiedener Berufsgruppen und Bildungsniveaus von der Teilnahme am gesellschaftlichen Leben ausgeschlossen. Die Sozialhilfe hat diese Entwicklung zu wenig wahrgenommen und die strukturellen Probleme oft als individuelles Versagen interpretiert. Die erarbeiteten Lösungsversuche für die berufliche Integration werden der Situation nicht gerecht. In vielen Gemeinden ist die Sozialhilfe hauptsächlich monetäre Hilfe, die den Betroffenen ermöglicht, an der Gesellschaft zu partizipieren. Trotz der finanziellen Leistungen besteht aber ein Bedarf an nicht monetären Integrationshilfen, welche die Lebenssituation berücksichtigen und die Arbeitsfähigkeit erhalten oder fördern.

In der Sozialhilfe werden unterschiedliche Strategien angewendet, wie die Integration von Sozialhilfebeziehenden gefördert werden kann. Für einzelne öffentliche und private Trägerschaften der Sozialhilfe steht anwaltschaftliches Handeln im Vordergrund. Manche Institutionen machen die Betroffenen auf ihre Eigenressourcen aufmerksam und bauen den Hilfsplan auf diesen Kräften auf (empowerment). Gewissen Institutionen ist die Vermeidung

247 So brauchte es für einen Schritt in der Drogenhilfe der Stadt Zürich die Intervention des Bundesrates, bis Massnahmen zur Verbesserung der Drogenhilfe ergriffen wurden. 1995 kam es zur Schliessung der Szene am Letten. Wallimann (2001), 13.

von Abhängigkeit ein wichtiges Anliegen, andere wiederum binden mit «Fürsorglichkeit» die Klientschaft an sich und an die Leistungen der Institution. Die Leitidee dieser vorwiegend privaten Organisationen, sich helfend zu engagieren, fördert das Gefälle zwischen Gebenden und Nehmenden und kann zu entwicklungshemmenden Abhängigkeiten führen. Einige Organisationen sehen ihre Hauptaufgabe darin, die Subsidiarität gegenüber den Sozialversicherungen möglichst optimal durchzusetzen. Die Zuweisung an die richtige Sozialversicherung ist für die Integration oftmals nicht ausreichend. Das «Kassendenken» verhindert eine adäquate Hilfestellung und die professionelle «Fallerledigung» bekommt den Charakter einer Abschiebung.

4.3 Organisation

Örtliche Zuständigkeit

Das Bundesgesetz über die Zuständigkeit für die Unterstützung Bedürftiger (ZUG) bestimmt, dass eine Notlage vor Ort zu beheben ist und dass Bedürftige nicht abgeschoben werden dürfen. Die Organisations- und Entscheidungsstrukturen aller Sozialdienste und Sozialämter der Schweiz basieren auf diesem Grundsatz. Auch bei regionalen und zentralisierten Organisationen liegt die Entscheidungskompetenz bei der jeweiligen Wohngemeinde. Die örtliche Zuständigkeit ermöglicht eine optimale Nähe zu den bedürftigen Personen sowie eine gezielte Einzelfallhilfe.

Die örtliche Zuständigkeit führt dazu, dass viele Sozialpolitikerinnen und -politiker davon ausgehen, die eingetretene Notlage sei eher individuell als strukturell verursacht und müsse auf der individuellen Ebene behoben werden. Mit einer lokalen Analyse der Problemlagen oder deren Ursachen können aber kaum effektive Handlungsstrategien (Prävention) gegen die strukturelle Armut festgelegt werden.[248] Kleinere und mittlere Gemeinden sind mit der Lösung der anstehenden Probleme oftmals überfordert.

Aufgrund der Zuordnung der Sozialhilfe an die Gemeinden besteht für die Kantone kein Handlungsbedarf, Verantwortung zu übernehmen. Ergreifen die Kantone dennoch Initiativen zur Veränderung der Strukturen in der Sozialhilfe, werden diese Reformvorschläge von der gegnerischen Seite nicht selten mit dem Argument der Gemeindeautonomie entkräftigt. Durch die kommunale Zuständigkeit wird der Problemdruck abgeschwächt und das Konfliktpotenzial relativiert. Politische Initiativen werden so gebremst. Die Sozialhilfepolitik auf kommunaler Ebene übernimmt für die Gesellschaft eine «Puffer-Funktion»,[249] denn die politische Verantwortung für die rund

248 Dietz et al. (1999), 499.

249 So wird auch das Verhältnis zwischen den Kommunen und dem Staat in Deutschland bezüglich der Sozialhilfe gesehen. Vgl. Hanesch (1999), 46.

220'000 Sozialhilfebezügerinnen und -bezüger verteilt sich auf rund 2'800 Gemeinden.

Professionalität

Die Professionalität in der Sozialhilfe zielt ab auf eine Qualitätssteigerung in den Sozialdiensten, und zwar in zweifacher Hinsicht: Einerseits gewährt eine professionelle Abklärung den Zugang zur Sozialhilfe nach fachlichen Kriterien, andererseits kann den Klientinnen und Klienten mit gezielten Massnahmen Integrationshilfe geboten werden.

Professionelles Handeln berücksichtigt die Stellung und die Ressourcen der Soziahilfebeziehenden, das heisst, ihre soziale Kompetenz und die Kooperation werden gefördert. Die Sozialhilfegesetze legen fest, dass die Hilfeleistungen in Zusammenarbeit mit den Hilfesuchenden zu erfolgen haben und ihnen ein Mitspracherecht zugestanden werden muss. Für eine wirksame Hilfe ist nicht nur Theorie- und Handlungswissen gefragt, sondern es müssen auch die selbstreflexiven Kompetenzen (Selbstkontrolle) und das methodische Fremdverstehen ausgebildet werden.[250] Professionalität ermöglicht das systematische Weiterentwickeln von Hilfsangeboten auf der Grundlage von Fachwissen. Verschiedentlich sind kritische Argumente gegen die Professionalisierung zu hören. So wird etwa eingebracht, dass das breite Angebot an sozialen Diensten bei den Hilfesuchenden die Fähigkeit zur Selbstwahrnehmung und zur Lösung sozialer Probleme gemindert hat und dass die Tendenz zur Entmündigung stärker geworden ist.[251]

Obwohl die Professionalisierung in der Sozialhilfe Einzug gehalten hat, wird die persönliche Sozialhilfe in den Sozialdiensten und Gemeindeverwaltungen unterschiedlich gehandhabt. Dabei fliessen die individuelle Beurteilung und die persönliche Lebenshaltung (Werte, Vorstellungen) der Angestellten in die Arbeit ein. Auch zwischen den professionell ausgebildeten Fachpersonen und den Milizbehörden bestehen teilweise Unterschiede in der Beurteilung der gesetzlichen Grundlagen und der Hilfsangebote. Die Effektivitätsziele und Partizipationsziele führen zu einer Spannung, die auf Gemeindeebene zu lösen ist. Dabei spielen die Gemeindegrösse wie auch der politische Wille der Behörden eine wichtige Rolle.

Föderalistische Finanzierungskompetenz

Die Sozialhilfe im weiteren Sinne und die Sozialhilfe im engeren Sinne werden über die Bundes-, Kantons- und Gemeindesteuern finanziert. Gesamthaft werden für das Jahr 2003 unter dem Begriff Fürsorge 3,88 Milliarden

250 Bellermann (20014), 151.

251 Bellermann (20014), 149; Mc Knight (1979): Entmündigungsthese; Decker (1997).

Franken ausgewiesen. Die Gemeinden und Kantone kommen auf für die Sozialhilfe im weiteren Sinne (1,9 Milliarden Franken) und die Sozialhilfe im engeren Sinne (rund 1,35 Milliarden Franken, wirtschaftliche Sozialhilfe). Rund 626,8 Millionen Franken werden für die Altersfürsorge, für Arbeitsämter und die Auslandschweizerhilfe aufgewendet. Obwohl die Kosten für die Sozialhilfe im engeren Sinne mit rund 1,35 Milliarden Franken[252] im Vergleich zu den rund 112 Milliarden Franken[253] für die gesamte soziale Sicherheit niedrig ausfallen, geben sie häufig Anlass zu Diskussionen. Der Grund ist darin zu sehen, dass für die Finanzierung der sozialen Sicherheit verschiedene politische Ebenen zuständig sind. Während die Sozialversicherungen und die Ergänzungsleistungen auf Bundesebene lediglich von 246 Parlamentarierinnen und Parlamentariern in den Grundzügen festgelegt werden – sofern es nicht zu Referenden kommt –, reden bei der Ausgestaltung und Finanzierung der Sozialhilfe etwa 2'000 kantonale Politikerinnen und Politiker sowie rund 10'000 Mitglieder der Gemeindebehörden mit. Je stärker die Gemeinden für die Finanzierung verantwortlich sind, desto stärker sind sie dem Druck ausgesetzt, die Ausgaben zu begründen und die Kosten in den Griff zu bekommen. Vor allem in kleineren und mittleren Gemeinden können die Ausgaben für die Sozialhilfe das Gemeindebudget überproportional belasten.

Budgetdiskussionen bilden in den meisten Gemeinden das Hauptelement der Sozialpolitik, insbesondere im Bereich der Sozialhilfe und vereinzelt im Bereich der Altersbetreuung. Die Entscheide der Exekutivbehörde in der Sozialhilfe werden von der politischen Haltung und von den Budgetvorgaben der Gemeinde geprägt. Die direkte Verbindung von Bedarfshöhe und Finanzierbarkeit wird in Artikel 22 der Allgemeinen Erklärung der Menschenrechte vom 10. Dezember 1948 thematisiert: «Jeder hat als Mitglied der Gesellschaft das Recht auf soziale Sicherheit [. . .] unter Berücksichtigung der Organisation und der Mittel jedes Staates [. . .].» Die kantonalen Verfassungen halten den unmittelbaren Zusammenhang zwischen Sozialzielen und den verfügbaren Mitteln ebenfalls fest. So etwa regelt die Kantonsverfassung des Kantons Schaffhausen vom 17. Juni 2002 in Artikel 22 Absatz 3: *Sie* [Kanton und Gemeinden, Verf.] *streben die Sozialziele im Rahmen ihrer verfassungsmässigen Zuständigkeiten und ihrer verfügbaren Mittel an.* Es verstösst also nicht gegen die Rechtssicherheit, wenn ein Staat (Kanton) seine Leistungen seinen finanziellen Möglichkeiten anpasst. Auf Gemeindeebene kann diese Verfassungsvorgabe zu Problemen führen, wenn infolge knapper finanzieller Mittel die Sozialhilfe gekürzt wird. Die Finanzstärke der einzel-

252 Bundesamt für Sozialversicherung (2005), 243.
253 Bundesamt für Sozialversicherung (2005), 28.

nen Gemeinden kann grosse Unterschiede aufweisen, was einer einheitlichen Ausrichtung der Sozialhilfepolitik entgegensteht.
Die kantonalen Sozialhilfegesetze regeln die Kostentragung innerhalb der Kantone mit unterschiedlichen Lastenausgleichen. Das Bundesgesetz über die Zuständigkeit für die Unterstützung Bedürftiger (ZUG) bewirkt, dass interkantonal der Bearbeitungsaufwand und der Kontrollaufwand oftmals doppelt und dreifach betrieben wird: in der Wohngemeinde, beim Wohnkanton, beim Heimatkanton oder bei der Heimatgemeinde. Die Unterscheidung in Gemeinwesen für die Unterstützung und Gemeinwesen für die Kostentragung führt zu aufwändigen Finanzdiskussionen, fragwürdigen Kontrollaufgaben und einem undurchsichtigen Finanzierungssystem.[254]

Parteipolitische Einflüsse
Die unterschiedlichen politischen Denkmuster fliessen in die konkrete Ausgestaltung der kommunalen Sozialhilfe ein, vor allem in jenen Gemeinden, wo die politisch Verantwortlichen zugleich die Ausführung inne haben. Die Gemeinderätinnen und Gemeinderäte führen in kleineren Gemeinden die Beratungen selber durch, beurteilen die Sozialhilfeanträge und fällen die Entscheide. In den Gemeinden mittlerer Grösse ist die parteipolitisch gefärbte Grundhaltung in der Umsetzung ebenfalls zu erkennen. Zudem spielt neben der parteipolitischen Ausrichtung auch die finanzielle Situation der Gemeinden eine entscheidende Rolle. Durch die Vermischung von Behördenfunktion und Facharbeit entstehen Zielkonflikte.[255] Fehlt eine Entflechtung der Aufgaben, ist die Ausführung der Sozialhilfe abhängig von der Einstellung der jeweiligen Person, was einer willkürlichen Beurteilung von Problemsituationen Vorschub leistet und damit die Rechtsgleichheit gefährdet.

254 Die Bruttoaufwendungen und Nettoaufwendungen für die Sozialhilfe der jeweiligen Gemeinwesen sind noch kaum erfasst. Dem Bundesamt für Statistik gelingt es infolge der unübersichtlichen Situation nicht, verbindliche Finanzzahlen zu erheben. Für das Jahr 2004 liegen noch keine vollständigen Daten über die Ausgaben der Sozialhilfe in der Schweiz vor, die den Anforderungen der Sozialhilfestatistik entsprechen. Bundesamt für Statistik (2005c), 3. Daten über die Sozialhilfebeziehenden sind hingegen bereits vorhanden: Bundesamt für Statistik (2006).

255 Der Aus- und Umbau des Angebotes hat besonders in mittelgrossen und kleineren Gemeinden auf die mangelnde «Gewaltentrennung» aufmerksam gemacht, welche die Professionalisierung bremst. Im Kanton Luzern beispielsweise fehlt eine Trennung der Abklärungs-, Entscheidungs- und Ausführungsebene bei rund 80 der 103 Gemeinden (Stand 2005).

4.4 Zusammenfassung

Die Stärken der Sozialhilfe in der Schweiz sind zu finden im System der vielfältigen und breit abgestützten sozialen Institutionen, die zu einer stabil verankerten Sozialhilfe beitragen, sowie in der individualisierten und bedarfsdeckenden Existenzsicherung. Diese gewährt den Bedürftigen eine vollumfängliche Unterstützung, welche die monetäre Teilhabe an der Gesellschaft zulässt.

Nicht zu übersehen sind die organisatorischen Schwächen der Sozialhilfe. Besonderes Augenmerk ist der örtlichen Zuständigkeit und der Professionalität zu schenken. Diese beiden Elemente zeigen deutlich die Spannung zwischen Demokratie und Rechtsstaatlichkeit auf. Die wenig transparente Finanzierung wirkt sich hemmend aus auf die Weiterentwicklung der Sozialhilfe, die Integration und solidarisches Mittragen fördern will.

5 Grundlegende ethische Prinzipien und fachliche Kriterien für die Beurteilung der Sozialhilfe

5.1 Zum ethischen Ansatz bei Prinzipien und Kriterien

Ethische Prinzipien bieten einen verlässlichen Orientierungsraster für die Gestaltung des Sozialen. Ich wähle den Prinzipienansatz analog zum sogenannten «Principlism» in der Bioethik[256], weil sich zeigt, dass es keinen normativen Ethikansatz gibt, der nicht mindestens implizit von normativen Voraussetzungen ausgeht, die auf bekannte oder neu definierte Prinzipien mit universal gültigem Anspruch zurückgeführt werden könnten.[257] Andere Ethikansätze wie der Utilitarismus[258], die vertragstheoretischen Ansätze[259] und die Diskursethik[260] beanspruchen ebenfalls universelle Gültigkeit, kommen aber für eine ethische Beurteilung der Sozialhilfe nicht in Frage. Der Utilitarismus kann Verteilungsprobleme nicht lösen und ist für die Bewertung der Sozialhilfe ungeeignet, da diese eine Einzelfallhilfe darstellt, die

---

256 Das hierfür entscheidende Grundlagenwerk ist: Beauchamp/Childress (19944); die dort genannten vier Prinzipien sind: Respektierung der Autonomie («respect for autonomy»), nicht schaden («nonmaleficence»), wohl tun («beneficence») und Gerechtigkeit («justice»); vgl. auch: Beauchamp/De Grazia (2004), 55–74. Die beiden Autoren reagieren von verschiedenen Ethikansätzen her auf die Kritik am Prinzipienansatz.

257 So spricht etwa Micha (2003) von der Diskursethik als Maximenethik (Prinzipienethik).

258 Bentham (1970); Mill (1996); Smith (1978) baut seine ökonomische Theorie auf der Mill'schen Ethik auf. Vgl. dazu Loitlsberger (1999), 550; Höffe (1992) geben eine Einführung in die utilitaristische Ethik. Der Utilitarismus als Theorie der Ethik bewertet (besonders in den traditionellen Modellen) Handlungen oder Regelungen danach, in welchem Mass sie zur Förderung des grösstmöglichen Glücks der Gesellschaft beitragen. Das Glück oder die Präferenzen der grösstmöglichen Anzahl Menschen wird zum Gradmesser der gerechten Gesellschaft. Ziel ist das Gute und die Vermehrung von Freude beziehungsweise die Verminderung von Leid. Das Wohl der Allgemeinheit ist ausschlaggebend, somit kommen Minderheiten und Randgruppen zu kurz. Die Grenzen des Utilitarismus sind dort zu sehen, wo individuelle Gerechtigkeitsansprüche und Individuen überhaupt notfalls dem Wohl der grösseren Zahl geopfert werden.

259 Vgl. Rawls (1971). Eine Übersicht über die Vertragstheorie bietet Kersting (1994). Die Vertragstheorie meint, dass alles Recht in der naturzuständlich-vorstaatlichen Freiheit der Personen liegt. Darauf aufbauend kann das Recht nur dann als legitim gefasst werden, wenn es das Resultat eines Vertrags ist, den die Personen im Konsens abschliessen und der für alle vorteilhaft ist.

260 Apel (1983); Habermas (1983); Habermas (1991); Habermas (1992), 138. Der diskursethische Ansatz verlangt, dass im Fall von divergierenden Interessen oder kollidierenden Handlungsplänen die Verständigung durch Diskursprozesse gesucht wird. Alle Vernunftsubjekte und alle, die von der Maximenbefolgung betroffen sind, müssen die jeweilige Handlungsmaxime als ein allgemeines Gesetz wollen können. Das diskursethische Moralprinzip fordert demnach, stets so zu handeln, dass alle Vernunftwesen und alle von der Handlungsweise potenziell Betroffenen dem jeweils gewählten Handlungsgrundsatz in einem unbegrenzten argumentativen Diskurs zustimmen können. Die Diskursethik setzt sowohl bei der Begründung des Moralprinzips als auch bei der Orientierung an diesem Moralprinzip auf die Praxis des argumentativen Diskurses.

von der gleichen Würde aller Menschen, gerade auch der benachteiligten, auszugehen hat und nicht dem Nutzenkalkül zugunsten des grössten Gesamtnutzens geopfert werden darf. Vertragstheoretische Ansätze sind bei der Sozialhilfe kaum anwendbar, weil nicht gleiche und freie Individuen einen Vertrag abschliessen. Die Gebenden und Nehmenden können nicht gleichzeitig einen Vorteil erzielen. John Rawls' angeblich vertragstheoretisch gewonnenes Doppelprinzip der als Fairness verstandenen Gerechtigkeit – das Freiheitsprinzip und das Differenzprinzip[261] – ist zur Gestaltung einer gerechten Sozialordnung durchaus ernst zu nehmen. Doch es handelt sich hier um Prinzipien, die bei der Konstruktion des vertragstheoretischen Ansatzes wohl schon gegeben waren, als dass sie eine logische Folge des unter dem «Schleier des Nichtwissens» geschlossenen virtuellen Vertrags wären, was die oben geäusserte These über Prinzipien voraussetzende normative Ethiken bestätigen würde. Da bei der Frage nach einer optimalen Sozialhilfe letztlich der Einzelfall im Auge behalten werden muss, kann also die Frage nach der Gerechtigkeit des Gesamtsystems der sozialen Ordnung nicht genügen. Die Diskursethik schliesslich, die in der Gegenwart vielleicht den am häufigsten vertretenen Typ eines verfahrensethischen Ansatzes (in Fortführung der Vertragstheorie) darstellt, ist mit ihrer Orientierung am Konsens aller Betroffenen bedeutsam auf der Ideal-Ebene der Begründung einer allgemein verbindlichen Moral. Sie ist aber kein praktikables politisches Verfahren zur gesetzlichen Institutionalisierung und zur konkreten Umsetzung der Sozialhilfe, denn diese muss funktionieren. Der Sozialstaat braucht ein Resultat, wie mit Bedürftigen umzugehen ist, und zwar sofort, da Hilfe in Notlagen keinen Aufschub ermöglicht. Die Erzielung eines diskursethischen Konsenses für die Ausgestaltung der Sozialhilfe ist faktisch nicht zu erreichen.

Der hier gewählte ethische Ansatz einer Prinzipienethik, der als solcher deontisch ist, das heisst, von vorgegebenen Pflichten im Sinne von Prinzipien beziehungsweise Rechten (Menschenrechten) ausgeht, verabsolutiert nicht «gesinnungsethisch» (Max Weber) Grundhaltungen und Ziele ohne Rücksicht auf Folgen oder Kosten, sondern fragt auch teleologisch, also folgenorientiert, wie die verpflichtenden Ziele und Grundhaltungen effektiv und effizient umgesetzt werden können und sollen. Deswegen wird auch die Umsetzbarkeit oder Machbarkeit in Ergänzung der eher klassischen Prinzipien zum ethischen Prinzip erhoben, womit der Knappheit der materiellen Ressourcen

261 Rawls (1979), 81: «1. Jedermann soll gleiches Recht auf das umfangreichste System gleicher Grundfreiheiten haben, das mit dem gleichen System für alle anderen verträglich ist. 2. Soziale und wirtschaftliche Ungleichheiten sind so zu gestalten, dass (a) vernünftigerweise zu erwarten ist, dass sie zu jedermanns Vorteil dienen, und (b) sie mit Positionen und Ämtern verbunden sind, die jedem offen stehen.»

und der Begrenztheit menschlicher Bemühungen um mehr Gerechtigkeit Rechnung getragen wird.

In diesem Kapitel geht es nicht darum, eine möglichst umfassende, theoretisch begründete Prinzipienlehre vorzulegen. Sowohl die Auswahl wie die Interpretation der hier präsentierten Prinzipien ist allein bestimmt durch ihre Fokussierung auf die Sozialhilfe-Thematik. Gefragt ist, welche Prinzipien mit welchen inhaltlichen Schwerpunkten ethische Orientierung sowohl für die staatliche Gesetzgebung und die Organisation auf den verschiedenen Ebenen (sozialethische Frage) wie für die konkrete Umsetzung vor Ort bis hin zum Einzelfall (individualethische Frage) bieten können. Soweit wie möglich ausgeblendet werden darum Erklärungen über das Entstehen und die Entwicklung dieser Prinzipien, vergangene und aktuelle Diskussionen über deren Bedeutung sowie die Begründungsdiskurse.[262] Diese Kurzpräsentation der Prinzipien ist gerechtfertigt, weil manches vom Ausgeblendeten für die Bewertung der Sozialhilfe aus ethischer Sicht nicht weiterhilft und weil es genügt, auf eine Auswahl von relativ wenigen weithin bekannten und anerkannten Prinzipien zurückzugreifen. Diese sind von der christlichen, näherhin Katholischen Soziallehre[263] der letzten gut Hundert Jahre auf-

---

262 Verschiedene Autorinnen und Autoren zu den Sozialprinzipien in Heimbach-Steins (Hrsg.) (2004), 265–326; Baumgartner/Putz (2001); Hagel (1999) besonders zu Solidarität und Subsidiarität.

263 Ich beschränke mich hier auf die Katholische Soziallehre, weil die gefragten Prinzipien anders als in den Stellungnahmen des Ökumenischen Rates der Kirchen oder anglikanischer oder protestantischer (Landes-)Kirchen, die naturgemäss nicht für ihre Kirche(n) verbindlich sprechen können, wesentlich sind für die Struktur dieser im Übrigen wandelbaren Lehre. Vgl. zur Katholischen Soziallehre insgesamt: Päpstlicher Rat für Gerechtigkeit und Frieden (2006); Kerber et al. (1991). Träger der Katholischen Soziallehre sind soziale Bewegungen und Organisationen, katholisch-theologische Sozialethiker und Sozialethikerinnen und schliesslich – am bekanntesten – das bischöfliche und vor allem päpstliche Lehramt mit gewichtigen, teilweise weltweit gehörten Stellungnahmen («Sozialenzykliken»). Der Beginn der Katholischen Soziallehre kann auf die Sozialenzyklika Rerum novarum von 1891 zurückgeführt werden. Die Sozialenzyklika war zuerst eine Antwort auf die Existenzbedingungen der Arbeiterinnen und Arbeiter während der Industrialisierung. Sie reagierte auf «die desolate, durch wirtschaftliche Ausbeutung, soziale Desintegration und politische Ohnmacht gekennzeichnete Situation des Industrieproletariates.» Höhn (1999), 741. Sie ging damit auf damals aktuelle soziale Missstände ein. Die Probleme der Wirtschaft und der Arbeitswelt werden seither immer wieder von der Katholischen Soziallehre aufgenommen und thematisiert. Ein Überblick über die Literatur der kirchlichen Soziallehren findet sich bei Höhn (1999), 756–758. Eine geschichtliche Aufarbeitung der katholischen Soziallehre bietet Stegmann (2000), 599–862. Literatur zur Katholischen Soziallehre: Anzenbacher (1998), 125–177; Bundesverband der Katholischen Arbeitnehmer-Bewegung in Deutschland (2004 10). Von den weltweit unzähligen lokalen und regionalen kirchlichen Stellungnahmen seien hier noch zwei ökumenische erwähnt: Wort des Rates der Evangelischen Kirche in Deutschland und der Deutschen Bischofskonferenz zur wirtschaftlichen und sozialen Lage in Deutschland (1997); Schweizer Bischofskonferenz und Schweizerischer Evangelischer Kirchenbund (2001).

gegriffen und für die Gestaltung einer gerechten Gesellschaftsordnung mit beachtlichem auch politischem Erfolg fruchtbar gemacht worden.
Prinzipien bilden eine hilfreiche ethische Grundorientierung. Sie dienen in verschiedenen Bereichsethiken als Ausgangspunkt und sind zentral für die Beurteilung von gesellschaftlichen Ordnungen und Normen. Prinzipien gelten als ein verbindlicher Massstab[264]. Sozialprinzipien sind Richtlinien oder Leitlinien, die in ihrer wesentlichen ethischen Stossrichtung auch von andern Ethikansätzen bejaht werden können. Sie sind im allgemeinen moralischen Bewusstsein verankert und weitgehend anerkannt, weil sie offenbar zumindest in ihrem Kerngehalt einleuchten.[265]
Im Folgenden werden die genannten Prinzipien Personalität, Solidarität und Subsidiarität sowie die in den Sozialprinzipien integrierten Prinzipien der Gerechtigkeit und des Gemeinwohls vorgestellt und, soweit für unsere Thematik notwendig, erläutert. Diese Prinzipien werden ergänzt durch das Prinzip der Umsetzbarkeit. Weil aber aus abstrakten Prinzipien allein nicht deduziert werden kann, wie eine gesetzliche Regelung der Sozialhilfe aussehen und wie Sozialhilfe vor Ort und im Einzelfall praktiziert werden sollte, werden die grundlegenden ethischen Prinzipien in einem nächsten Abschnitt ergänzt durch fachliche Kriterien. Diese sind entstanden aus der Erfahrung im Umgang mit Bedürftigen und aus der sozialwissenschaftlichen Reflexion der Massnahmen zur Behebung der Notsituation. Die fachlichen Kriterien im Sinne von konkretisierten Zielsetzungen und Richtlinien für die Ausführung der Sozialhilfe basieren ihrerseits mindestens implizit auf den hier beschriebenen ethischen Prinzipien und sind auch an ihnen zu messen.
Was in Kapitel 5 als ethischer und teilweise auch fachlicher Bewertungsraster konzipiert ist, soll in Kapitel 6 dazu dienen, sowohl die Sozialhilfe als auch die dazu von verschiedenen Seiten vorgetragenen Kritiken und Verbesserungsvorschläge einer Würdigung und Kritik aus ethischer Perspektive zu unterziehen. In Kapitel 7 werden dann abschliessend einige Forderungen zur Reform der Sozialhilfe in der Schweiz vorgebracht.

---

264 Mack (2002), 175–176.

265 Vgl. dazu Beauchamp/Childress (2004), 58: «[. . .] we can speak of the origins of moral principles as being in the common morality that we all already share.»

5.2 Ethische Prinzipien

5.2.1. Das Personalitätsprinzip und die Menschenrechte

Das fundamentalste, weil alle folgenden Prinzipien tragende Prinzip ist das sogenannte Personalitätsprinzip[266], weil es gemäss der christlichen Soziallehre, vor allem katholischer Prägung, als Fundament und Richtschnur einer Gesellschaftsordnung verstanden wird, die auf Freiheit, Frieden, Gerechtigkeit und Nachhaltigkeit beruht. Diesem Personalitätsprinzip liegt das Verständnis des Menschen als eines einzigartigen, vernunftbegabten, freien und zur Verantwortung fähigen Individuums zugrunde, das als solches auf Mitsein angelegt ist. Der so als Person verstandene Mensch gilt als Ursprung, Träger und Ziel aller sozialen Institutionen[267], er ist Träger von Rechten und Pflichten[268] und der Massstab aller gesellschaftlichen Ordnungen[269]. Mit dem Personalitätsprinzip wird eine für die Gestaltung der Sozialhilfe wichtige Vorentscheidung für einen Personbegriff getroffen, der am ehesten Gewähr bietet, dass kein Mensch aus dem universalen ethischen Anspruch auf Respektierung seiner Würde herausfällt.[270] Das christlich geprägte Personalitätsprinzip setzt einen umfassenden, alle Menschen umschliessenden Personbegriff voraus, weil theologisch davon ausgegangen wird, dass alle Menschen gleicherweise als Ebenbild Gottes geschaffen sind und durch Christus zur Erlösung von Schuld und ewigem Tod berufen sind. Paulus hat dies angesichts der antiken gesellschaftlichen Ungleichheiten so ausgedrückt: «Es gibt nicht mehr Juden und Griechen, Sklaven und Freie, Mann und Frau» (Gal 3, 27). Darin gründet letztlich die unverlierbare Würde jedes Menschen, die nicht an aktuell gegebene Eigenschaften oder aktualisierte Fähigkeiten oder Leistungen gebunden ist. Auf den philosophischen Streit, wer oder was als Person gelten kann, muss

---

266 Zum Personalitätsprinzip der Katholischen Soziallehre vgl.: Ausborn-Brinker (1999); Baumgartner (1997); Baumgartner (2004), 265–269; Baumgartner/Korff (1999) 227–229; Dieckmann (1995); Putz (2001); Spaemann (1996); Sturma (1992), 123–157; Schmidinger (1994).

267 Gaudium et spes (1995), Nr. 25, in: Bundesverband der Katholischen Arbeitnehmer-Bewegung in Deutschland (2004).

268 Putz (2001), 12.

269 Baumgartner/Korff (1999), 227.

270 Dies ist in der zweiten Hälfte des 20. Jahrhunderts mit Blick auf die neu entfachte Diskussion um den Personbegriff in der Philosophie nicht mehr selbstverständlich: «In weiten Teilen der gegenwärtigen Philosophie, insbesondere in den systematischen Kontexten der neueren angloamerikanischen Philosophie bringt der Begriff der Person auf unverfängliche Weise das Subjekt von epistemischen und moralischen Einstellungen zur Darstellung. In Bereichen der Angewandten Ethik gilt seine Semantik dagegen als noch nicht hinreichend geklärt. Insbesondere die zeitliche Extension des Personbegriffs ist umstritten. Der Streit bewegt sich in seinen extremen Punkten zwischen Ansätzen, die personales und menschliches Leben unterschiedslos zusammenfallen lassen, und Ansätzen, die nur die Zeit selbstbewusster Aktivität als personales Leben gelten lassen wollen.» Sturma (2002), 440; Düwell et al. (2002).

hier nicht weiter eingegangen werden, weil die staatliche Sozialhilfe mit Menschen zu tun hat, deren Personsein normalerweise nicht in Frage gestellt wird. Für die ethische Beurteilung der Sozialhilfe sind einige Charakteristika des menschlichen Personseins von Bedeutung. Es sind dies Freiheit und Selbstbestimmung, Integrität, Individualität und Kommunikationsfähigkeit.[271] Der Mensch ist als Individuum aber zugleich ein Sozialwesen. Um des guten Lebens willen braucht der Mensch Gemeinschaft: «Darum legt es sich nahe, dass die Menschen ihr Verhältnis zueinander so *regeln*, dass *jedermann* an der sozialen Kommunikation und Kooperation in einer Weise partizipieren kann, die ihm die Chance bietet, im Sinne des Systems der existentiellen Zwecke ein *gutes Leben* zu führen. Das ist dann der Fall, wenn sie ihr Verhältnis als *wechselseitiges Anerkennungsverhältnis* verstehen.»[272] Die Sozialität lebt von der grundsätzlichen Erwartung der Menschen, dass ihnen die andern nichts Böses tun oder zufügen, sondern dass sie tun, was ihnen hilft und nützt. Die Sozialität lebt also vom Vertrauen.
Personalität und Menschenwürde im angedeuteten Sinn sind die moralischen Grundlagen der Menschenrechte und haben Eingang gefunden in die Allgemeine Erklärung der Menschenrechte von 1948.[273] Die Respektierung

271 Schmidinger (1994), 13–16.

272 Anzenbacher (1998), 185. Weitere Bestimmungen wie Zurechenbarkeit, Verantwortlichkeit, Gegenseitigkeit, Fairness und Gerechtigkeit nennt Sturma (1992), 133, Fn 15. Auch Rawls und Spaemann weisen darauf hin, dass Personalität beziehungsweise gegenseitige Zuschreibung von Personalität immer schon mit moralischer Anerkennung verbunden war. Personen schreiben «sich und anderen Personen den gleichen moralischen Status» zu. Ausborn-Brinker (1999), 201. Das heisst, dass gegenseitige Anerkennung für die Personalität konstitutiv ist und umgekehrt. Rawls (1971), 126–130; Ausborn-Brinker (1999), 208: Die Zuschreibung von Personalität verweist auf die 1. Person Plural (Sozialität).

273 Allgemeine Erklärung der Menschenrechte, Resolution 217 A (III) der Generalversammlung vom 10. Dezember 1948, www.un.org./Depts/german, (Stand 2000). Zu erwähnen sind auch die auf der Allgemeinen Erklärung der Menschenrechte aufbauenden Abkommen:
– Internationaler Pakt über wirtschaftliche, soziale und kulturelle Rechte der UNO vom 16. Dezember 1966 (ratifiziert von der Schweiz am 18. September 1992). In diesem Pakt sind insbesondere Artikel 6 Recht auf Arbeit, Artikel 9 Recht auf Sozialversicherungen, Artikel 11 Recht auf einen angemessenen Lebensstandard sowie Artikel 12 Recht auf ein Höchstmass an körperlicher und geistiger Gesundheit wichtige Grundlagen für die soziale Sicherheit eines Staates. Weitere vom Pakt geschützte Rechte umfassen Arbeitnehmerrechte, Anspruch auf gerechte und günstige Arbeitsbedingungen, Schutz von Familien, Kindern und Müttern.
– Die Europäische Konvention zum Schutz der Menschenrechte und Grundfreiheiten vom 4. November 1950 (ratifiziert von der Schweiz am 28. November 1974) gewährt in Artikel 8 jeder Person das Recht auf Achtung des Privat- und Familienlebens, ihrer Wohnung und ihrer Korrespondenz. In Artikel 14 wird das Diskriminierungsverbot festgehalten.
– Die Europäische Sozialcharta vom 18. Oktober 1961 garantiert die in der Europäischen Menschenrechtskonvention nicht gewährleisteten wirtschaftlichen, sozialen und kulturellen Rechte und verfolgt zwei Ziele: Sie schützt einerseits wichtige soziale und wirtschaftliche Grundrechte und möchte andererseits die Entwicklung einer Sozialpolitik in Europa fördern. http://www.humanrights.ch/cms/front_content.php?idcat=57, (Stand 2006). Die Europäische Sozialcharta wurde von der Schweiz nicht unterzeichnet.

der gleichen Würde jedes Menschen impliziert das Recht auf Gleichbehandlung, auf Leben, auf Freiheit und auf Sicherheit der Person. In der Allgemeinen Erklärung der Menschenrechte ist festgehalten, dass jedes Mitglied der Gesellschaft das Recht auf soziale Sicherheit hat (Artikel 22, wirtschaftliche, soziale, kulturelle Rechte). Die Respektierung der Würde der Person verbietet jegliche Form von Diskriminierung (Artikel 1 und 2). Die für die Sozialhilfe relevanten menschenrechtlichen Ansprüche umfassen wichtige Bereiche des menschlichen Lebens wie das Recht auf Arbeit und gerechte Entlöhnung (Artikel 23), das Recht auf Erholung und Freiheit (Artikel 24) sowie das Recht auf einen Lebensstandard, der Wohl und Gesundheit zusichert (Artikel 25). Vor allem Artikel 25 hat für die soziale Sicherheit eine tragende Bedeutung: «Jeder hat das Recht auf einen Lebensstandard, der seine und seiner Familie Gesundheit und Wohl gewährleistet, einschliesslich Nahrung, Kleidung, Wohnung, ärztliche Versorgung und notwendige soziale Leistungen, sowie das Recht auf Sicherheit im Falle von Arbeitslosigkeit, Krankheit, Invalidität oder Verwitwung, im Alter sowie bei anderweitigem Verlust seiner Unterhaltsmittel durch unverschuldete Umstände.»[274]

Im Rahmen der Sozialhilfe ist das Personalitätsprinzip grundlegend für die konkrete Ausgestaltung des Verhältnisses zwischen der sozialen Institution (Staat) und der bedürftigen Person. In der Institution nimmt die handelnde Person stellvertretend für die soziale Institution den Akt der moralischen Anerkennung wahr. Eine Einschränkung oder gar selektive Zuschreibung der Personalität beziehungsweise eine «Aufhebung der Geltung der Unantastbarkeit der Person für alle Menschen»[275] würde zu einer problematischen Konsequenz für die Rechtssicherheit führen, das heisst zu einer willkürlichen Gewährung von Freiheit[276] und Würde.

Weil jeder Mensch ungeachtet seines Verhaltens Würde besitzt, besteht ein prinzipieller Anspruch auf Hilfe in materieller Not, unabhängig von deren Ursachen und den Eigenheiten der Hilfe suchenden Person. Das Personalitätsprinzip wird zum Recht auf eine menschenwürdige Sozialhilfe. Menschenwürdige Behandlung besagt, dass dem Individuum die Fähigkeit zur Armutsüberwindung und zur Selbsthilfe zugestanden wird. Die Hilfe muss

274 Als verschuldeter Umstand gilt in der Schweiz beispielsweise die Tötung des Ehegatten. In der Folge wird keine Witwen- oder Witwerrente ausbezahlt (Sozialversicherungsgesetzgebung). Andere verschuldete Umstände sind eher schwer belegbar, zudem sieht die Sozialhilfe in den Wohlfahrtsstaaten kaum Sanktionen vor. Ausschlussgründe können nur festgeschrieben werden, wenn die Existenzsicherung anderweitig sichergestellt werden kann. Die Hilfe in Notlagen hat immer Vorrang.

275 Dieckmann (1995), 22.

276 Vgl. dazu die formalen Kriterien zur Fürsorgerischen Freiheitsentziehung FFE: Caviezel (1988) und Artikel 397a ZGB.

immer die Möglichkeiten offen halten, dass die Betroffenen selbst ein gutes Leben entwerfen können. Zu vermeiden sind physischer und psychischer Zwang, Alternativenlosigkeit, Erdrückung und Verstummung.[277] Die Menschenwürde steht der Erniedrigung, Herabsetzung, Demütigung oder Stigmatisierung von Menschen entgegen; sie ist unantastbar und nicht verhandelbar. Die Meinung darüber, welche materiellen Voraussetzungen notwendig sind, um ein menschenwürdiges Leben führen zu können, ist allerdings abhängig von der jeweiligen Kultur und der konkreten Lebenssituation mit ihren Möglichkeiten und Grenzen.
Die Menschenrechte sind bei der Sozialhilfe besonders aufmerksam zu beachten, weil die Sozialhilfe im Gegensatz zu den anderen Instrumenten der sozialen Sicherheit in der politischen Debatte einer starken moralischen Kritik ausgesetzt ist.[278] Wichtig bei der Wahrung der Menschenrechte ist das Verhältnis von Mächtigen und Ohnmächtigen, von Begüterten und Armen. Mächtige sind beispielsweise auch die Akteurinnen und Akteure der Sozialhilfe, die über die Hilfeleistungen entscheiden. Dieses Verhältnis bedarf der Institutionalisierung durch das Recht. Alle Menschen haben einen Rechtsanspruch auf die Vorgaben der Menschenrechte und können ihre Menschenwürde nicht verlieren, selbst wenn sie von Mächtigen missachtet wird.

5.2.2 Soziale Gerechtigkeit und Gemeinwohl

Soziale Gerechtigkeit[279] gilt als Reizwort in der öffentlichen Diskussion um die Ausgestaltung der Gesellschaft, im Besonderen des Sozialstaates, vor allem wenn der Begriff, der keine lange Tradition hat, mit «Umverteilung von Reich nach Arm» gleichgesetzt wird.[280] Man kann aber *soziale Gerechtigkeit* nach Anzenbacher[281] neutraler als Oberbegriff aller Teilaspekte der Gerechtigkeit zur Gestaltung einer Gesellschaftsordnung sehen, nämlich als umfassende Gerechtigkeit, die aus der «Grundnorm gemeinwohlartiger Wohlordnung»[282] folgt und sich in gemeinsamen Werten und Zielen konkretisiert.[283] *Gemeinwohl* meint den guten Befund oder den strukturellen

277 Amstutz (2000), 74.
278 Die Ursachentypisierung in der Sozialhilfe ist sehr anfällig für die Aufspaltung in gute Sozialhilfeklientel und schlechte, die ihre Situation «mitverschuldet» hat. Dietz/Naumann (1999), 496. Vgl. 1.2.2. Differenzierung der Armutsursachen.
279 Kramer (1992), 45; Huber (1996), 149–198; Kersting (2000b), 42–67 und 276–378; Anzenbacher (1998), 221–224.
280 Vgl. de Jasay, A.: Warum «soziale Gerechtigkeit» ungerecht ist. Fragwürdige Argumente für die Umverteilung von Reich nach Arm, in: NZZ 2.3.2006, Nr. 51, S. 27.
281 Anzenbacher (1998), 221–224.
282 Anzenbacher (1998), 221.
283 Veith (2004), 270.

Zustand eines gesellschaftlichen Gebildes, der es seinen Mitgliedern erlaubt, ihr eigenes Wohl (personales Wohl)[284] oder ihre eigene Vervollkommnung zu erreichen,[285] und ist also nicht die Summe des Wohls der Einzelnen in einer organisierten Gesellschaft. Gemeinwohl steht im Dienst der Selbstverwirklichung der Person[286] und thematisiert das Verhältnis zwischen Individuum und Gesellschaft. Gemeinwohl und Gerechtigkeit überschneiden sich inhaltlich teilweise.

Gerechtigkeit[287] ist entweder traditionell als Eigenschaft (Tugend) von Personen (beispielsweise von Sozialarbeitenden) oder modern als Eigenschaft des sozial strukturierten Zustandes (z.B. Steuersystem, Zugang zu Bildung oder zu Gesundheitsleistungen) zu verstehen. Insofern ist Gerechtigkeit entweder eine Frage der Individualethik oder der Sozialethik.[288] In Bezug auf die sozialstaatlichen Interventionen interessiert hier vor allem die sozialethische Komponente der Gerechtigkeit und des Gemeinwohls. Die christliche Sozialethik geht meistens von einer «besonderen Option für die Armen» beziehungsweise für die Benachteiligten aus und betont den ausgleichenden Aspekt der Gerechtigkeit in der Gemeinschaft. Die gerechte Gesellschaft soll grundsätzlich jeder Person die Chance einräumen, einen vernünftigen Lebensplan verwirklichen zu können.[289] Dies wird hauptsächlich über gesellschaftliche Strukturen ermöglicht, die eine Dienstfunktion für die Menschen einnehmen,[290] wobei auch der Einfluss von Einzelnen auf die Errichtung von gerecht ausgestalteten Strukturen und deren praktische Umsetzung berücksichtigt werden muss. Im Folgenden sollen die Teilaspekte der (sozialen) Gerechtigkeit kurz beleuchtet werden, sofern sie für die Sozialhilfe von Bedeutung sind.

Tauschgerechtigkeit, auch kommutative Gerechtigkeit genannt, meint faire Vertrags- und Austauschbedingungen innerhalb der sozialen Kooperation oder zwischen sozialen Gruppen.[291] Sie stellt eine Gerechtigkeitsdimension dar, die in der Wirtschaftsordnung und Sozialordnung eine wesentliche Bedeutung hat. Faire Vertrags- oder Austauschbedingungen sind im Bereich der Sozialhilfe wichtig, da vermehrt auch Gegenleistungen verlangt werden. Diese Forderung berücksichtigt die Ressourcen, welche die Betroffenen für das Erbringen der Gegenleistung zur Verfügung haben. In der neueren Lite-

284 Veith (2004), 271.
285 von Nell-Breuning (1985), 41.
286 In der christlichen Sozialethik und der Katholischen Soziallehre spielt der Begriff Gemeinwohl eine zentrale Rolle. Vgl. Anzenbacher (1998), 200.
287 Rawls (1979); Walzer (1994).
288 Die Strafgerechtigkeit wird hier nicht behandelt. Vgl. dazu Höffe (2001), 78–84.
289 Anzenbacher (1998), 100.
290 Veith (2004), 271.
291 Anzenbacher (1998), 222.

ratur wird häufiger von *Leistungsgerechtigkeit* als von Austauschgerechtigkeit gesprochen, was treffender zum Ausdruck bringt, dass es um Leistung und Gegenleistung geht, dass Gerechtigkeit also nicht nur Bedürfnisse, sondern immer auch Leistungen oder Verdienste zu berücksichtigen hat.

Beteiligungsgerechtigkeit oder kontributive Gerechtigkeit meint die aktive Beteiligung aller am sozialen Leben. Sie ist nicht nur eine Verpflichtung für die Individuen. Angesichts der strukturell bedingten Lebensrisiken erwächst auch der Gesellschaft die Pflicht, den von Exklusion betroffenen Menschen durch gesetzlich festgelegte Rahmenbedingungen die Teilhabe am sozialen Leben zu gewähren.

Partizipation als Prinzip der sozialen Marktwirtschaft bezweckt, die Sozialtransfers möglichst gering zu halten, damit die aktive Teilhabe der Personen am Wirtschaftsprozess und somit an der Existenzsicherung erhalten bleibt. Wer auf Grund physischer, psychischer und sozialer Voraussetzungen in der Lage ist, soll die eigene Existenz aktiv sichern (können).

Die Erwerbsarbeit gewährleistet die Teilhabe am gesellschaftlichen Leben und an der Lebensvorsorge.[292] Doch auch bei einem hohen Beschäftigungsgrad braucht es eine staatliche Sozialpolitik, welche die Steuern, Abgaben und Transfers auf das erzielte Einkommen abstimmt, damit ein Leben aller im Rahmen des kulturellen Standards möglich wird.[293] Die Ausgestaltung des Wirtschafts- und Staatssystems hat im Sinne der Partizipation mit einer hohen Autonomie der Beteiligten zu erfolgen. Die Teilhabe am Wirtschaftsprozess zur Sicherung der Existenz steht im Vordergrund und bedarfsabhängige Leistungen sind nur an eine kleine Anzahl Personen auszurichten (niedrigste Einkommen). Andernfalls soll der wirtschaftlichen Selbstständigkeit der partizipierenden Individuen über Systemkorrekturen (Steuersystem) Genüge getan werden.[294] Partizipation als Prinzip stellt eine rein bedarfsabhängige Sozialpolitik in Frage und stützt eher ursachenorientierte soziale Sicherungssysteme (z.B. Kinderzulagen), die für alle Betroffenen unabhängig von Vermögen und Einkommen zugänglich sind.

Die Ausgestaltung der sozialen Sicherheit geschieht mit Hilfe von Partizipation als wichtiges Element einer gerechten Verteilung. Die Beteiligungsgerechtigkeit (verstanden als Teilhabe an lebenswichtigen Gütern) ist nicht

---

292 Der Grad der wirtschaftlichen und sozialen Integration lässt sich erkennen an der Zahl der Stellensuchenden, der Grösse des Niedriglohnsegmentes und der Anzahl der Sozialhilfeempfängerinnen und -empfänger.

293 Kirchenamt der Evangelischen Kirche in Deutschland (1997), 151; Heimbach-Steins (2001), 110.

294 Ein Beispiel für eine Systemkorrektur ist eine einkommensabhängige Krankenkassenprämie. Damit könnte die spezielle sozialstaatliche Leistung der individuellen Prämienverbilligung vermieden werden, die rund 40 Prozent der Bevölkerung zu Sozialleistungsbeziehenden macht.

realisiert, wenn Grundbedürfnisse wie Ernährung, Kleidung, Wohnung und Gesundheit nicht befriedigt sind. Beteiligung meint aber nicht nur Erwerbsarbeit und Ersatzeinkommen, sondern auch die Teilhabe an Bildung und Kultur, am sozialen Leben (familiales und ehrenamtliches Engagement) sowie am politischen Leben.[295] Dieser soziale Ausgleich ist für alle Menschen, also auch für die Nichterwerbstätigen (beispielsweise Sozialhilfebezügerinnen und -bezüger) anzustreben.[296] Dies entspricht einer nachhaltigen Sozialpolitik, welche die Desintegration verhindert.

Verteilungsgerechtigkeit oder distributive (ausgleichende, soziale) Gerechtigkeit meint die Verteilung von Einkommen, Vermögen und Macht an Menschen, die ihre materiellen Grundbedürfnisse nicht selbstständig und ausreichend befriedigen können und deswegen mehr oder weniger machtlos sind. Sie ist vorrangig eine Option für die Armen[297] und steht im Dienste der gemeinsamen Wohlfahrt. Für die christliche Sozialethik gilt seit der Antike, dass die Güter unserer Erde zum Nutzen aller Menschen und Völker bestimmt sind.[298] Als Verteilungsgrundsatz soll gelten: Jedem das Seine (Aristoteles), und zwar im Bewusstsein, dass jeder das Seinige tut (Platon).[299] Jeder Mensch hat also Anspruch auf Teilhabe aufgrund seiner unantastbaren Würde und entsprechend seinen Kräften.

Die Verteilungsgerechtigkeit soll den sozialen Ausgleich, das heisst, die Voraussetzungen schaffen, dass Schwächere ihre Fähigkeiten entfalten können. Sie ist zu sehen im Zusammenhang mit der christlichen «Option für den Schwachen», die Leistungsgerechtigkeit hingegen ist eine «Option für den Starken»[300]. Eine normative Sicht der Gesellschaft, wonach der Markt die Leistungsgerechtigkeit[301] regelt und der Staat zuständig ist für die Verteilungsgerechtigkeit,[302] ist unzureichend. Vielmehr muss der Staat eine Assistenzfunk-

---

295 Vgl. dazu auch Thielen (1996), 269; Anzenbacher (1998), 216.

296 Stegmann (2000), 856–859.

297 Anzenbacher (1998), 223.

298 Gaudium et spes (1965), 9, in: Bundesverband der Katholischen Arbeitnehmer-Bewegung in Deutschland (2004).

299 Veith (2004), 316.

300 Vogt (1999), 296; Vogt (1997), 414; Schnabl (2005), 208–209.

301 Der Markt allein genügt nicht, denn die Verteilungsgerechtigkeit erfolgt hier durch die «unsichtbare» Hand. Die materiale Verteilungsgerechtigkeit wird aus der politischen Zuständigkeit herausgenommen und dem Markt übertragen. Diese Entpolitisierung ist in ihrer Wirkung eine Entethisierung. «Kersting (2000b), 52; Schneider (2001), 50. Das ‹invesible-hand-Argument› von Adam Smith erfreut sich auch heute noch bei den sog. ‹libertarians› in der politischen Philosophie grosser Beliebtheit, um dem im Rahmen der sozialen Gerechtigkeit eingeordneten Konzept einer Verteilungsgerechtigkeit zu widersprechen.» Schneider (2001), 51.

302 Die Verteilungskriterien sind politisch auszuhandeln. «Die Frage gerechter Verteilungskriterien gehört zu den dunkelsten Zonen des moralischen Bewusstseins; keinerlei geteilte Überzeugungen bieten hier eine gesicherte Wissensgrundlage.» Kersting (2000b), 2.

tion[303] einnehmen und die Aufgabe der gerechten Organisation der sozialen und ökonomischen Austauschprozesse in der Gesellschaft übernehmen.[304] Die Verteilung der Güter und Ressourcen muss sowohl die Bedürfnisse wie auch die Chancengleichheit und die Leistungsgerechtigkeit berücksichtigen.[305]

Die Verteilungsgerechtigkeit im Sozialstaat wird mit dem Versicherungsprinzip und dem Fürsorgeprinzip angestrebt (siehe Kapitel 2.2 Gesetzliche Grundlagen der Existenzsicherung). Das entscheidende Kriterium für die Ausgleichszahlungen beim Fürsorgeprinzip ist das Mass an Bedürftigkeit und nicht die (Vor-)Leistung.[306] Mit den Hilfeleistungen (Transferleistungen) der Sozialhilfe im weiteren Sinne kann die staatlich geregelte Verteilungsgerechtigkeit partiell ungleiche Startbedingungen kompensieren und in bestimmten Lebenslagen präventive soziale Sicherheit bieten (beispielsweise im Bildungssystem mit Stipendien).

In der Gerechtigkeitsdebatte findet sich die Position, dass die Güter erst produziert werden müssen, bevor sie im Rahmen der Verteilungsgerechtigkeit verteilt werden können.[307] Daraus lässt sich aber keine Vorrangigkeit der Leistung ableiten. Die Leistung allein ist für die Legitimation von sozialstaatlichen Transfers nicht ausschlaggebend, da in der Gesellschaft auch ungleiche Beziehungen bestehen, in denen die Chancen und die Macht einseitig verteilt sind.[308] In einer ausdifferenzierten Gesellschaft genügen einseitige Konzepte zur Realisierung einer umfassenden sozialen Gerechtigkeit nicht.

Die Beteiligungsgerechtigkeit ergänzt die Leistungsgerechtigkeit und zielt ab auf die Teilhabe aller an den gesellschaftlichen Aufgaben, Gütern und Positionen.[309]

Die *Verfahrensgerechtigkeit*[310] oder legale Gerechtigkeit meint Fairness und Sicherheit im Rechtsvollzug. Sie ist ein formaler Teilaspekt des Machtausgleichs zwischen Gesellschaft und Individuum und findet Anwendung im Straf-, Verfassungs- und Verwaltungsrecht. Die Verfahrensgerechtigkeit wird also relevant bei der konkreten Ausgestaltung von staatlichen Leistungen, das heisst, es muss überprüft werden ob das staatliche Handeln den gesetzlichen Vorgaben entspricht.

Fazit: Die Sozialhilfe hat die Aufgabe, die nicht verwirklichten Aspekte der Gerechtigkeit auszugleichen und den Menschen zu helfen, die ihre Existenz

---

303 Vogt (1997), 408.
304 Schnabl (2005), 210, in Anlehnung an Vogt (1997).
305 Veith (2004), 322. Er spricht von Bedürfnis-, Chancen- und Leistungsgerechtigkeit.
306 Vogt (1999), 297; Schnabl (2005), 210.
307 So etwa bei Höffe (2002b), 118.
308 Schnabl (2005), 209.
309 Heimbach-Steins (2001), 88.
310 Anzenbacher (1998), 223–224.

nicht vorrangig über Leistungen (Lohn oder Versicherungen) sichern können. In den Grundzügen funktioniert die Sozialhilfe nach der Verteilungsgerechtigkeit. Eine einseitige Interpretation der Sozialhilfe als Fürsorge (Option für die Armen und Schwachen) berücksichtigt die Gerechtigkeitsaspekte von Leistung, Partizipation und Verfahrenssicherheit hingegen ungenügend. In der politischen Diskussion um die richtige Verteilung der Güter haben sich eine Verteilung nach Leistung oder Vorleistung (Versicherungsprinzip, Solidaritätsprinzip) und eine Verteilung nach Bedürftigkeit (Fürsorgeprinzip) als die wichtigsten Verteilungskriterien ergeben.[311] Die Einschränkung der Verteilungskriterien auf die Kriterien der (Vor-)Leistung und Bedürftigkeit hat in den 90er-Jahren teilweise zu einer Vernachlässigung des Kriteriums der Partizipation geführt. Durch die Expansion und Leistungsbereitschaft des Staates und der Sozialversicherungen auf finanzieller Ebene ist das wichtige Element der aktiven Beteiligung aller am sozialen Leben zurückgedrängt worden.[312]

5.2.3 Solidarität

In den letzten Jahrzehnten tauchten vor allem zwei gesellschaftliche Themen auf, welche die Diskussionen um die Solidarität[313] verstärkten, nämlich Armut und Minderheiten. Die negative Beurteilung von Arbeitslosen, IV-Rentnerinnen und IV-Rentnern sowie Sozialhilfebeziehenden in der Öffentlichkeit, die Ausgrenzung ethnischer Minderheiten, die Diskriminierung aufgrund von Religionszugehörigkeit und die Benachteiligung wegen Bildungsdefiziten sind Hinweise dafür, dass Menschen ausgegrenzt und in der Chancengleichheit beschnitten werden.
In den politischen Debatten wird Solidarität unterschiedlich ausgelegt und praktiziert. Die Diskussion um das im Jahr 2002 zur Volksabstimmung vorgelegte Projekt einer Solidaritätsstiftung[314] hat exemplarisch gezeigt, dass

311 Hagel (1993), 29.

312 Anzenbacher (1998), 222.

313 Eine Übersicht über die Literatur zur Solidaritätsdebatte bietet Arndt (1998), 495–515. Für die Thematik der vorliegenden Arbeit sind vor allem Autorinnen und Autoren von Bedeutung, die den Solidaritätsbegriff in der Sozialpolitik untersuchen: Vgl. Arndt (1998), 512–513. Zur Begriffsgeschichte, zum heutigen Verständnis und zur Praxis der Solidarität vgl. Metz (1998), 172; Wildt (1998), 202–209; Kleger (1994), 104; Bayertz (1998); Steinvorth (1998); Frankenberg (1997), 151; Baumgartner/Korff (1999), 229–234; Carigiet (2001).

314 In der Auseinandersetzung über die Verwendung der überschüssigen Goldreserven der Schweizerischen Nationalbank war folgende Aufteilung vorgesehen: je ein Teil für die AHV, für die Kantone und für die Solidaritätsstiftung, die Armut, Not und Gewalt bekämpfen und Chancen für Kinder und Jugendliche schaffen soll. Mit der Volksinitiative «Überschüssige Goldreserven in den AHV-Fonds (Goldinitiative)» und dem Gegenentwurf der Bundesversammlung «Gold für AHV, Kantone und Stiftung» wurde am 22. September 2002 eine Volksabstimmung durchgeführt. Beide Vorlagen wurden abgelehnt.

Solidarität nicht nur unterschiedlich interpretiert wird, sondern auch in heterogenen Relationen angewendet werden kann, sodass sich praktisch alle divergierenden gesellschaftlichen und politischen Positionen auf Solidarität berufen konnten und können, weil ja niemand unsolidarisch sein will.[315]
Dass Solidarität ein schillerndes Phänomen ist, zeigt sich auch in soziologischen Analysen. Nach Kleger lassen sich folgende sehr vielfältige Arten von menschlichen Aktivitäten feststellen, die als Solidaritätsbekundungen verstanden werden:[316]
Solidarität als *menschlich lobenswerte Leistung* in Form von Unterstützung, Hilfe und Selbstorganisation versteht sich als *Verpflichtung gegenüber Benachteiligten.* Sie motiviert zur altruistischen Handlung und ist parteilich. Sie ist gekennzeichnet durch Nachteile für die Helfenden, fördert aber dennoch das Allgemeinwohl. In diesem Verständnis (Fürsorge) ist die staatliche und private Sozialhilfe verankert.
Solidarität als *Ausgleichssystem* ist die «Moral» der *Sozialversicherungen* AHV, IV, ALV und KVG. Teilweise gehört hier auch die Sozialhilfe dazu, die aber vor allem Elemente der menschlich lobenswerten Leistung enthält.
Solidarität zum *Erhalt des Status quo von Verbänden und Institutionen* ist Ausdruck gemeinsamer Interessen. Die Einzelnen hätten kaum eine Chance, ihre Ziele alleine zu erreichen. *Eigennützige Interessen* konstituieren dieses solidarische Verhalten. «Solidarisch ist man nicht mit jedem und jeder, sondern mit denen, die man aufgrund irgendwelcher Ähnlich- oder Gemeinsamkeiten als *gleich* entdeckt hat.»[317] Solidaritätsgefühle mit andern sind dann am stärksten, wenn diese andern «zu uns» gehören und «wir» etwas enger Begrenztes als die Menschenrasse ist».[318] Nach dieser Solidaritätsform funktionieren *Interessengruppen*, die sich zusammenschliessen, um die eigene Gruppe zu stärken (z.B. Behindertenorganisationen).
Solidarität zum Zweck der *Machtverschiebung* meint, dass Gruppierungen über solidarisches Zusammenlegen der Kräfte Vorteile zu ihren Gunsten zu erzielen versuchen (Gewerkschaften, Arbeitgeberverbände).
Aus einer andern Sicht kann man zwei grundsätzlich verschiedene Arten von Solidaritätsaktivitäten unterscheiden:
Die *kleine Solidarität* zeigt sich so, dass neue soziale Probleme in aller Regel zuerst durch Leistungen im Netzwerk der Familie, der Nachbarschaft und privater Institutionen aufgefangen werden.[319] Unter bestimmten gesellschaftlichen Gegebenheiten wie Langzeitarbeitslosigkeit kann es aber dazu kom-

315 Vgl. dazu Halter (2001), 534–539.
316 Kleger (1994), 109.
317 Möhring-Hesse (1996), 86.
318 Rorty (1989), 308.
319 Kleger (1994), 110.

men, dass die Bewältigung eines neuen sozialen Problems einer Lösung auf der Ebene der grossen Solidarität bedarf.[320]

Die *grosse Solidarität*[321] ist eine historische Errungenschaft der Gesellschaft. Die Gesellschaft hat sich in einem lang andauernden Entscheidungsprozess dazu durchgerungen, die Verantwortung für Lebensrisiken wie Alter, Krankheit und Arbeitslosigkeit vom Einzelnen auf das Kollektiv zu übertragen und Versicherungen zu etablieren, an denen sich unter gewissen Bedingungen alle obligatorisch zu beteiligen haben.[322] Diese Solidarität ist anonymer Natur, sie spielt sich nicht in Teilgruppen oder im überschaubaren Beziehungsgeflecht ab. Sie umfasst alle Einwohnerinnen und Einwohner eines Landes und ist mit Pflichten und Rechten verbunden. Wer diese Voraussetzungen erfüllt, erhält beim Eintreten der versicherten Ursache Leistungen, die sich am Erwerbseinkommen orientieren.

Es ist offensichtlich, dass Solidarität in unserer Gesellschaft und sogar weltweit ein Prinzip ist, für das nur ein *kleinster gemeinsamer Nenner* in dem Sinne vorausgesetzt ist, dass es ein *gemeinsames Engagement für oder gegen jemand oder etwas* ist, je nach Standpunkt der jeweils Beteiligten. Die Subjekte und die Objekte oder die Anliegen der Solidarität bleiben sehr variabel. Solidarität ist verknüpft mit Macht; sie wird getragen von «moralisierenden Emotionen»[323] und ist unterschiedlichen moralischen Interpretationen ausgesetzt. Solidarität verlangt von den Beteiligten die Bereitschaft zu Eingeständnissen. Sie zeigt sich vor allem als ein Gefühl, das sich von einem persönlichen (privaten) Empfinden zu einem allgemein gültigen (öffentlichen) Wert entwickelt und zum Programm für das politische Handeln wird. Im Endergebnis steht nicht selten Solidarität gegen Solidarität und Solidarität wird zum Kampfbegriff[324] einer Interessengruppe gegen eine andere, gegen irgendwen oder irgendetwas, was als falsch oder verwerflich betrachtet wird. So gesehen ist das Solidaritätsprinzip eine fragwürdige Angelegenheit, denn Solidarität kann interessegeladen, eigennützig, partikulär, ausschliessend, für andere bedrohlich oder sogar tödlich sein (Terrorismus; kriegerische Aggression im Namen der Solidarität). Ein derart offenes Prinzip ist kein wegweisendes, schon gar kein universal gültiges ethisches Prinzip.

---

320 Ewald (1993), 25. Die Themen Armutsrate bei Alleinerziehenden und working poor haben es im Rahmen der schweizerischen Familienpolitik bis ins Bundesparlament geschafft. Eingereicht wurde eine Vorlage zur Anstossfinanzierung von familienergänzender Kinderbetreuung, welche die finanzielle Selbstständigkeit der Betroffenen fördern und ermöglichen soll (Beschluss: Bundesgesetz für Finanzhilfen für familienergänzende Kinderbetreuung vom 4. Oktober 2002).

321 Kleger (1994), 104–114.

322 Kleger (1994), 110.

323 Kleger (1994), 106.

324 Kleger (1994), 109.

Hier erweist sich nun der von der Katholischen Soziallehre zu Beginn des 20. Jahrhunderts aus dem französischen Sprachraum aufgegriffene Begriff der Solidarität als hilfreich, der ursprünglich juristisch im Sinne der Haftung in einem Kollektiv verwendet wurde. Die kleine Solidarität entwickelte sich zum gesamtgesellschaftlichen grossen «Solidarismus» als ein die Gesellschaftsordnung insgesamt prägendes Sozialprinzip.[325] Dieses basiert auf dem früher genannten Personalitätsprinzip und impliziert folgende Inhalte: Wegen der im menschlichen Mitsein gründenden Verwiesenheit der Menschen aufeinander und der Abhängigkeit voneinander, die je nach Lebenssituation von unterschiedlicher Art und Intensität ist und in verschiedener Weise zur Hilfsbedürftigkeit werden kann, meint Solidarität gerade nicht die Durchsetzung von Gruppeninteressen. Es geht vielmehr grundsätzlich um das *mitfühlende Anteilnehmen am Schicksal der anderen* – vor allem in Situationen von Leiderfahrungen – und die engagierte *Hilfsbereitschaft* für Menschen, die Hilfe zum Überleben und zu einem menschenwürdigen Leben in Freiheit, Gerechtigkeit und Frieden brauchen. Da von diesem Mitfühlen und der Hilfsbereitschaft *niemand ausgeschlossen* ist, ist die so verstandene Solidarität *universal* und ist demzufolge mit zunehmender Globalisierung im Laufe des 20. Jahrhunderts auf die ganze Menschheit ausgedehnt worden. Dies kann aufgrund der Begrenztheit menschlicher Kräfte und materieller Ressourcen jedoch nicht bedeuten, dass allen Menschen gleicherweise Mitgefühl und wenn nötig Hilfe zu Teil werden kann. Die Intensität der Solidarität als aktives Helfen durch Eigentätigkeit oder materielle oder geistige Unterstützung (Know-how) nimmt quasi konzentrisch ab von der kleinen über die grosse (nationale) bis hin zur grössten weltweiten Solidarität. Das Solidaritätsprinzip fordert in erster Linie Mitgefühl und engagierte Hilfe für die *schwächsten Glieder der Gesellschaft.*

Der Zusammenhang der Solidarität mit der Thematik der Sozialhilfe liegt auf der Hand. Staatliche Sozialhilfe kann nur im Sinne einer gesellschaftlich verstandenen Solidarität gemäss des hier dargelegten Solidaritätsprinzips als Sozialprinzip begründet werden. Solidarität war noch nie selbstverständlich und ist es auch in Zeiten wirtschaftlicher (und gesellschaftlicher) Depression und härter werdender Verteilungskämpfe nicht. Die verfassungsrechtliche Niederschrift der Sozialziele in Artikel 41 und des Rechts auf Hilfe in Notlagen in Artikel 12 der Bundesverfassung garantiert nicht, dass solidarische sozialstaatliche Leistungen auch in wirtschaftlich schwierigen Zeiten für alle sichergestellt bleiben. Vielmehr hängt diese Sicherstellung von der zu erneu-

325 Zur Geschichte und zum Verständnis der Solidarität als fundamentales Sozialprinzip in der Katholischen Soziallehre vgl. Pesch (1924), 432–433; Stegmann (2000), 727–730; Hagel (1999), 255–256; Pesch (1920), 238; Möhring-Hesse (1996), 83; Anzenbacher (1998), 142–144.

ernden Bereitschaft der Gesellschaft zur grossen und zur kleinen Solidarität ab.[326] Die institutionalisierte Solidarität ist trotz der Stabilisierung durch die Institution immer wieder zu rechtfertigen, denn sie ist von der Einstellung der Menschen her nur noch eine «Quasi-Solidarität» [327].
Solidaritätsbereitschaften werden kontingent, das heisst, sie sind zufällig, wirklich oder möglich, aber nicht (wesens-)notwendig. Bedingt durch die Anonymität und Distanz der Individuen in der Gesellschaft geht die unmittelbare moralische Grundlage für die Solidarität verloren. Die direkte Verpflichtung gegenüber anderen ist nicht mehr einsichtig, da der Staat Steuern und Beiträge einzieht, die für diese solidarischen Verpflichtungen vorgesehen sind.
Bei den Existenzsicherungssystemen wird nach normalen und atypischen Biografien unterschieden. Diese Differenzierung ist eher willkürlich. Menschen in akzeptierten Lebenslagen sind durch die Sozialversicherungen finanziell abgesichert, Menschen in nicht konformen Lebenslagen werden mit den weniger klar definierten Leistungen der Sozialhilfe unterstützt. Sozialstaatliche Institutionen gehen nach wie vor von Normalitätsannahmen wie «geregelte Arbeit» und «intakte Familie» aus und verfehlen damit die Lebenslage von immer mehr Menschen.
Die Beschränkung der Solidarität auf die Integrierten und die an der Arbeitswelt und der Gesellschaft partizipierenden Menschen bewirkt eine Entsolidarisierung gegenüber den von gewissen Kreisen so bezeichneten «Habenichtsen», «Schmarotzern» und «Faulen». Diese Menschen werden aus den Solidargemeinschaften ausgeschlossen, was den solidarischen Ausgleich untergräbt und die Umverteilung verhindert. Armut und Arbeitslosigkeit sind aber nicht nur eine Sache der «öffentlichen Gefühlslage», sie sind auch das Resultat strukturell bedingter Ungerechtigkeiten.

5.2.4 Subsidiarität

Die Subsidiarität ist ein grundlegendes Prinzip zur Umsetzung der verschiedenen Solidaritätsformen, die sich in der Gesellschaft herausgebildet haben.[328]
Der Begriff «subsidium» stammt aus dem Lateinischen und bedeutet Hilfe, Beistand und Hilfestellung. Subsidiarität bezeichnet demnach ein aktives

326 Vgl. dazu Amstutz (2002), 15.
327 Bayertz (1998), 37.
328 Baumgartner (1996); Mückl (1999); Nörr (1997); Waschkuhn (1995); von Nell-Breuning (1994); Mäder (2000); Höffe (1997); Rhinow (2000); Isensee (2001); Blickle (2002).

Handeln zugunsten anderer. Die Diskussionen über die Subsidiarität kamen zu Beginn des 20. Jahrhunderts in Gang. Damals wurde das Problem einer zu starken und zu weitreichenden Staatstätigkeit auf nationalstaatlicher Ebene formuliert [329]. In der Folge wurde zum Schutz des Individuums beziehungsweise kleinerer Einheiten (z.B. Familie) das Subsidiaritätsprinzip entwickelt, das sich gegen den Zentralismus und die Verstaatlichung von gewissen Aufgaben richtete. Später kam es zu einer Ausweitung des Begriffs, wonach das Subsidiaritätsprinzip eine schützende wie auch eine ordnende Funktion beinhaltet [330]. Die *schützende* Funktion besagt, dass kleinere soziale Einheiten von höheren und stärkeren Einheiten nicht einfach ihrer originären Funktion beraubt werden dürfen, sondern in die Lage versetzt werden sollen, sich selbst zu helfen. Die kleinere Einheit oder Gruppe soll die Ressourcen zur Verfügung haben, ihre angestammten und «vor Ort» erfüllbaren Aufgaben selber wahrzunehmen, sofern dies angesichts strukturell veränderter Situationen und Anforderungen noch möglich und auch sinnvoll ist (z.B. Erziehung, Schule, medizinische Versorgung, Absicherung gegen grössere Risiken). Dabei soll die Solidarität nicht über den nötigen Rahmen hinausgehen. Die *ordnende* Funktion des Subsidiaritätsprinzips garantiert, dass die solidarische Hilfestellung auf der adäquaten Strukturebene realisiert wird;[331] das heisst, es muss festgelegt werden, welche Ebene (Bund, Kanton, Gemeinde) für welche Problemlösung zuständig ist, also etwa Bund und Kantone für die Gesetzgebung und die Gemeinden für die Ausführung der Sozialhilfe. Die ordnende Funktion zielt eher ab auf die optimale Organisation, beinhaltet jedoch die Gefahr, die schützende Funktion aus dem Blick zu verlieren.

Obwohl das Prinzip seinem wesentlichen Inhalt nach schon alt ist,[332] taucht es erstmals im Jahre 1931 im Rahmen der Katholischen Soziallehre[333] in der Sozialenzyklika «Quadragesimo Anno» unter dem Namen Subsidiaritäts-

329 Bohrmann (2003), 101.

330 Hagel (1999), 254.

331 Bohrmann (2004), 298.

332 Ansätze des Subsidiaritätsprinzip der Sache nach sind schon bei Plato (Politik II, 369 b) und Aristoteles (Politik I 2) zu finden. Auch Abraham Lincoln (1809–1865) hat diesen sozialpolitisch wichtigen Grundsatz verwendet. Vgl. dazu von Nell-Breuning (1990), 353.

333 von Nell-Breuning hält fest, dass es beim Subsidiaritätsprinzip nicht um ein katholisches Prinzip geht, das lediglich durch die Katholikinnen und Katholiken akzeptiert werden kann, denn «Prinzipen sind weder katholisch noch un- oder antikatholisch, sondern entweder richtig oder falsch». von Nell-Breuning (1990), 349; Heimbach-Steins (2004); Bohrmann (2004); Hagel (1999).

prinzip näher umschrieben auf.[334] Als ethisches «prima facie Prinzip»[335] erreicht es besonders in der zweiten Hälfte des 20. Jahrhunderts in der nationalen und internationalen Politik eine hohe Anerkennung und findet Anwendung bis hinein in internationale Verträge (z.B. EU).
Mit dem Subsidiaritätsprinzip ist eine Option oder eine Rechtsvermutung zugunsten der kleineren und zulasten der grösseren Einheit gemeint,[336] was politisch häufig unter dem Begriff Föderalismus aufscheint. Für die hier zu beurteilende staatliche Tätigkeit der Sozialhilfe findet sich besonders in der Enzyklika «Centesimus annus» (1991) eine wichtige Aussage. Sie warnt davor, die Kompetenzen innerhalb der Staatstätigkeit falsch auszulegen. «Auch auf diesem Gebiet [des Wohlfahrtsstaates, Verf.] muss das Subsidiaritätsprinzip gelten: Eine übergeordnete Gesellschaft darf nicht in das innere Leben einer untergeordneten Gesellschaft dadurch eingreifen, dass sie diese ihrer Kompetenzen beraubt. Sie soll sie im Notfall unterstützen und ihr dazu helfen, ihr eigenes Handeln mit dem der anderen gesellschaftlichen Kräfte im Hinblick auf das Gemeinwohl abzustimmen.»[337]

---

334 «Wie dasjenige, was der Einzelmensch aus eigener Initiative und mit seinen eigenen Kräften leisten kann, ihm nicht entzogen und der Gesellschaftstätigkeit zugewiesen werden darf, so verstösst es gegen die Gerechtigkeit, das, was die kleineren und untergeordneten Gemeinwesen leisten und zum guten Ende führen können, für die weitere übergeordnete Gemeinschaft in Anspruch zu nehmen; zugleich ist es überaus nachteilig und verwirrt die ganze Gesellschaftsordnung. Jedwede Gesellschaftstätigkeit ist ja ihrem Wesen und Begriff nach subsidiär; sie soll die Glieder des Sozialkörpers unterstützen, darf sie aber niemals zerschlagen oder aufsaugen.» Quadragesimo anno, 79, in: Bundesverband der Katholischen Arbeitnehmer-Bewegung in Deutschland (2004). «Angelegenheiten von untergeordneter Bedeutung, die nur zur Abhaltung von wichtigeren Aufgaben führen müssten, soll die Staatsgewalt also den kleineren Gemeinwesen überlassen. Sie selbst steht dadurch nur umso freier, stärker und schlagfertiger da für diejenigen Aufgaben, die in ihre ausschliessliche Zuständigkeit fallen, weil sie allein ihnen gewachsen ist: durch Leitung, Überwachung, Nachdruck und Zügelung, je nach Umständen und Erfordernis.» Quadragesimo anno, 80, in: Bundesverband der Katholischen Arbeitnehmer-Bewegung in Deutschland (2004). Dazu von Nell-Breuning (1984); Monzel (1980); Kerber (1991).

335 Die Theorie der prima facie Pflichten geht zurück auf Ross (1930): «Eine Regel gilt prima facie, wenn sie unter gewöhnlichen Umständen Anwendung findet, d.h. wenn sie zu einer tatsächlichen Pflicht führt, sofern keine anderen moralischen Gesichtspunkte im Spiel sind.» Vgl. auch Frankena (1994), 47; zum Subsidiaritätsprinzip in diesem Sinne vgl. Hagel (1999), 263.

336 Hagel (1999), 254.

337 Centesimus annus, 48, in: Bundesverband der Katholischen Arbeitnehmer-Bewegung in Deutschland (2004). Höffe definiert das Prinzip in Anlehnung an die kirchlichen Dokumente ähnlich: «Wenn eine höhere Einheit tätig werden will, so muss sie subsidiär wirken; und wenn eine höhere Einheit das Überleben oder das gute Leben der niedrigeren Einheit gefährdet, so muss sie ihre Tätigkeit einschränken – es sei denn, und hier tritt die Metaregel auf den Plan, damit werde einer noch niedrigeren Einheit gedient, insbesondere dem entscheidenden Mass aller Gemeinschaft und aller Gesellschaft: dem homo singularis, - jedem einzelnen Menschen.» Höffe (1998), 605.

Die Katholische Soziallehre versteht das Subsidiaritätsprinzip als Kompetenzanmassungsverbot[338], das alle Gesellschaftstätigkeit letztlich in den Dienst der Person stellt.[339] Das Wohl des Individuums darf aber nicht gegen das Wohl aller Personen (Gemeinwohl[340]) stehen; es ist immer eingebettet in eine gerechte und solidarische Verbindung der Personen. Der Mensch lebt als Sozialwesen in der Gemeinschaft; darauf baut jede Gesellschaft und jeder Staat auf. Der Staat selber hat jedoch nur subsidiäres Recht.[341]

Angezeigt ist ein differenziertes Verständnis von Subsidiarität, wie es in den vergangenen rund 100 Jahren entwickelt wurde: Das Subsidiaritätsprinzip soll die gesellschaftliche Tätigkeit so ordnen (ordnende Funktion), dass das Individuum nach eigenen Kräften selbdzständig im gesellschaftlichen Gefüge existieren kann. Private Initiative soll also durch den Staat oder die höhere Ebene möglichst stark gestützt werden, die Einzelperson darf dabei allerdings nicht überfordert oder gar übergangen werden. Sobald ein menschenwürdiges Leben nicht mehr gewährleistet ist, muss die nächsthöhere (staatliche) Instanz intervenieren (schützende Funktion). Im Zentrum dieser Intervention steht die Hilfe zur Selbsthilfe für Menschen, die zwar über Ressourcen verfügen, sich aber vorübergehend in einer Notlage befinden. Die Fähigkeiten und Begabungen der Bedürftigen sollen gefördert werden.[342] Der Staat und die Wirtschaft müssen Einsatz- und Verwirklichungsmöglichkeiten schaffen, die privates Engagement und persönliche Initiative zulassen.

Wegen der sich stark verändernden gesellschaftlichen Verhältnisse sind mehrere Reformen der staatlichen Tätigkeit im Gange. Auch die Sozialhilfe unterliegt in den Kantonen einem erhöhten Reformdruck. Aus diesem Grund ist es nötig, das *Subsidiaritätsprinzip in Bezug auf staatliche Reorganisationen zu betrachten.* Die Subsidiarität wird in der staatlichen Tätigkeit eher als starres Prinzip, nämlich ausschliesslich als Ordnungs- oder Organi-

338 In der Literatur wird der eher negativ klingende Begriff Kompetenzanmassungsverbot im Sinne von «etwas für sich als angemessen ansehen» verwendet.

339 Anzenbacher (1998), 213. Das Kompetenzanmassungsverbot wird auch in der Rechts- und Staatstheorie präzisiert.

340 Gemeinwohl bezeichnet – wie in Kapitel 5.2.2 Soziale Gerechtigkeit und Gemeinwohl schon angedeutet – nicht etwa die Summe des Wohls von Individuen; sondern vielmehr die von der Gesellschaft oder vom Staat einzurichtenden strukturellen Bedingungen (besonders Gesetze, Massnahmen, Organisationen und Institutionen), die garantieren sollen, dass es allen in einer Gesellschaft oder einem Staat (und darüber hinaus) in den Grenzen des jeweils Möglichen gut gehen kann. Anzenbacher (1998), 200; von Nell-Breuning (1985), 41; Gemeinwohl konkretisiert sich in der Gesellschaft in gemeinsamen Werten und Zielen: Veith (2004), 270.

341 Vgl. Schallenberg (2001), 93–94.

342 So auch bei Hagel (1999), 257.

sationsprinzip[343] verstanden, wobei die Tendenz besteht, Subsidiarität einseitig als «Organisationsform für den Verwaltungsaufbau»[344] zu sehen, die der niedrigeren Einheit den Vorrang gibt. Der Staat nimmt vor lauter Kompetenzregelung die erläuterte schützende Funktion nicht oder nicht ausreichend wahr. Die Gewichtung liegt auf dem Wohlergehen des Staates oder des Systems und der festgelegten Ordnung. Bei Reorganisationen und Aufgabenverteilungen im Staatswesen wird das Subsidiaritätsprinzip in seiner Bedeutung oftmals auf seine ordnende Funktion verkürzt und der Schutz der Sozialhilfebeziehenden vor kommunalen Eingriffen wird zu wenig beachtet. Das Individuum und damit auch das Gemeinwohl sind kaum mehr im Blickfeld. Vielmehr werden betriebswirtschaftliche und organisatorische Vereinfachungen ins Zentrum der Reformen gestellt. Die Aufgabenerfüllung wird je nach Finanzsystem definiert, zugeteilt und in der Gesetzgebung festgeschrieben.[345] Das Wohl der Einzelnen wird dabei in der Regel nicht durch systemimmanente Kontrollen gewährleistet.[346] Gesetztes Recht wird vom Staat nur über die Beschwerdemöglichkeit des Individuums auf seine Umsetzung hin geprüft und interpretiert.[347]

Die starke Betonung der Ordnung und der effizienten Organisation der Sozialhilfe sind meiner Meinung nach Resultate eines einseitigen Verständnisses von Subsidiarität, weil damit vor allem das Wohl der Mehrheit im Vordergrund steht und weniger das Gemeinwohl.

Das Subsidiaritätsprinzip kritisiert den Zentralismus im Staatswesen[348] und somit einen zu stark ausgebauten Staat. Fragestellungen, die auf Gemeindeebene gelöst werden können, sollen nicht den Kantonen oder dem Bund

---

343 Die Subsidiarität fand vor allem als Systemprinzip im Solidarismus Anwendung. Siehe Quadragesimo anno, in: Bundesverband der Katholischen Arbeitnehmer-Bewegung in Deutschland (2004). Hergeleitet ist dort die Subsidiarität von der Solidarität. Der Solidarismus bemüht sich um die Ausgewogenheit zwischen den Einzelnen (Individualismus) als Glieder des Ganzen und dem gesellschaftlichen Ganzen (Kollektivismus): Siehe von Nell-Breuning (1973); vgl. dazu auch Hagel (1999), 255–256.

344 Grossekettler (1984), 39.

345 So sind etwa die aktuellen Reformprojekte im schweizerischen Staatswesen hauptsächlich auf eine Finanzausgleichsreform mit den daraus abgeleiteten Struktur- und Aufgabenreformen ausgerichtet. Nach allen Bereinigungen durch die Politik werden nur noch die Projekte des sozialen Finanzausgleichs umgesetzt. Vgl. dazu Schweizerische Gesellschaft für Parlamentsfragen, http://www.parlement.ch/sgp-ssp/bulletin/2003_11/index.htm, (Stand Dezember 2003).

346 Das Wohlergehen der Einzelnen könnte mit regelmässig durchgeführten Befragungen erhoben werden oder die Umsetzung von Gesetzen und die beabsichtigten Ziele könnten über Gesetzesevaluationen ermittelt werden. Wirksamkeitsanalysen und Qualitätsmanagement sind zeitgemässe Formen zur Überprüfung staatlicher Tätigkeit.

347 Vgl. dazu Bussmann (1997) zum Thema der Politikevaluation.

348 Zum Zentralismus im Staatswesen werden vor allem in der EU Diskussionen geführt: Die EU-Normen gelten als zu streng, nicht einhaltbar, unnötig und marktbehindernd. Vor-Ort-Entscheidungen haben den Vorrang. Vgl. Wilhelms (2001), 125.

übertragen werden und die dazu notwendige Solidarität ist nicht auf diesen Ebenen anzusiedeln. Das Prinzip verlangt in dieser Tradition im Grundsatz, dass der Bund nur bei den übergeordneten Aufgaben für die Rechtssetzung und Finanzierung zuständig ist und dass die Kantone eigenständiger Recht setzen und entscheiden können. Die Kantone sollen möglichst wenig regeln, sodass die Gemeinden in ihren Entscheidungen frei sind. Die lokalen Politikerinnen und Politiker erhalten dadurch mehr Einfluss.[349] Ich bin der Ansicht, dass diese Grundausrichtung nur dann zu befürworten ist, wenn den kleineren sozialen Einheiten eine hohe Autonomie für jene Aufgaben zugesichert wird, die sie tatsächlich erfüllen können, und wenn dem Individuum und dem Gemeinwohl durch die Wahrnehmung der Sozialhilfe durch die lokale Politik beziehungsweise die Gemeinden kein Schaden zugefügt wird. Werden diese wesentlichen Voraussetzungen vernachlässigt, lässt dies auf eine einseitige Anwendung des Subsidiaritätsprinzips schliessen. Zudem besteht die Gefahr, dass die Bedürfnisse bestimmter Gruppen in der Gemeinde zu wenig einbezogen werden. Das Subsidiaritätsprinzip verlangt in seiner – nicht absoluten – Option für die kleinere, untere Ebene gelegentlich auch, dass eine höhere Ebene die untere nicht mit Hilfe zur Selbsthilfe unterstützen muss, sondern dass sie eine Aufgabe, die früher unten angesiedelt war, selber wahrnehmen muss. Zu bedenken ist zudem, dass die Betonung des Föderalismus oder die Unterstützung der untersten Ebene einseitig sein kann. Es ist nicht gerechtfertigt, anzunehmen, dass die niedrigere Einheit die besten Resultate erzielt. Das Subsidiaritätsprinzip stellt sich gegen die Einseitigkeit des Zentralistischen wie des Föderalistischen und gegen die Überbetonung (Verabsolutierung) des Oben oder des Unten.
Zur kritischen Überprüfung der Organisation und der Umsetzung der Sozialhilfe aus der Perspektive des Subsidiaritätsprinzips können drei Kriterien (Fragestellungen) beigezogen werden: Erfordert das Wohl des Individuums und letztlich damit auch das Wohl der Gemeinschaft eine Intervention auf höherer Ebene *(Erfordernis-Klausel)*? Kann mit der Intervention eine Verbesserung der Situation herbeigeführt werden *(Besser-Klausel)*? Sind die Massnahmen und der Aufwand verhältnismässig (Gebot der *Verhältnismässigkeit*)?[350] Die Antworten auf diese Fragen zeigen den Entwicklungsbedarf der Sozialhilfe auf und geben die Ausrichtung der Reformen vor.
Die ordnende Funktion des Subsidiaritätsprinzips orientiert sich am Kriterium der Nähe zu den bedürftigen Menschen. Diese Nähe stellt für das soziale

349 Gemeindepolitikerinnen und -politiker übernehmen aber kaum Verantwortung für die Probleme von grösseren Regionen oder Staaten. Strukturelle (Langzeit-)arbeitslosigkeit wird in den einzelnen Gemeinden weniger stark wahrgenommen, gesamtschweizerisch hingegen stellt sie ein Problem dar.

350 Höffe (2002б), 255.

Umfeld (Familie, Gemeinde) eine grössere Motivation zur Hilfeleistung dar und garantiert zugleich ein höheres Informationsniveau.[351] Die Gewichtung des Wohls des Einzelnen bei der Umsetzung des Subsidiaritätsprinzips in der Sozialhilfe entspringt aber nicht einer uneingeschränkten Option für die Einzelperson, weil davon auszugehen ist, dass die «Verwirklichung personaler Subjektstellung» in einem guten Leben nicht nur von sozialen Bedingungen abhängt. Gutes Leben kann durch schuldhaftes Versagen des Individuums misslingen.[352] Dies entbindet die Gesellschaft jedoch nicht von der Pflicht zur Hilfestellung.[353] Die Abgrenzung zwischen strukturell bedingten und nicht strukturell bedingten Armutsrisiken ist schwierig und wird beeinflusst von eher diffusen moralischen Bewertungen in der Politik.[354]

Ich komme zum Schluss, dass das Subsidiaritätsprinzip in der Sozialhilfe einerseits eine hohe Freiheit[355] sowie einen Informations- und Motivationsvorteil für die Gemeinden darstellt, dass andererseits aber die Gefahr der Relativierung[356], Abschiebung[357] und Verdrängung von Problemlagen besteht. Diese Gefahr ist vor allem deshalb vorhanden, weil die Sozialhilfe «wohl häufiger als andere Sozialleistungssysteme *auch* mit Menschen zu tun hat, die durch dissoziale Verhaltenszüge, mangelhafte Leistungsbereitschaft und mitunter eine schwer nachvollziehbare Widerspenstigkeit gegen jegliche Pflichtauferlegung auffallen.»[358] Dies zu übersehen, würde bedeuten, die Hilfsbedürftigen als verantwortungsfähige Menschen nicht ernst zu nehmen und die Schwierigkeiten zu verneinen, welche die in der Sozialhilfe Tätigen zu bewältigen haben. Ausserdem können einseitige Informationen über Sozialhilfebezügerinnen und -bezüger sowie eine willkürliche Motivation der

351 Hagel (1999), 262.

352 Schuldhaft meint in diesem Zusammenhang das Vorliegen eines Selbstverschuldens (nicht nur im christlichen, sondern auch im rechtlichen Sinne), das zu einer Notlage führt.

353 Anzenbacher (1998), 217.

354 Vgl. dazu Carigiet (2001), 143. Die Definition der strukturell bedingten Problemlagen in der Schweiz dürfte schwierig sein. Langzeitarbeitslosigkeit gilt beispielsweise nicht als strukturell bedingtes Armutsrisiko. Nach Ablauf der gesetzlich vorgesehenen Frist der Arbeitslosenversicherung wird die Arbeitslosigkeit zum individuellen Problem. Langzeitarbeitslose fallen daher in die Zuständigkeit der Sozialhilfe.

355 Entscheidungskompetenzen sollen wegen des Eigenwertes individueller Entscheidungsfreiheit und wegen der damit verbundenen Informations- und Motivationsvorteilen nur dann einem «höheren» Gremium zugewiesen werden, wenn gute Gründe vorliegen. Grossekettler (1991), 112–113; Hagel (1999), 287.

356 Vgl. Kindsmisshandlungen in der Schweiz: Eidgenössisches Departement des Innern (1992). Kindsmisshandlungen, die grundsätzlich unter die Aufsicht der gemeindlichen Vormundschaftsbehörden fallen, wurden über Jahrzehnte hinweg wenig beachtet oder gar verschwiegen.

357 Vgl. dazu Bundesgesetz über die Zuständigkeit für die Unterstützung Bedürftiger (ZUG) vom 24. Juni 1977 (Stand 28. September 1999). In Artikel 10 wird ein Verbot der Abschiebung festgehalten, was auf eine Abschiebepraxis schliessen lässt.

358 Amstutz (2005), 32.

im Sozialbereich Handelnden (Behörden, Sozialarbeitende) die gewünschte subsidiäre Hilfe ins Gegenteil verkehren (Repression und Entpflichtung). Mit dem Argument der subsidiären Zuständigkeit können sowohl paternalistische Interventionen vermieden als auch paternalistische Nichtinterventionen gestützt werden. Eine verkürzte Auslegung des Subsidiaritätsprinzips (nur als einseitiges Ordnungsprinzip von oben nach unten zugunsten der Mehrheit und der Institution) verhindert, dass sich die Sozialhilfe gesamtschweizerisch weiterentwickeln und auf die aktuellen Probleme reagieren kann.

5.2.5 Umsetzbarkeit

In den vorgängigen Kapiteln wurden die ethischen Prinzipien Personalität, Gerechtigkeit, Solidarität und Subsidiarität dargelegt, die für die Bewertung der Sozialhilfe herangezogen werden. Bei einer ethischen Beurteilung der staatlichen Tätigkeit im Allgemeinen und der Sozialhilfe im Besonderen kann es vorkommen, dass Forderungen erhoben werden, die so abstrakt ideal und hehr sind, dass sie in der konkreten sozialen und politischen Situation kaum zu realisieren sind. Ethik hat darum nicht nur zu verlangen, was idealerweise zu tun oder zu lassen wäre, sie hat auch zu bedenken, was hier und jetzt angesichts der schon gegebenen Möglichkeiten umgesetzt werden kann und was strukturell in die Wege geleitet werden sollte, damit künftig im Rahmen des Machbaren «grössere Gerechtigkeit» realisiert werden kann. Zu beachten sind die verschiedenen politischen und gesellschaftlichen Rahmenbedingungen und Sachlagen wie etwa die Ressourcen des Staates, die Ressourcen der Bevölkerung, die wirtschaftliche Leistungskraft, die Arbeitslosigkeit, die bestehenden Leistungen der sozialen Sicherheit und die menschlichen und materiellen Ressourcen von Bedürftigen. Die erforderlichen sozialstaatlichen Massnahmen können nur verwirklicht werden, wenn ausreichende Ressourcen in finanzieller und personeller Hinsicht vorhanden sind. Die Klärung der Auswirkungen sowie die Überlegungen zur Umsetzbarkeit von neuen Massnahmen sind wesentliche Grundlagen für eine ethische Würdigung und Beurteilung der Sozialhilfe.

Bei der Sozialhilfe müssen der Staatsaufbau, die Kompetenzteilung, das Zusammenspiel von Bund, Kantonen und Gemeinden wie auch der politische Stil von Parteien, Lobbys, Verbänden, Interessengruppen und anderen berücksichtigt werden. Die Eigengesetzlichkeit der schweizerischen Konkordanzdemokratie ist zu respektieren.[359] Die Politik funktioniert in kleinen

359 Eigengesetzlichkeit ist hier relativ aufzufassen und meint die Funktionsweise des politischen Systems. Keinesfalls wird darunter eine verabsolutierte Eigengesetzlichkeit, ein Determinismus verstanden, der keinerlei Raum für ethische Erwägungen, für Kritik der Sozialethik oder für Veränderungen zulässt. Vgl. dazu Honecker (1999), 776.

Schritten, da für Veränderungen ein Konsens der Mehrheit erzielt sowie der Minderheitenschutz gewährleistet werden muss. Der Föderalismus und die Machtverteilung in der Konkordanz verlangen nach Kompromissfindungsprozessen, die nur langsame Systemanpassungen zulassen. Die schweizerische Demokratie ist nach dem System der Milizbehörden organisiert. Der Vorteil dieser politischen Kultur der Selbstverwaltung liegt darin, dass viele Personen aktiv an der Gestaltung der Demokratie partizipieren können. Als Nachteil erweist sich, dass durch das Milizsystem die einzelnen Bevölkerungsgruppen unterschiedlich gut vertreten sind: «Die grosse Offenheit des Milizsystems für die Rekrutierung politischer Eliten durch demokratische Wahl oder Ernennung führt nicht zu einer entsprechenden sozialen Offenheit.»[360] So haben armutsbetroffene Schichten und Minderheiten kaum Einsitz in den Behörden. Die Gewichtung von sozialen Fragen in der Politik fällt damit nicht unbedingt zugunsten der Betroffenen aus.
Diese politischen Realitäten zeigen deutlich auf, dass der Umsetzbarkeit von gesamtschweizerischen Anpassungen in der Sozialhilfe Grenzen gesetzt sind. Daher befürworte ich, dass die Politik bei der Ausrichtung der Sozialhilfe auf das Wissen der sozialwissenschaftlichen Fachbereiche zurückgreifen und sich lediglich in den wichtigen sozialpolitischen Fragen engagieren soll.
Wenn das Prinzip der Umsetzbarkeit bei einem Beurteilungsprozess zu früh – quasi als Schere im Kopf – angewendet wird, kann dies die Leistungen von visionären Vordenkerinnen und Vordenkern schmälern. Für die Weiterentwicklung von Systemen ist es nämlich unabdingbar, dass Neues gedacht und entworfen wird. Die Umsetzbarkeit ist daher nicht als absolutes ethisches Prinzip zu sehen, vielmehr handelt es sich um ein Prinzip, das in der ethischen Beurteilung von komplexen Sachverhalten einen zusätzlichen Beurteilungsraster bietet und hilfreiche Hinweise zur Realisierung von neuen Konzepten liefert.

5.3 Fachliche Kriterien – Fachgerechtigkeit[361]

5.3.1 Was ist fach- oder sachgerecht?

Die Funktionalität einer sozialen Hilfestellung misst sich an ihrer Wirkung (Effektivität), am notwendigen Aufwand (Effizienz) sowie an den Auswirkungen auf andere Bereiche der Gesellschaft. Innerhalb der Sozialordnung muss deshalb überprüft werden, ob die Hilfe in Notlagen dem Individuum

360 Linder (1999), 75.
361 Der Begriff Fachgerechtigkeit wird synonym mit Sachgerechtigkeit verwendet.

und der Gemeinschaft nützt. Politische und fachliche Entscheidungen müssen unter dem Gesichtspunkt der Menschen- und Sachgerechtigkeit gerechtfertigt werden. Während für die Beurteilung der Menschengerechtigkeit der Sozialhilfe primär die Ethik zuständig ist, sind für die Sachgerechtigkeit hauptsächlich die Sozialwissenschaften kompetent, wobei die Ethik eine umfassende Würdigung zu leisten hat. Die Bereichsethik muss sich einmischen in die konkrete Umsetzung, denn diese liegt nicht nur in der Verantwortung der Fachgebiete.

Es besteht ein eindeutiger Konnex zwischen Sozialethik als angewandte Ethik und den empirischen Sozialwissenschaften, die fachliche Erkenntnisse und Einsichten liefern für eine sachbezogene, sozialethische Reflexion. Es ist jedoch festzuhalten, dass «die Sachgemässheit nie ihr [der Sozialethik, Verf.] leitendes oder gar einziges Prinzip sein kann.»[362] Im Bereich des Sozialen sind verschiedene Einzeldisziplinen tätig, so etwa die Soziologie, die Politologie, die Wirtschafts-[363] und Rechtswissenschaft, die Psychologie und die Soziale Arbeit.[364] Die Sozialwissenschaften entwickeln bei der Problemanalyse und im Blick auf propagierte Problemlösungen sehr unterschiedliche und zum Teil widersprüchliche Theorien und Lösungsansätze. Deshalb kommt man aus sozialethischer Sicht nicht umhin, die, durch die einzelnen Wissenschaften, meist nicht deklarierten weltanschaulichen Prämissen sowie die darauf gründenden ethischen und gesellschaftspolitischen Zielsetzungen und Interessen kritisch zu eruieren, um deren richtigen Einsichten und berechtigten Anliegen in eine möglichst umfassende, sowohl menschen- wie sachgerechte Konzeption einer Sozialordnung (inklusive Sozialhilfe) einbeziehen zu können.[365] Ebenso muss darauf geachtet werden, dass nicht ein einzelner Bereich oder eine Bereichswissenschaft alle andern dominiert. Es ist zum Beispiel Skepsis angebracht gegenüber einer Sozialpolitik, deren wichtigstes Anliegen die Wirtschaftskonformität ist. Wird nämlich eine wirtschaftskonforme Sozialpolitik empfohlen, bedeutet dies den Primat der wirtschaftspolitischen Grundziele. Eine solche Politik beabsichtigt, die wirtschaftliche Funktions- und Leistungsfähigkeit nicht zu beeinträchtigen. Damit würde die Sozialpolitik zu einer «Teilordnung der Wirtschaftsordnung»[366]. Die Wirtschaft, insbesondere die Marktwirtschaft berücksichtigt bei

362 Rich (1984), 73.

363 Auch die Wirtschaftswissenschaft wird hier als eine Sozialwissenschaft verstanden.

364 1992 lancierte die UNO eine Initiative mit dem Ziel, die Soziale Arbeit als Menschenrechtsprofession zu definieren und entsprechend zu konzipieren. In Deutschland hat die Konferenz der Kultusminister der Länder im Jahr 2001 die Soziale Arbeit als eigenständige Fach- und Handlungswissenschaft erklärt. Vgl. Staub-Bernasconi (2003), 279.

365 Vgl. auch Rich (1984), 102; Katterle (1972), 11–46: Er zeigt auf, dass die Sozialwissenschaften Wertnormen anwenden, diese aber nicht reflektieren.

366 Lampert (2001), 458.

der Einkommensverteilung nur die wirtschaftlich Leistungsfähigen. Kinder, alte Menschen, Invalide und Kranke haben keinen Zugang zu Einkommen, weil sie nichts zum Wertschöpfungsprozess beisteuern. Andererseits muss sich sozialethisches und politisches Mühen um eine gerechte Sozialordnung ebenfalls mit der Grundlage der Wirtschaftsordnung auseinandersetzen und sich quantitative und qualitative Fragen zu den Grenzen der Sozialpolitik stellen. Die gesellschaftliche Entwicklung, die inhaltliche Ausgestaltung von sozialstaatlichen Leistungen wie auch die finanziellen und personellen Ressourcen sind zu beachten. Zudem ist die innere Verwiesenheit der sozialen Marktwirtschaft auf die Sozialpolitik zu würdigen. Einseitige Gesellschaftsordnungen, die entweder den Markt oder das Soziale zur Grundlage aller Ordnung erklären, sind abzulehnen. Vielmehr sind Sozialordnung und Wirtschaftsordnung so auszubalancieren, dass Erstere wirtschaftsverträglich und Letztere sozialverträglich ist. Was das konkret heisst, muss unter den gegebenen Umständen immer wieder neu diskutiert und politisch entschieden werden.

5.3.2 Fachliche Kriterien

Damit die Sozialämter und Sozialdienste die Fachgerechtigkeit der Sozialhilfe sicherstellen können, sind bestimmte fachliche Kriterien zu erfüllen: «Sachgerecht ist, was wirksam ist, was technisch geht, was machbar ist.»[367] Die Fachgerechtigkeit befasst sich damit, wie das Geforderte in der Sozialhilfe in fachlicher Hinsicht angewendet werden soll. Fachliche Kriterien sind konkretisierte Zielsetzungen und Richtlinien zur sachgerechten und effizienten Ausführung der Sozialhilfe. Diese Kriterien sind mehr als technische Anweisungen, sie basieren auf ethischen Prinzipien und zeigen Wege auf, wie die ethisch verbindlichen Ziele der Sozialhilfe in der Praxis für die betroffenen Hilfsbedürftigen unter Einbezug von vor- und nachbereitenden Massnahmen am ehesten erreicht werden können und sollen.

Im Folgenden werden vier fachliche Kriterien idealtypisch dargelegt. Die ausgewählten Kriterien sind aus meiner Sicht die wichtigsten für die aktuelle und zukünftige Sozialhilfe.[368] Es sind dies die Desiderate der *Existenzsicherung* (persönliche Sozialhilfe, wirtschaftliche Sozialhilfe und Integration), denn sie beschreiben, wie und mit welchen Mitteln die Hilfestellung zu erfolgen hat und wie diese ausgestaltet sein soll. Das zweite Kriterium umfasst die Desiderate einer *schweizerisch einheitlichen Situationsanalyse und Daten-*

---

367 Honecker (1999), 776.

368 Carigiet (2001), 39–44; Wolffers (1993), 73–75; Balthasar (2003); Bussmann (1997); Bundesverfassung: Art. 170 Überprüfung der Wirksamkeit: Die Bundesversammlung sorgt dafür, dass die Massnahmen des Bundes auf ihre Wirksamkeit überprüft werden.

erhebung, die wesentlich sind für die Begründung und die politische Akzeptanz der Hilfestellung. Im Weiteren wird die *Bedarfsdeckung* erläutert, die wegen der Anreizdiskussionen in der Sozialhilfe vermehrt unter Druck gerät.[369] Das vierte Kriterium beinhaltet die *Evaluation des staatlichen Handelns* in der Sozialhilfe, gemeint ist damit die staatliche Kontrolle und die Weiterentwicklung der Sozialhilfe.

5.3.2.1 Existenzsicherung für eine selbstständige Lebensführung

Die Existenzsicherung gemäss Artikel 12 der Bundesverfassung und den kantonalen Sozialhilfegesetzen bezweckt eine selbstständige und eine auf Integration ausgerichtete Lebensführung. Die Sozialhilfe soll ausreichend Hilfe bieten, damit Menschen integriert werden können oder integriert weiterleben können.[370] Die Sozialhilfe muss die Existenzsicherung für bedürftige Personen leisten, die nicht anderweitig ihren Lebensunterhalt bestreiten können und keine vorgelagerten Leistungen erhalten. Unterstützt werden auch Personen(-gruppen), die aufgrund von Teilzeiterwerb oder wegen eines niedrigen Lohnes ein ungenügendes Einkommen erzielen. Die Sozialhilfe ist dem Grundsatz nach eine Überbrückungshilfe, die auf eine rasche und dauerhafte Selbstständigkeit setzt.[371] Dabei ist von den Betroffenen Mitwirkung zu fordern, welche aber individuell festzulegen ist.
Die kantonalen Sozialhilfegesetze erlauben keine exakte Aussage über die Ausgestaltung der Sozialhilfe. Als Massnahmen zur Zielerreichung sind drei wichtige Säulen erwähnt: die persönliche Sozialhilfe, die wirtschaftliche Sozialhilfe und die Integrationshilfe.

5.3.2.1.1 Persönliche Sozialhilfe

Wer Hilfe und Betreuung benötigt, hat Anspruch auf eine kompetente Ansprechperson. Für Menschen, die sich in einem Zustand der Hoffnungslosigkeit befinden, ist entscheidend, dass man sie seitens der Behörden als Menschen in Not anerkennt und ihnen mit «Anhörungsbereitschaft» begegnet.[372]

---

369 Diskutiert wird, ob die Leistungen der Sozialhilfe einen Anreiz beinhalten für ein erwünschtes Verhalten wie intensivere Stellensuche.

370 Eine Überbrückungshilfe im Scheidungsfall oder eine länger dauernde Überbrückung für Alleinerziehende beispielsweise zielt auf den Erhalt der Integration ab.

371 Bei Langzeitarbeitslosen sind Karussell-Effekte auszumachen: Arbeitslose finden eine Stelle, verlieren diese aber nach kurzer Zeit wieder. Vgl. dazu OECD (2002), 191. Drilling beleuchtet den Moral-Hazard-Effekt, wonach eine lange Bezugsdauer von Arbeitslosen-Taggeldern den Arbeitslosen den Druck wegnimmt, eine weniger attraktive Stelle anzunehmen. Drilling (2004b), 4.

372 Amstutz (2002), 259.

Das «Leistungsspektrum»[373] an persönlicher Sozialhilfe umfasst mehrheitlich Angebote wie Budgetberatung, Schuldensanierung oder Vermittlung von Arbeit, Wohnraum[374], Heimplätzen und psychologischer Beratung. Kann eine Institution die notwendige Hilfe nicht erbringen, ist eine Weitervermittlung angezeigt.[375]
Die persönliche Sozialhilfe soll ein sozialer Fachbeistand sein, der die soziale Integration von Menschen in besonderen Lebenslagen zum Ziel hat.[376] Sie bietet Hilfe zur Lebens- und Alltagsgestaltung und Hilfe zur Selbsthilfe. Personen, die im Besitze ihrer Urteilsfähigkeit sind und sich in freier Entscheidung einer konkreten Hilfe oder Beratung entgegenstellen, dürfen nicht zur persönlichen Beratung gezwungen werden.[377] Die persönliche Sozialhilfe soll auch nicht als erzieherische Massnahme oder Strafe fungieren.[378] In gewissen Fällen verlangen der Schutz der zu unterstützenden Person und der Schutz der Öffentlichkeit ein Eingreifen der Behörden im Rahmen der Fürsorgerischen Freiheitsentziehung (FFE).[379] Bei einigen Problemlagen können Massnahmen angezeigt sein, die einen Zwang beinhalten (z.B. Suchtberatung).
Case Management als Form der persönlichen Sozialhilfe berücksichtigt die Notwendigkeit der Zusammenarbeit unter den Sicherungsinstrumenten. Case Management ist zu fördern, da es den komplexen Problemsituationen Rechnung trägt und verschiedene Optionen der Hilfe eröffnet. Mit dem Case Management kann das Netzwerk von privaten und staatlichen Hilfsdiensten aktiviert werden:[380] «Auf Strukturebene trägt es zur Integration und zur effizienteren Inanspruchnahme des Versorgungsnetzes bei.»[381]

---

373 Wolffers (1993), 122–123.

374 Ein Beispiel ist zu finden im Sozialhilfegesetz vom 27. September 1998 des Kantons St. Gallen in den Artikeln 7 und 8: Betreuende Sozialhilfe gilt als konkretere Form der persönlichen Sozialhilfe; sie beinhaltet Hilfe zur sozialen Integration (Wohnraum). In der Schweiz kommt die betreuende Sozialhilfe im Rahmen der Wohnhilfe vor allem bei Menschen mit eingeschränkter Wohnkompetenz zum Tragen.

375 Staatliche Institutionen müssen nicht alle beraterischen Leistungen selber anbieten.

376 Coullery (1993), 64–65. Er sieht darin eine Ausweitung des Zwecks der Sozialhilfe auf die Hilfe für Menschen in besonderen Lebens- oder Notlagen wie Jugendliche, Suchtmittelkonsumierende oder Betagte. Aus heutiger Sicht sind gerade diese Personen nicht mehr Zielgruppe der persönlichen Sozialhilfe auf den Gemeindesozialämtern. Sie werden weiterverwiesen an spezialisierte Institutionen wie Jugendberatungsstellen, Drogenberatungsstellen oder Pro Senectute.

377 Amstutz (2002), 265.

378 Coullery (1993), 63.

379 Scherwey (2004), 142–147.

380 Maegli, (2003), 49.

381 Gobet (2003), 67.

5.3.2.1.2 Wirtschaftliche Sozialhilfe

Die wirtschaftliche Sozialhilfe ist eine bedarfsabhängige Unterstützung. Der Bedarfsdeckungsgrundsatz hält fest, dass Sozialhilfe gewährt wird, unabhängig von den Ursachen der Notlage und ungeachtet der Vor- oder Gegenleistungen: «Wer etwas braucht, bekommt das, was er braucht.»[382]
Eine einheitliche und nachvollziehbare Sozialhilfepraxis und die Gleichbehandlung gleich gelagerter Sachverhalte erfordern objektive Kriterien für die Bemessung der Leistungen. Regionale Diskussionen um die Höhe des Bedarfs sind wenig fruchtbar; zu bedenken ist vielmehr, was die Bedarfsdeckung leisten soll.[383] Ist sie eine kurzfristige Überbrückungshilfe oder eine länger dauernde finanzielle Hilfe im Sinne einer «Rente auf Zeit»? Die Bedarfsdeckung muss bei arbeitsfähigen Menschen im Zusammenhang mit einem Anreizsystem sowie im Blick auf die Integration und die Problemsituation erörtert werden. Die Festlegung des Bedarfs aus rein finanzpolitischen Überlegungen genügt einer nachhaltigen Sozialpolitik nicht.[384] Eine zu knapp bemessene Unterstützung kann nämlich Nebeneffekte auslösen: So werden etwa Einkünfte verschwiegen (Förderung von Devianz) oder die Dauer des Sozialhilfebezugs verlängert sich, da die Kooperationsbereitschaft der Klientinnen und Klienten beeinträchtigt ist.[385] Trotz Anreizsystemen darf nicht vergessen gehen, dass die Sozialhilfe auch den Aspekt der Fürsorge zu berücksichtigen hat.[386] Die Unterstützung soll nicht nur an die Mitwirkung der Betroffenen geknüpft sein, sondern sie ist primär im Sinne der Fürsorge auf Grund des Menschseins zu realisieren. Der Respekt vor nicht «leistungsfähigen» und unkooperativen Menschen darf nicht verloren gehen.

---

382 Schäfer (1966), 159.

383 Ausführlicher in Kapitel 5.3.2.3 Sozialhilfe als Transferleistung gemäss Bedarfsdeckung.

384 Die jüngsten Debatten in der Sozialhilfe unterstreichen den unmittelbaren Zusammenhang zwischen der Höhe der Bedarfsbemessung und der staatlichen Finanzkraft. Die Leistungen für die Integration der bedürftigen Personen hängen von der Finanzlage der Gemeinde ab und sind eine politisch ausgehandelte Grösse. Diskutiert wird nicht, ob eine nachhaltige staatliche Finanzierung der Sozialhilfe in der Schweiz gerechtfertigt werden kann, sondern im Zentrum der Auseinandersetzung stehen die Budgetpositionen der Sozialhilfe einzelner Gemeinden und Kantone, die je nach Sozialhilfequote den Bedarf der Unterstützungsberechtigten unterschiedlich definieren. Auch die SKOS-Richtlinien 2005 lassen regionale Unterschiede zu, um eine grössere Akzeptanz bei den Gemeinden und Kantonen zu erreichen.

385 Maeder (2004), 172–173.

386 Fürsorge wird hier verstanden als minimale Hilfe zur Sicherung der Existenz ohne Blick auf die Ursache und ohne Vor- oder Gegenleistungen.

5.3.2.1.3 Integrationshilfe

Die gesellschaftliche, soziale und berufliche Integration[387] vervollständigt die Sozialhilfe als umfassende Existenzsicherung.[388] Für die Stärkung und Förderung des Individuums sollen Angebote im ambulanten Bereich gemacht werden wie Tagesstrukturen[389] oder die Vermittlung von Tätigkeiten, mit denen die Einzelnen ein Einkommen erzielen und an der Gesellschaft teilhaben können. Die Inanspruchnahme von beruflichen Qualifizierungsmassnahmen, Integrationshilfen in den Arbeitsmarkt oder Beschäftigungsprogrammen sowie Familienarbeit, Freiwilligenarbeit und Therapien gelten als integrative Tätigkeiten und werden im Rahmen der Sozialhilfe positiv bewertet. Die Integrationshilfe muss sich mit den gesellschaftlich anerkannten, förderungs- und unterstützungswürdigen Lebensformen[390] auseinandersetzen, was in einer pluralistisch ausgeprägten Gesellschaft ein anspruchsvolles Unterfangen ist.

Die gesellschaftliche, soziale und berufliche Integration wird als strittiges Ziel der Sozialhilfe beurteilt. Besonders die soziale Integration wird teilweise als Eingriff in die persönliche Lebensgestaltung gesehen.[391] Diesen generellen Einwand gegen die Integrationsarbeit kann man so nicht stehen lassen, denn Integrationsmassnahmen, die auf die Behebung und Verhinderung einer Notlage ausgerichtet sind, erfordern es, dass die Lebensumstände und das Umfeld der Bedürftigen betrachtet oder sogar verändert werden. Dieser Integrationsprozess ist daher individuell, mit Sorgfalt und Zurückhaltung zu gestalten. Damit die soziale Integration gelingen kann, ist es unabdingbar, dass die Betroffenen in die jeweiligen Schritte einwilligen (können). Die Integrationshilfe kann auch eine respektvolle «Feedback-Kultur» sein, die den Individuen als soziales Korrektiv dient.[392]

---

387 Vgl. Strohmeier (2005).

388 So hält § 2 des Sozialhilfegesetzes vom 29. Juni 2000 des Kantons Basel Stadt fest, Bedürftige zu beraten und materielle Sicherheit zu gewähren, Selbstständigkeit zu fördern und Selbsthilfe zu ermöglichen im Hinblick auf die soziale und berufliche Integration. Allen Hilfestellungen voraus geht die Beratung. Ebenso erwähnt der Kanton Basel Landschaft in § 16 des Gesetzes über die Sozial-, die Jugend- und die Behindertenhilfe vom 21. Juni 2001, dass unterstützungsberechtigten Personen Möglichkeiten zur beruflichen und sozialen Eingliederung angeboten werden. Im Kanton Bern ist im Gesetz über die öffentliche Sozialhilfe vom 11. Juni 2001 in Artikel 35 die Hilfe bei Integrationsmassnahmen geregelt.

389 Gemeint sind Massnahmen für die berufliche Integration wie Weiterbildungs- und Umschulungsprogramme mit dem Ziel, die Chancen der Betroffenen auf dem Arbeitsmarkt zu erhöhen.

390 Soll beispielsweise die Familien- und Erziehungsarbeit von Alleinerziehenden besonders unterstützt werden oder soll eher die berufliche Integration im Vordergrund stehen?

391 So etwa bei Maeder (2004), 166.

392 Von ausgebildeten Sozialarbeitenden, die sich seriöses Wissen, vor allem Theorien über das Individuum und seine Beziehung zum gesellschaftlichen Umfeld angeeignet haben, müsste diese Leistung zu erbringen sein.

Erfahrungen bei der Arbeitslosenversicherung zeigen, dass eine schnelle berufliche Integration die Integrationschancen erhöht. Die Integrationshilfe ist eine systematische Hinführung zur sozialen und materiellen Selbstständigkeit. Mit der Beratung bei der Arbeitssuche sowie mit Qualifizierungsangeboten werden die Stellensuchenden auf den Wiedereintritt in den Arbeitsmarkt vorbereitet. Die Stärkung der Eigeninitiative ist bei Arbeitslosen von grosser Bedeutung. Es hat sich erwiesen, dass die Betroffenen die ersten Monate ihrer Arbeitslosigkeit noch «relativ leicht» verkraften, dass sie aber nach mehreren Monaten oftmals unter Selbstzweifeln leiden. Langzeitarbeitslose und Langzeitunterstützte finden nur schwer eine neue Anstellung.[393] Zum Teil ist ein Gewöhnungseffekt (Moral-Hazard-Effekt) an die Leistungen der Versicherungen oder des Staates zu erkennen (meistens keine aktive Gewöhnung).[394] Trotz dieser Entwicklung wird in den Theorien der Sozialen Arbeit betont, dass den Klientinnen und Klienten in bestimmten Lebenssituationen Schonraum und Zeit einzuräumen ist. Soll Sozialhilfe nachhaltig sein, muss individuell geklärt werden, ob Schonraum oder Druck angebracht ist. Unter Umständen kann weder die Forderung der Politik nach Eigeninitiative der Unterstützten noch der Wunsch der arbeitslosen Menschen nach sofortiger Hilfe erfüllt werden.[395]

Für eine grössere Anzahl der arbeitssuchenden Sozialhilfebezügerinnen und -bezüger muss eine Stellen- und Arbeitsvermittlung angeboten werden. Zu fördern sind etwa befristete Arbeitseinsätze in Betrieben und Verwaltungen,[396] und die Zusammenarbeit zwischen Staat und Wirtschaft ist zu inten-

---

393 Aeppli (2000).

394 Bei diesen Personengruppen kann ein Stigma-Effekt auftreten. Einerseits wird von einem internen Stigma-Effekt gesprochen. Gemeint ist damit die Verschärfung von bereits bestehenden psychosozialen Problemen während eines länger dauernden Leistungsbezuges. Die Betroffenen haben Ohnmachts- und Abhängigkeitsgefühle und erleben sich als Opfer. Thuy (1999), 241–242; Strang (1985), 204. Andererseits kann sich ein externer Stigma-Effekt einstellen, wenn das Umfeld um den Sozialhilfebezug weiss und die Wertschätzung gegenüber den Unterstützten sinkt oder wenn das Vertrauen für eine Anstellung fehlt. Sesselmeier (1996), 124. Von Stigma-Management durch die Betroffenen spricht Maeder (2004), 142–146.

395 Maeder (2004), 119.

396 Eine Hochrechnung der Zahlen der Sozialhilfestatistik (Bundesamt für Statistik [2006]) zeigt, dass für rund 50'000 arbeitsfähige Personen befristete oder geschützte Arbeitsplätze zur Verfügung gestellt werden müssten. Die Zahl macht rund 1,2 Prozent aller Erwerbstätigen aus. Mit dieser Massnahme würde der wirtschaftliche Wettbewerb kaum gefährdet, zumal bestimmte Branchen – wie beispielsweise die Landwirtschaft – nur mit staatlichen Leistungen funktionieren können. Es wird teilweise auch eingewendet, dass diese Integrationsmassnahmen nur in einem geringen Ausmass angewendet werden können. Zudem werden die sozialen Kosten höher eingeschätzt als der soziale Nutzen. So etwa bei Stützel (1980), 455.

sivieren.[397] So könnte die Finanzierung solcher Arbeitsplätze teilweise über die Sozialhilfe erfolgen. Die Integrationshilfe darf aber nicht nur auf der Ebene der Sozialhilfe betrachtet werden. Die Thematik der Arbeitsvermittlung stellt sich bei einigen sozialen Institutionen und Sicherungsinstrumenten. Die IV-Stellen arbeiten nach dem Grundsatz «Eingliederung vor Rente», bei der Arbeitslosenversicherung gehört die Stellenvermittlung zur Hauptaktivität und auch die Berufsberatungen und die Sozialhilfe setzen auf dieses wichtige Integrationsinstrument.
Die Sozialhilfe muss immer den Aspekt der beruflichen Integration im Auge behalten, denn es macht wenig Sinn, arbeitsfähige Personen über eine längere Dauer zu unterstützen oder an die Invalidenversicherung weiterzuvermitteln, um damit das Budget der Sozialhilfe zu entlasten.[398]

5.3.2.2 Einheitliche Situationsanalyse und Datenerhebung

Im Vergleich zu den Sozialversicherungen ist die Sozialhilfe bezüglich der Armutsursachen sehr offen definiert: Jede bedürftige Person hat Anspruch auf Hilfe unabhängig von den Gründen, die zur Notlage geführt haben. Diese offene Formulierung macht eine detaillierte Datenerhebung besonders notwendig, damit gesellschaftliche Entwicklungen erfasst werden können.
Jede Hilfestellung ist von einer Situationsanalyse abhängig. Trotz des Individualisierungsprinzips müssen die Gründe der Bedürftigkeit systematisiert werden. Gleich gelagerte Armutsursachen sollen gesamtschweizerisch gleich erhoben und bewertet werden; dazu sind Abklärungsinstanzen zu schaffen. Die Situationsanalyse ergänzt den Aspekt der Fürsorge mit analysierenden, planenden und präventiven Elementen. Damit findet eine Aufwertung der Sozialhilfe statt.

5.3.2.2.1 Einheitliche Situationsanalyse

Die Sozialhilfe hat unter anderem den Auftrag, mögliche strukturelle und individuelle Faktoren ausfindig zu machen, die Armut verursachen. Mit einer

---

397 Die Auswirkungen der unzureichenden Zusammenarbeit zwischen Staat und Wirtschaft sind in den 90er-Jahren erkennbar, als aufgrund von strukturellen Anpassungen eine hohe (Langzeit-) arbeitslosigkeit entstand. In der Privatwirtschaft und beim Staat wurden vermehrt Mitarbeiterinnen und Mitarbeiter mit schwachen Leistungen und sozialen Defiziten entlassen. Dies führte zu einer verstärkten Desintegration, die oftmals eine Invalidisierung oder Frühpensionierung bewirkten.

398 Die Invalidenversicherung versucht neuerdings, dieses Abschieben mit restriktiveren Abklärungen zu verhindern. Dagegen opponieren die für die Sozialhilfe zuständigen Gemeinden, die befürchten, dass durch diese Verschärfungen wieder vermehrt Menschen auf Sozialhilfe angewiesen sein werden. Vgl. Prinz (2006b), 5.

Situationsanalyse kann ein individueller Hilfsplan erstellt werden, der zu einer Stabilisierung oder Verbesserung der Lebenssituation führen soll. Gleichzeitig muss die Hilfe zur Selbsthilfe fokussiert werden, denn die Sozialhilfe hat zusätzlich zur optimalen sofortigen Hilfestellung eine persönliche Beratung anzubieten, welche die vorhandenen Fähigkeiten des Individuums ausfindig macht und fördert. Die staatliche Intervention hängt wesentlich von der Analyse und Qualifizierung des Sachverhaltes ab.
Obwohl die in der Sozialhilfe zu beurteilenden Lebenslagen im Normalfall nicht auf eine eindeutige und eindimensionale Ursache zurückzuführen sind, können Falltypen beschrieben werden.[399] Diese Kategorisierung von Problemlagen sollte aber nicht zu einer negativen Etikettierung der Betroffenen führen. Eine Typisierung ist trotz Einzelfallhilfe notwendig, weil die Qualität der Hilfe letztlich nur nach systematisch vorgegebenen Handlungsschritten sichergestellt werden kann. Damit wird eine einheitliche Datensammlung möglich.
Ich plädiere für eine schweizerische Datenerhebung und Planung der Sozialhilfe und wende mich gleichzeitig gegen einen regionalen und städtischen «Ideenwettbewerb» für die Ausgestaltung der Sozialhilfe, wie er in den vergangenen Jahren praktiziert worden ist. Einige Sozialämter haben zum Teil wegen des steigenden politischen und finanziellen Drucks ihre eigenen Erhebungen und Analysen durchgeführt und die Organisation ihren Erfahrungen angepasst. Das Resultat dieser Entwicklung sind fachlich verhärtete Positionen, sodass die Revision der SKOS-Richtlinien 2005 beinahe gescheitert ist.[400] Auf fachlicher und politischer Ebene sind gesamtschweizerisch kaum mehr konsensfähige Lösungen vorhanden, weil eigene, an die örtliche Gegebenheit angepasste, Strategien durchgesetzt werden. Die föderalistisch ausgestaltete Sozialhilfe ist zu ergänzen mit einheitlichen Grundlagen und Definitionen, die eine ungerechtfertigte Ungleichbehandlung von ähnlichen Problemlagen verhindern.[401] Als Beispiel können verschiedene Sozialversicherungen dienen, denen es gelingt, einheitliche Definitionen zu formulieren, ohne dabei einer zentralistischen Einheitsmeinung zu verfallen.[402]

399 Kutzner (2004), 106–108. In seiner Untersuchung werden zum Beispiel 4 Falltypen von working poor beschrieben: Vollzeit erwerbstätige Paarhaushalte (Familien), Paarhaushalte mit gesundheitlichen oder psychischen Einschränkungen, Alleinerziehende und Alleinstehende.

400 Vgl. Hohn (2004), 6.

401 Es ist nicht opportun, Alleinerziehende in den Kantonen unterschiedlich zu behandeln wegen politisch und fachlich divergierender Beurteilung.

402 Eine stark kantonal geprägte Umsetzung weist die Prämienverbilligung auf. Sie beruht aber auf einem Bundesgesetz.

Die Erhebung der Problemsituationen auf nationaler Ebene erfolgt mit Statistiken und Berichten aus den Sozialämtern und Beratungsdiensten.[403] Die erhobenen Daten bilden die Grundlage für die Entwicklung einer Sozialplanung. Diese Aufgabe kann jedoch weder von einem Fachverband[404] noch von der Konferenz der kantonalen Sozialdirektorinnen und -direktoren (SODK) wahrgenommen werden. Diese tragen zwar zur Meinungsbildung bei, haben letztlich aber keine Koordinationskompetenz. Damit gemeinsame Strategien erarbeitet werden können, braucht es eine Bundesrahmengesetzgebung, die mit entsprechender Kompetenz gewisse fachliche und politische Eckpunkte regelt.[405]

5.3.2.2.2 Regionale Abklärungs- und Erhebungsinstanzen

In den politischen Diskussionen über die Sozialhilfe herrscht die Meinung vor, dass die örtliche Nähe zu den Bedürftigen bessere Reaktionen auf sozialpolitische Themen erlaubt.[406] Diese Annahme ist empirisch kaum nachzuweisen. Viele Gemeinden neigen wegen ihrer Grösse[407] dazu, die Aufgaben[408] der kommunalen Sozialpolitik zu verharmlosen, weil dort soziale Probleme als Einzelfälle aufscheinen.[409] Grössere Gemeinden und Städte sind gezwungen, die Strukturen der Sozialhilfe so zu organisieren und zu doku-

403 Die schweizerische Sozialhilfestatistik und verschiedene Datenerhebungen in den kommunalen Sozialämtern dienen als wichtige Grundlage für eine Problemerfassung. Die erste gesamtschweizerische Erhebung 2004 liefert einen Einblick in die Armutssituation von Bedürftigen. Diese Erhebung darf jedoch nicht mit einer Armutsuntersuchung verwechselt werden, weil sie nur Sozialhilfebeziehende erfasst. Andere von Armut betroffene Menschen werden darin nicht aufgeführt. Die Daten der Sozialhilfestatistik machen die Armutsgründe sowie die Häufigkeit von Problemlagen und die jeweiligen Personen(-gruppen) sichtbar. Gemäss der schweizerischen Sozialhilfestatistik sind Einzelpersonen am häufigsten (58 Prozent) auf Sozialhilfe angewiesen, 42 Prozent der Betroffenen leben in Mehrpersonenhaushalten. Vgl. dazu Bundesamt für Statistik (2006), 24.

404 Beispielsweise SKOS, ARTIAS und SVSP.

405 Goll (2004), 10.

406 Hanesch (1999), 47.

407 Die Hälfte der Gemeinden in der Schweiz weist weniger als 960 Einwohnerinnen und Einwohner auf (Stand 2004), lediglich in 112 Gemeinden leben mehr als 10'000 Personen. http://de.wikipedia.org/wiki/Gemeinden_der_Schweiz, (Stand 2004).

408 Zu nennen sind etwa die Sozialhilfe, Altersfragen oder familienergänzende Kinderbetreuung.

409 Die Verharmlosung ist auch darauf zurückzuführen, dass Personen aus kleineren Gemeinden in die Städte und Agglomerationen abwandern, bevor ein Bezug von wirtschaftlicher Hilfe nötig wird. Erhofft werden dort bessere Arbeits- und Wohnmöglichkeiten oder Schutz vor Stigmatisierung (Anonymität).

mentieren, dass eine transparente Sozialplanung gelingt. Auch die Informationsbedürfnisse und Kontrollansprüche der politisch verantwortlichen Instanzen grösserer Gemeinden rufen nach einer Datenerhebung, welche die Ursachen der Bedürftigkeit belegen. Ohne Ursachenanalyse kann ein wichtiges Ziel der Sozialhilfepolitik – die Ursachenbekämpfung – nicht erreicht werden.

Aus fachlicher Sicht sind Abklärungs- und Erhebungsinstanzen zu bezeichnen, die in einer bestimmten Region für den Erstkontakt mit den bedürftigen Menschen zuständig sind. Ihre Aufgabe ist es, die Situation abzuklären, die Problemlagen zu erheben und die entsprechende Hilfestellung im Auftrag der Gemeinde oder des Kantons zu leisten. Der Zugang zur Sozialhilfe soll in einer offenen und systematisierten Form geregelt sein. Von grosser Bedeutung bei der Zusage oder Ablehnung von Sozialhilfe ist, ob die hilfesuchenden Personen die getroffenen Entscheidungen oder die Grundlagen für die Entscheidungen nachvollziehen können. Wie in anderen Bereichen der staatlichen Tätigkeit ist eine gewisse Bürokratisierung der Sozialhilfe notwendig, weil dies die Transparenz und die Rechtssicherheit erhöht. Zusätzlich sollten mehrere Personen am Entscheidungsprozess beteiligt sein, damit die Unparteilichkeit in der Beurteilung besser gewährt ist.[410] Organisatorisch sind solche regionalen Instanzen leicht zu realisieren. Die grundsätzliche Zuständigkeit der kantonalen und kommunalen Behörden würde damit nicht tangiert. Die Sozialhilfe muss aber in einer professionellen Institution angeboten werden.

5.3.2.3 Sozialhilfe als Transferleistung gemäss Bedarfsdeckung

Die Sozialhilfe soll die Verwirklichung von Sozialzielen wie Existenzsicherung, Respektierung der Menschenwürde und Integration ermöglichen. Sie erlaubt den Betroffenen die Partizipation an der Gesellschaft in einem auf die

410 Dieses Entscheidungsprozedere wird zum Teil auch von professionalisierten und mit qualifiziertem Personal ausgestatteten Sozialdiensten missachtet. Die fachliche Qualifizierung garantiert noch keine unparteiische Beurteilung und Entscheidungsfindung, obwohl das Personal auf diesen Aufgabenbereich vorbereitet wird. Ein interdisziplinärer Fachaustausch ist daher anzustreben. Mehrheitlich wird auf den Sozialdiensten keine systematische Überprüfung der Einzelfallbeurteilungen durch andere (Leitung, Mitarbeitende) vorgenommen. Vgl. teilprofessionalisierte Sozialhilfe bei Maeder (2004), 161–164.

wichtigsten Güter beschränkten Ausmass.[411] Monetäre Transferleistungen sind zudem mit dem System der Marktwirtschaft konform.[412]

5.3.2.3.1 Bedarfsdeckungsprinzip

Bei der Sozialhilfe besteht der Rechtsanspruch[413] auf Leistungen dann, wenn ein Bedarf an Hilfe festgestellt wird, das heisst, wenn die Existenz über Einkommen, Vermögen oder Leistungen Dritter nicht gesichert werden kann. Mit dem Bedarfsdeckungsprinzip kann in differenzierter Weise auf die jeweilige Notlage reagiert werden, denn der Bedarf orientiert sich an den Haushaltsausgaben. Diese Form der sozialen Leistung ist glaubhafte Hilfestellung und steht der Gleichmacherei und einer Existenzsicherung auf einem bestimmten Niveau für alle entgegen. Sinnvollerweise wird der Bedarf in die Budgetpositionen Lebensunterhalt, Mietkosten sowie Gesundheitskosten aufgeteilt. Weitere Leistungen sind etwa Erwerbsfreibeträge oder andere anrechenbare Kosten (z.B. Kinderbetreuung), welche die Integration fördern oder erhalten. Der Bedarf muss so berechnet werden, dass für die einzelnen Haushalte ein gerechtes Wohlfahrtsniveau entsteht. Die SKOS-Richtlinien 2005 ermöglichen für die Bedarfsbemessung eine geeignete Differenzierung.[414] Bei der Diskussion um die Höhe des gesamten Bedarfs zur Existenzsicherung wird oftmals das Verhältnis der Sozialhilfe zu den Mindestlöhnen erwähnt.[415] Der Bedarf müsse entsprechend tief angesetzt werden, da ansonsten kein Anreiz zur Selbsthilfe mehr bestehe. Bei der Festlegung der Sozialhilfe ist es jedoch adäquater, den individuellen Bedarf unter Berücksichtigung des Bedarfs der Gesamtbevölkerung zu beachten und nicht die Min-

---

411 Naturalleistungen (Sachleistungen) oder Realtransfers (dieser Begriff wird vor allem in Deutschland verwendet) sind nur dann angezeigt, wenn die geistige oder physische Konstitution der Empfängerinnen und Empfänger den autonomen Umgang mit Geld nicht zulässt (Pflegeleistungen, Heimunterbringung, Verwahrlosungstendenz). Bei der Beurteilung, ob Sachleistungen ausgerichtet werden, sind hohe Barrieren angezeigt, sonst könnten etwa suchtkranke Menschen nicht mehr mit Geldleistungen unterstützt werden. Hinweise für die Ausrichtung von Geldleistungen oder Naturalleistungen in der Schweiz aus rechtlicher Perspektive gibt Amstutz (2002), 296–299. Bestimmte Budgetpositionen wie die Miete oder die Prämien für die Krankenversicherung werden mit Direktzahlungen an Vermietende und Krankenkassen vergütet, um die Wohnmöglichkeit und den Versicherungsschutz sicherzustellen. Bei bestimmten Personen erfolgt die Hilfe über niederschwellige Angebote der Überlebenshilfe (Gassenküche, Notschlafstelle).

412 Thuy (1999), 189–191.

413 Vgl. dazu die 26 kantonalen Sozialhilfegesetze, die diesen Anspruch regeln.

414 So beträgt der tiefste gekürzte Betrag für den Lebensunterhalt (absolutes Existenzminimum) bei einem Einpersonenhaushalt 816 Franken, der Normalansatz 960 Franken und der Ansatz mit optimalen Integrationszulagen 1260 Franken. Diese Ansätze erlauben bei rechtsgleicher Behandlung eine Differenzierung.

415 In Deutschland besteht ein Lohnabstandsgebot.

desteinkommen oder Minimallöhne. Die Erfahrung zeigt, dass Minimallöhne nicht mehr ausreichen, um einen Mehrpersonenhaushalt zu finanzieren. Ein starres Lohnabstandsgebot führt zu grösseren Anwendungsproblemen und sozialpolitischen Auswirkungen als ein differenziertes Bedarfsdeckungsprinzip auf dem Niveau eines sozialen Existenzminimums.[416]
Die Sozialhilfe ist bei der Existenzsicherung wesentlich flexibler als die Sozialversicherungen, da der Bedarf im Vordergrund steht und nicht das versicherte Einkommen. Das Prinzip der Bedarfsdeckung hat für die Unterstützung von Bedürftigen grosse Vorteile. Sowohl die Betroffenen wie auch der Staat profitieren von diesem System, da die Existenz mit einer einzigen Leistung gesichert wird. Das Bedarfsdeckungsprinzip der Sozialhilfe garantiert eine effiziente staatliche Hilfe zur Armutsvermeidung.

5.3.2.3.2 *Einzelfallhilfe*

Die Einzelfallhilfe ist die persönlichste und optimalste Hilfestellung. Sie soll die individuellen Ressourcen und Fähigkeiten der Personen in den Unterstützungsprozess miteinbeziehen und sich nicht nur auf pauschalisierte Hilfe in Form von monetären oder programmatischen Hilfen beschränken. Die Sozialhilfe muss sich mit der jeweiligen Lebenslage auseinandersetzen und massgeschneiderte Hilfe anbieten. Die Beurteilung der Einzelsituation soll aber nach klar erkennbaren Kriterien erfolgen, damit Willkür vermieden wird. Dies geschieht im Interesse der Transparenz und Akzeptanz der Sozialhilfe und fördert die Eigeninitiative der Betroffenen. Das Abklärungsprozedere im Rahmen der Einzelfallhilfe erleichtert es zudem, allfälligen Missbrauch zu erkennen und zu verhindern.

5.3.2.4 *Institutionalisierte Evaluation – Wirkungsanalysen des staatlichen Handelns*

Die Sozialhilfe als bedarfsabhängige Leistung ist von der Zielsetzung her umfassender als die ebenfalls bedarfsabhängigen Ergänzungsleistungen (EL) zur AHV und IV. Während bei der Sozialhilfe die Beratung und die Integration eine wichtige Rolle spielen, sind die Ergänzungsleistungen eingeschränkt auf die monetäre Existenzsicherung und enthalten keine weiteren Ziele. Dies macht sichtbar, dass die Ergänzungsleistungen und die Sozialhilfe nicht die gleiche Ausrichtung und somit auch nicht die gleiche Wirkung haben.

---

416 Ein Lohnabstandsgebot ist ohne Einführung von festgelegten Minimallöhnen nicht möglich.

So mag es bei den Ergänzungsleistungen richtig sein, ihre Wirksamkeit in Bezug auf die Senkung der Armutsrate zu eruieren. Bei der Sozialhilfe genügt diese Analyse nicht, denn die Sozialhilfe bezweckt nicht nur die monetäre Existenzsicherung, sondern auch die soziale und berufliche Integration. Für den Staat stellt sich die Frage, wie das staatliche Handeln analysiert und die Auswirkungen einzelner Erlasse evaluiert werden können. Wenn sich die Politik bereit erklärt, Wirkungsanalysen durchzuführen, ist festzulegen, was gemessen werden soll: Geht es um jede einzelne Leistung oder stehen die Outputs oder die Effekte einer staatlichen Leistung im Zentrum? Wie soll eine Vernetzung der verschiedenen Evaluationen geschehen und wie können Beobachtungs- und Feedback-Prozesse gestaltet werden?
Die Evaluation der Wirksamkeit staatlicher Massnahmen hat sich auf Bundesebene als Element kompetenten Verwaltungshandelns etabliert.[417] Die Überprüfung der staatlichen Tätigkeit ist auch von den Kantonen zu leisten. Die Durchführung von Evaluationen im Bereich der Sozialhilfe, die rund 220'000 Menschen mit mehr als einer Milliarde Franken unterstützt, ist angebracht. Damit können Wirkungen von staatlichen Interventionen (Leistungen) ausgewiesen und eine Sozialplanung erstellt werden.
Die Gemeinden können eine Wirkungsanalyse der Sozialhilfe nicht umsetzen. Es ist unmöglich, die nötigen Daten in rund 2'800 Gemeinden zu sammeln. Bereits der Kennzahlenvergleich der Städteinitiative[418] zeigt die Grenzen auf, denn er kann lediglich als Hinweis dienen, welche Themen in bestimmten städtischen Sozialämtern genauer betrachtet werden müssen. Zur Wirksamkeit der geleisteten Arbeit kann keine Aussage gemacht werden. Besonders die Bereiche Integrationshilfe und persönliche Sozialhilfe werden kaum evaluiert. Diese Aufgabe soll durch die regionalen Abklärungs- und Erhebungsinstanzen übernommen werden, und zwar im Rahmen der Controllingkonzepte. In dieser Analyse müssen folgende Fragen untersucht werden: Welche Ziele hat die Sozialhilfe und welche Wirkungen sind gewünscht? Werden die richtigen Personen unterstützt? Hat die Hilfe zur Selbsthilfe den gebührenden Stellenwert? Werden die Ressourcen der Klientinnen und Klienten ausreichend berücksichtigt? Gelingt die Integration und wird diese auf Dauer angestrebt?
Dokumentiert die Berichterstattung lediglich die Kosten, die Fallzahlen, die Erfolgskennzahlen wie die durchschnittliche Verweildauer in der Sozialhilfe oder das Verhältnis von Anmeldungen und Abmeldungen, werden einseitige Sichtweisen verstärkt und die Handlungsspielräume für die Sozialbehörden

417 Balthasar (2003), 31. Siehe auch Artikel 170 der Bundesverfassung vom 18. April 1999.
418 Städteinitiative (1999).

eingeschränkt.[419] Im Fokus dieser erfolgsorientierten Zielsetzungen sind die Gemeindeausgaben, die möglichst tief bleiben sollen. Die Auswirkungen dieser Strategie auf andere sozialstaatliche Leistungen wie die Invalidenversicherung oder die Arbeitslosenversicherung bleiben unbedacht. Die Sozialhilfe muss unter dem Blickwinkel der sozialen und beruflichen Integration beobachtet werden. Eine kommunale finanzpolitische Optik genügt nicht. Für die Ausrichtung der Sozialhilfe werden mehrheitlich die Gemeinden zuständig erklärt, ohne dass sie durch Bund und Kantone systematisch kontrolliert werden. Notwendigerweise müssen Evaluationen[420] oder Wirkungsanalysen durchgeführt werden, damit die staatlichen Prozesse gesteuert werden können. Die Rechtsstaatlichkeit einzelner überprüfter Entscheide reicht nicht als Indiz für das Erreichen der angestrebten politischen Ziele oder von Rechtserlassen.[421] Bei der Sozialhilfe wird dies besonders deutlich, da sie eine individuelle Hilfe ist. Es ist daher angebracht, systemimmanente Kontrollmechanismen für eine Evaluation aufzubauen. Die regelmässige Kontrolle der Wirkung der Sozialhilfe ist ein wichtiges Element der Sozialpolitik.

---

419 Vgl. dazu Maeder (2004), 69. Statistiken sind weniger differenziert als ein individualisierter Massstab der Sozialarbeitenden.

420 Vgl. dazu Bussmann (1997) zum Thema der Politikevaluation.

421 Bei der Sozialhilfe ist eine rechtliche Überprüfung der korrekten Unterstützungspraxis oder Verfügung vorgesehen. Diese Kontrolle gibt aber keine Auskunft über die Ziele, welche die Sozialhilfe bezüglich Integration erreichen will.

6 Brennpunkte in der Sozialhilfe

6.1 Beurteilung der geleisteten Sozialhilfe aus ethischer und fachlicher Perspektive

Gefragt ist hier nur die Sozialhilfe als staatliche Tätigkeit. Zu ihrer Würdigung und Kritik stütze ich mich auf die in Kapitel 5 dargelegten ethischen Prinzipien und fachlichen Kriterien. Obwohl diese Prinzipien und Kriterien ein taugliches Mittel für eine Analyse darstellen, kann für die Sozialhilfe in der Schweiz keine abschliessende Beschreibung des Istzustandes gemacht werden. Die Gründe dafür liegen in der differenzierten Umsetzung in 2'800 Gemeinden. Ich konzentriere mich deshalb auf einige wesentliche Brennpunkte, die ich für die Weiterentwicklung der staatlichen Sozialhilfe als besonders relevant betrachte.

Die fünf ausgewählten ethischen Prinzipien *Personalität, Gerechtigkeit, Solidarität, Subsidiarität* und *Umsetzbarkeit* sind Richtlinien oder Leitlinien für das Handeln. Sie dienen als Orientierung für die Bewertung und Gestaltung von gesellschaftlichen Ordnungen und Normen, weil sie kritische Rückfragen an die Sozialverträglichkeit laufender oder geplanter Massnahmen erlauben und den Beurteilungen eine gewisse Stabilität und Dauerhaftigkeit unabhängig von aktuellen Modeströmungen verleihen.

Bei der Anwendung von Prinzipien muss allerdings behutsam vorgegangen werden, denn es ist nicht möglich, alle Situationen bis ins Detail von Prinzipien her zu bewerten. Die Sozialethik stellt die Frage nach der gerechten Ausgestaltung von staatlichen Ordnungen. Aus dieser Perspektive werde ich die gesetzlichen Grundlagen von Bund und Kantonen sowie die konkrete Umsetzung der Sozialhilfe durch Gemeinderäte (Exekutive) und Sozialdienste begutachten. In den vergangenen 20 Jahren wurden vornehmlich finanzpolitische und betriebswirtschaftliche Überlegungen in die Reorganisationen und Aufgabenteilungen zwischen Bund, Kantonen und Gemeinden einbezogen. Es konnten positive Resultate wie die Straffung von organisatorischen Abläufen oder eine aktivere Kontrolle der staatlichen Sozialausgaben erreicht werden. Hingegen wurde oftmals vergessen, dass die Auswirkungen von beschlossenen Massnahmen wegen der Komplexität sozialer Probleme konstant beobachtet und überprüft werden müssen. Die Sozialhilfe ist ein wichtiges Instrument der sozialen Sicherheit, das in Respektierung der ethischen Prinzipien und fachlichen Kriterien zu gewährleisten und durch die Politik zu steuern ist. Deshalb ist eine sachliche Auseinandersetzung – frei von Demagogie – angebracht. Dabei sind Spannungen auszuhalten, die nicht in jedem Fall beseitigt werden können, und zwar von allen Akteurinnen und Akteuren im Sozialstaat. Meine Beurteilungen (Kapitel 6) und abschliessenden Forderungen (Kapitel 7) wollen einen Beitrag leisten für eine differenzierte, sachgerechte und auch menschengerechte Sozialhilfe in der Schweiz.

6.1.1 Beurteilung von Lebenssituationen

Die Sozialhilfe hat im gesamten System der sozialen Sicherheit eine spezielle Bedeutung, denn sie respektiert den Individualisierungsgrundsatz und hat daher eine grosse Nähe zur Lebenssituation der Betroffenen. Sie geht ein auf die Individualität und leistet Einzelfallhilfe. Damit beachtet die Sozialhilfe das Personalitätsprinzip, das von der gleichen Würde eines jeden Menschen ausgeht. Gelegentlich bezeichnen die Befürworterinnen und Befürworter eines Grundeinkommens für alle[422] die Sozialhilfe als ineffizient ausgestaltete Hilfeleistung. Dieser Kritik kann ich nicht zustimmen, da sich gerade die Sozialhilfe in ihrer Zielsetzung dadurch auszeichnet, dass die Personen und ihre Bedürfnisse ernst genommen werden und die Effizienz der Leistung im Vordergrund steht. In erster Linie ist die Situation der Bedürftigen zu würdigen, das heisst, die Menschen müssen als Bedürfniswesen mit dem Recht auf Selbstbestimmung und Integrität sowie mit der Fähigkeit zur Kommunikation erkannt und respektiert werden. Diese Haltung findet sich sowohl in Artikel 12 der Bundesverfassung wie auch in den kantonalen Sozialhilfegesetzen.
In den Sozialdiensten wird festgestellt, dass sich die Klientschaft in den letzten 20 bis 30 Jahren stark verändert hat. Durch die Zunahme der Sozialhilfebeziehenden sind auch die Charaktere und Lebenssituationen vielfältiger geworden, auf die entsprechend differenziert eingegangen werden muss. Zudem treten die hilfesuchenden Menschen selbstsicherer auf. Sie sehen sich nicht mehr als Bittstellerinnen und Bittsteller, die um ein Almosen ersuchen, sondern sie machen ihr Recht auf Hilfe in Notlagen geltend. Diese neue Ausgangslage führt bei den Fachpersonen der Sozialhilfe zu unterschiedlichen Reaktionen. Die einen wenden in der Beratung und Begleitung vielfältige Methoden an, um die Hilfe zur Selbsthilfe zu gewähren und individuelle Fortschritte zu ermöglichen. Die andern reagieren mit fachlicher Härte und betonen die verhaltensorientierte Ausrichtung der Sozialhilfe als Erziehungsmassnahme. Hier lauert die Gefahr der Bevormundung oder der Sanktionierung bestimmter Lebenssituationen. Aus fachlicher Sicht ist eine Differenzierung der Probleme angezeigt, es ist aber auch Vorsicht geboten bei zu engen Kategorisierungen, da sie sich auf die immateriellen und materiellen Unterstützungsleistungen auswirken können.
Bei der Beurteilung von Lebenssituationen darf nicht übersehen werden, dass die Würde eines jedes Menschen ungeachtet seines Verhaltens besteht

422 Siehe Kapitel 3.4 Suche nach neuen Wegen zur Existenzsicherung.

und zu respektieren ist, selbst bei strafrechtlich relevanten Handlungen. Die Fachpersonen beurteilen die gleichen Lebenssituationen nicht selten unterschiedlich. Die SKOS-Richtlinien beispielsweise enthalten einige Integrationszulagen, die der individuellen Lebenssituation und der Motivation der Klientinnen und Klienten gerecht werden. So ist eine besondere Zulage vorgesehen für die Gruppe der Alleinerziehenden mit Kleinkindern, um eine Schlechterstellung gegenüber anderen Personen zu vermeiden, die eine Zulage für freiwilliges Engagement erhalten. Mehrere Kantone wenden diese Integrationszulage für Alleinerziehende nicht an, weil in ihrer Beurteilung die Situation der Alleinerziehenden eine spezielle Unterstützung nicht rechtfertigt. Die abweichende Bewertung von gleich gelagerten Lebenssituationen führt zu einer Ungleichbehandlung und Benachteiligung und widerspricht der Gerechtigkeit. Die Entscheide sind unglaubwürdig, da sie nicht von fachlichen Überlegungen geleitet sind, sondern von persönlichen Überzeugungen und Haltungen. Ähnlich ungleiche Behandlungen kommen auch bei Suchtkranken oder jungen Erwachsenen vor.

6.1.2 Keine Leistung ohne Gegenleistung

Ein wichtiges Prinzip für die Ausgestaltung der Sozialhilfe ist die Solidarität. Sie ist eine Verpflichtung der Gesellschaft gegenüber Schwächeren und bedeutet einen finanziellen Nachteil für die Helfenden (Fürsorge). Im Grundsatz ist keine Vorleistung notwendig, denn Solidarität wird verstanden als Engagement für Menschen, die ihre Existenz nicht selbstständig bestreiten können. Um dieser bedingungslosen Hilfe politisch eine höhere Akzeptanz zu verschaffen, haben Fachleute Gegenleistungsmodelle entwickelt. Damit wird die Idee der Sozialversicherungen aufgenommen, die ihre Leistungen aufgrund von Vorleistungen erbringen. Die solidarische Haltung wird teilweise an Bedingungen geknüpft, die nicht alle Sozialhilfebeziehenden erfüllen können. Solidarität muss aber zwingend auch den Einsatz für Benachteiligte, Leistungsunfähige und sogar Leistungsunwillige beinhalten. Die Sozialhilfe übernimmt im Sinne des sozialen Friedens und der öffentlichen Sicherheit für diese Personengruppen die Verantwortung. Die Forderung der Sozialhilfebehörden, leistungsfähige Menschen hätten Gegenleistungen zu erbringen, ist teilweise problematisch, weil sie impliziert, dass die Leistungsfähigen nicht zu Leistungen bereit seien.[423] Dieser Ansatz leugnet, dass nicht genug Stellen für gut wie

423 Grundlegende «Gegenleistungen» werden in allen Sozialhilfegesetzen gefordert wie die Mitwirkungspflicht, die Erfüllung von Auflagen oder das Engagement bei der Arbeitssuche. Hier stehen aber nicht diese Formen der Gegenleistung zur Diskussion, sondern es geht um gemeinnützige Arbeit oder die Teilnahme an Beschäftigungsprogrammen. Keinesfalls soll die subjektive Verantwortung zur Überwindung der Notsituation verneint werden, es muss aber die Leistungsfähigkeit des Einzelnen angemessen gewürdigt werden.

auch für schlecht ausgebildete oder leistungsschwache Arbeitskräfte vorhanden sind. Anstatt dass sich die politisch Verantwortlichen dafür einsetzen, in Wirtschaft und Verwaltung Arbeitsplätze oder Arbeitseinsätze zu schaffen, was der Beteiligungsgerechtigkeit entsprechen würde, wird der Fokus zu stark auf die Gegenleistungen gelegt. Solidarität würde bedeuten, dass die Wirtschaft in Zusammenarbeit mit der Sozialhilfe auch weniger leistungsfähige Menschen mitträgt und ihnen die Partizipation an der Arbeitswelt ermöglicht. Es ist unverständlich, warum diese Integrationsmassnahme nicht bereits umgesetzt wird, vor allem, weil die Gruppe der Langzeitarbeitslosen angewachsen ist. Die fehlende Initiative dürfte auch ein Resultat des Sozialversicherungssystems sein, das die Solidarität so organisiert hat, dass die Finanzierenden nicht mehr erkennen, dass soziale Sicherheit auch mit geringeren Aufwendungen erreicht werden könnte. Von der Beschäftigung von leistungsschwächeren Menschen würden alle profitieren: Die Betroffenen würden im beruflichen Alltag integriert bleiben, die Firmen erhielten eine Arbeitsleistung und könnten einen Teil der Lohnkosten über die Sozialversicherungen finanzieren und die Versicherungen ihrerseits hätten weniger Ausgaben.

6.1.3 Umfassende Existenzsicherung

Die Sozialhilfe ist der Versuch einer Existenzsicherung, die über einen blossen Transfer von Geld hinausgeht. Sie muss als kurz- und mittelfristige Überbrückungshilfe den arbeitsfähigen Menschen Perspektiven eröffnen, damit sie ihre Existenz wieder autonom sichern können. Die Sozialhilfe nach Bedarfsdeckung schützt vor Verelendung, strebt Integration an und trägt zum gesellschaftlichen Zusammenhalt bei.

6.1.3.1 Existenzsicherung gemäss Bedarfsdeckungsprinzip

Im schweizerischen Sozialstaat besteht kein allgemeines Recht auf Existenzsicherung. Vielmehr ist sie durch verschiedene Einzelgesetze wie die AHV, IV, ALV oder die Sozialhilfegesetze geregelt. Die Sozialhilfegesetze gewährleisten die unverbindlichste Existenzsicherung, denn sie enthalten keinen Anspruch auf ein bestimmtes Existenzminimum. Gleichzeitig ist die Sozialhilfe eine umfassendere Existenzsicherung als beispielsweise die ALV oder die IV (ohne EL), deren Leistungen an das zuletzt erzielte Erwerbseinkommen gekoppelt sind.[424] Das soziale Existenzminimum orientiert sich viel-

424 Bei der Arbeitslosenversicherung sind für Nichtverheiratete 70 Prozent des Einkommens versichert und für Verheiratete mit Kindern 80 Prozent. Diese Leistungen decken nicht in jedem Fall das soziale Existenzminimum ab. Auch die IV vermag oftmals das soziale Existenzminimum nicht zu gewährleisten; dann können die Ergänzungsleistungen zur IV beantragt werden, die ebenfalls bedarfsabhängig ausgerichtet werden.

mehr an den Haushaltsausgaben[425] und nicht am Lohneinkommen einer einzelnen Person. Diese Berechnungsgrundlage in der Sozialhilfe ist richtig, weil damit einer monetären und häufig auch sozialen Desintegration entgegengewirkt werden kann, was im Sinne einer stabilen Gesellschaft zu befürworten ist. Es wird teilweise kritisiert, dass die Sozialhilfe für Mehrpersonenhaushalte nach dem Bedarfsdeckungsgrundsatz unter Umständen höher ausfällt als das Einkommen in Berufen im Niedriglohnbereich.[426] Diese Kritik setzt meiner Meinung nach am falschen Punkt an, denn das Existenzminimum der Sozialhilfe und das Lohneinkommen nach Abzug aller Abgaben haben nicht dieselbe Logik. Der Lohn entschädigt die erbrachte Leistung ohne Berücksichtigung des tatsächlichen Bedarfs und widerspiegelt die Anerkennung dieser Leistung durch die Wirtschaft. Die Sozialhilfe nach Bedarfsdeckungsprinzip hingegen will den Ausschluss von Menschen verhindern. Die Senkung des sozialen Existenzminimums unter das Niveau der untersten Haushaltseinkommen verletzt das Bedarfsdeckungsprinzip. Ein physisches Überleben wäre zwar nach wie vor gesichert, aber es käme zu Desintegration und zur Herausbildung einer Unterschicht, die bis anhin in der Schweiz mehrheitlich vermieden werden konnte. Rigorose Kürzungen in der Sozialhilfe könnten negative Folgen nach sich ziehen wie beispielsweise Verwahrlosung oder deviates Verhalten auf Grund von Perspektivenlosigkeit.

6.1.3.2 Persönliche Sozialhilfe

Die persönliche Sozialhilfe ist bedarfsorientiert; sie muss bei der Organisation des Alltags Unterstützung anbieten und wenn nötig eine korrekte Triage an spezialisierte Beratungsstellen ausführen. Die Gemeinden leisten wenig persönliche Sozialhilfe und richten zu häufig lediglich wirtschaftliche Hilfe aus, ohne dass die Ursachen der Notsituation gemeinsam mit den Sozialhilfebezügerinnen und -bezügern analysiert werden. In den kantonalen Gesetzen ist im Sinne der Prävention eine Ursachenanalyse vorgesehen. Kleinere Gemeinden[427], in denen die personellen und fachlichen Ressourcen nicht vorhanden sind, können diese Arbeit nicht erbringen. Sogar in grösseren Gemeinden oder in regionalen Sozialdiensten wird nur eine eingeschränkte persönliche Sozialhilfe geleistet. Die (finanz-)politischen Vorgaben verlangen nämlich oftmals, dass die Hilfeleistungen mit möglichst wenig Personal

425 Als Berechnungsgrundlage für das Niveau der Existenzsicherung bei den SKOS-Richtlinien gilt das unterste Dezil der Haushaltseinkommen (die niedrigsten 10 Prozent der Einkommen).

426 Detaillierter dazu Kapitel 5.3.2.3.1 Bedarfsdeckungsprinzip.

427 Der Median der Einwohnerzahl der Schweizer Gemeinden beträgt 960 Personen. http://de.wikipedia.org/wiki/Gemeinden_der_Schweiz, (Stand 2004).

erbracht werden müssen. Dabei wird übersehen, dass mit einer differenzierten Abklärung und einer entsprechenden persönlichen Beratung mittel- und langfristig Kosten eingespart werden. Beruflich und gesellschaftlich reintegrierte Menschen sind nicht mehr auf Sozialhilfe oder andere sozialstaatliche Leistungen angewiesen.

6.1.3.3 Integration

Die Verwirklichung der eigenen Begabungen und die Anerkennung durch die Gesellschaft spielen im Leben jedes Menschen eine bedeutende Rolle. Die Entwicklung der letzten 20 Jahre macht sichtbar, dass Menschen mit psychischen oder physischen Behinderungen den Anforderungen an vielen Arbeitsstellen nicht mehr gewachsen sind. In der konjunkturellen Krise wurden Leistungsschwache, Suchtkranke oder Behinderte aus dem Berufsleben ausgeschlossen und den Sozialversicherungen oder der Sozialhilfe überantwortet. Damit verloren diese Menschen die Möglichkeit, am gesellschaftlichen Leben zu partizipieren, sich im Beruf einzubringen, den Lebensunterhalt selbst zu verdienen und Bestätigung zu erhalten. Dieser Ausschluss missachtet die Beteiligungsgerechtigkeit und muss vor allem auch im Rahmen der Sozialhilfe bekämpft werden. Da die Sozialhilfe mit Menschen zu tun hat, die eine kurz- oder mittelfristige Überbrückungshilfe benötigen, muss die Integration im Vordergrund stehen. Eine nur kommunal organisierte Sozialhilfe wird diesem Anspruch nicht gerecht, da viele strukturell bedingte Probleme nicht im Alleingang gelöst werden können. Die Gesetzgebung ist im Bereich der Integrationshilfen und -angebote ungenügend ausgestaltet und die Beteiligungsgerechtigkeit hat zu wenig Gewicht.

6.1.3.4 Zum Vorschlag eines Mindesteinkommens

In den vergangenen Jahrzehnten wurden mehrere Systeme zur Existenzsicherung vorgeschlagen, die im Sinne eines Mindesteinkommens ausgestaltet sind.[428] Mit einer solchen sozialstaatlichen Leistung würde ein genereller Anspruch auf Existenzsicherung etabliert. Zu bewerten ist nun, ob sich die Einführung eines neuen Sicherungsinstrumentes oder der Ausbau eines bestehenden Systems auf neue Bezugsgruppen rechtfertigt. Weil die ethischen Grundprinzipien der Personalität, Solidarität und Subsidiarität verschiedene Möglichkeiten der Existenzsicherung zulassen, kommt zur Beurteilung von Alternativvorschlägen zur Sozialhilfe neben den Gerechtigkeitserfordernissen besonders das Prinzip der Umsetzbarkeit in der konkreten sozioökono-

428 Siehe Kapitel 3.4 Suche nach neuen Wegen zur Existenzsicherung.

mischen und politischen Situation der Schweiz zum Zug. Die beschriebenen Modelle lassen sich auf Grund ihrer Merkmale in drei Gruppen einteilen.

Sozialdividende
Bei der Sozialdividende, die allen zusteht, liegt der Fokus nicht mehr einseitig auf der existenzsichernden Erwerbsarbeit. Vielmehr wird dem Umstand Rechnung getragen, dass die Erwerbsarbeit in der Gesellschaft abnimmt und dass die Arbeitnehmenden vermehrt von den Arbeitgebenden abhängig sind. Dieses Modell bewertet die nicht bezahlte Haus- und Familienarbeit sowie Ausbildungszeiten und Freiwilligenarbeit zugunsten der Allgemeinheit höher, als dies in den geltenden Sozialversicherungen gemacht wird. In der Schweiz ist zur Zeit jedoch eine andere Tendenz festzustellen: Immer mehr Frauen sind berufstätig und viele Kinder werden ausserfamiliär betreut. Dies ist Ausdruck dafür, dass die Frauen sich am Berufsleben aktiver beteiligen wollen und ihren Teil der gesellschaftlichen Macht für sich beanspruchen. Die Sozialdividende ist mit dieser gesellschaftlichen Realität nicht kompatibel, da sie die traditionelle Arbeitsteilung der Geschlechter zementiert.

Negative Einkommenssteuer, Steuerkredite, Lohnsubventionen
Die beiden Modelle innerhalb des Steuersystems und die Lohnsubventionen bewirken eine verwaltungsökonomische Effizienz bei den Umverteilungsmechanismen zur Minderung und Vermeidung von Armut. Erwerbsarbeit und berufliche Weiterentwicklung sollen sich lohnen (Anreiz). Der Zusammenhang von Leistung und Einkommen wird bestätigt: Je mehr anerkannte Leistung erbracht wird, desto höher ist die Entlöhnung. Bis zu einem bestimmten Einkommensniveau sind die Erwerbstätigen nicht auf sozialstaatliche Leistungen angewiesen, da die Rahmenbedingungen (Steuersystem) eine selbstständige Existenzsicherung ermöglichen. Ziel dieser Modelle ist, dass die Erwerbstätigen keine Sozialleistungen beziehen müssen.[429] Tiefe Einkommen werden von Abgaben befreit oder mit Zuschüssen aufgebessert. Wer jedoch keine Leistungen erbringt oder erbringen kann, wird mit diesen Systemen finanziell nicht entlastet.

Bedarfsorientierte Grundsicherung, Mindesteinkommen zur Wiedereingliederung
Die Grundsicherung ist bedarfsorientiert, während das Mindesteinkommen zur Verhinderung der Desintegration oder zur Wiedereingliederung nicht bedarfsabhängig ist. Letzteres ist der Sozialhilfe vorgelagert und der Arbeits-

429 Der Bezug von Prämienverbilligungen für die Krankenversicherung macht ungefähr 40 Prozent der Bevölkerung zu Sozialleistungsbezügerinnen und -bezügern.

losenversicherung nachgelagert. Diese beiden Modelle lösen die Armutsprobleme wie die Sozialhilfe, verzichten aber auf eine Rückerstattung. Da sie lediglich eine Ergänzung zu den bestehenden Sicherungssystemen (inklusive Sozialhilfe) darstellen und keine Leistungen ersetzen, wird die Koordination der sozialen Sicherheit oder der Existenzsicherung noch komplexer, als sie ohnehin schon ist.
Ein generelles Mindesteinkommen für alle analog einer Sozialdividende ist abzulehnen, weil sich in der politischen Debatte zeigt, dass das Aufgeben «strikter Prüfung der Bedürftigkeit immer wieder zu Akzeptanzproblemen mit sozialstaatlichen Transfers führt»[430]. Eine solidarische Haltung der Gesellschaft ist schwieriger zu erreichen für eine Leistung, die allen Menschen offen steht, die kein ausreichendes oder eigenes Einkommen erzielen. Weil die staatlichen Unterstützungen die Leistungsgerechtigkeit korrigieren, müssen sie begründet werden, auch wenn sie dem Prinzip der Ausgleichsgerechtigkeit entsprechen.[431] Gegen ein Mindesteinkommen für alle spricht auch, dass mit diesem Instrument die Ursachen der Armut vernachlässigt werden. Damit wird ein wesentliches Element der sozialstaatlichen Tätigkeit unterlassen, nämlich die Prävention. Ohne Erforschung der Armutsgründe können strukturelle Ursachen nicht nachhaltig eliminiert werden. Ein Mindesteinkommen für alle fördert zudem die Individualisierung, was die private Initiative, die Subsidiarität und den gesellschaftlichen Zusammenhalt systematisch untergräbt; es kann somit Exklusion verursachen.
Das Mindesteinkommen für alle wäre besonders für die Verwaltung und die Organisation interessant, denn die Verteilung der Leistungen wird mit einer einzigen Massnahme erreicht. Dieser Vorteil auf organisatorischer Ebene ist aber kein ausreichender Grund für die Einführung dieses Modells, da sozialstaatliche Leistungen nicht nur mit ihrer effizienten Abwicklung überzeugen (müssen), sondern auch und vor allem mit dem solidarischen Engagement für bestimmte Armutsrisiken oder Personengruppen. Für die Armutsbekämpfung sind mehrere ursachenorientierte Instrumente einem einzigen Instrument vorzuziehen. Müsste beispielsweise aufgrund hoher Arbeitslosenzahlen die Höhe des Mindesteinkommens nach unten angepasst werden, wären auch alle anderen Gruppen von diesen Kürzungen betroffen. Für die Existenzsicherung müssen realistische Ziele formuliert werden, die fachlich wie politisch umgesetzt werden können. Es dient dem sozialen

430 Gosepath (2005), 192.
431 Höffe (2001), 77.

Frieden wenig, wenn theoretische Konstrukte oder neue Modelle gefordert werden, die sich seit Jahrzehnten nicht verwirklichen lassen.[432]
Zusammenfassend stelle ich fest, dass keines der Grundsicherungsmodelle die verschiedenen Mängel in der Ausgestaltung der Soziahilfe gänzlich aufzuheben vermag.[433] Vielmehr wären damit weitere Instrumente zu koordinieren, was zu einem komplexeren System der sozialen Sicherheit führen dürfte. Es gelingt den Modellen nicht, die Armut so zu minimieren oder zu verhindern, dass die bisherigen Sicherungsinstrumente vollumfänglich ersetzt werden könnten. Die einzelnen Grundsicherungsmodelle sind nicht bedarfsgerecht ausgestaltet, denn sie orientieren sich, anders als die Sozialhilfe, nicht an den Bedürfnissen und am Bedarf der Menschen, sondern gehen von einem fix definierten Existenzminimum aus. Für gewisse Armutsfaktoren darf gerade der Vorteil einer umfassenden bedarfsgerechten Existenzsicherung der Sozialhilfe nicht aufgegeben werden.[434]
Dennoch könnten Weiterentwicklungen der bestehenden Sicherungsinstrumente zu Vereinfachungen führen, wie etwa eine Modifizierung der Ergänzungsleistungen für bestimmte Armutsrisiken oder der Ausbau der Arbeitslosenversicherung für Langzeitarbeitslose zu einem Mindesteinkommen zur Wiedereingliederung[435]. Ebenso könnten die negative Einkommenssteuer oder Steuergutschriften für klar definierte Personengruppen zum Einsatz kommen. Einzelne Personengruppen wären nicht mehr auf die Sozialhilfe angewiesen; sie würden jedoch mehrheitlich von sozialstaatlichen Leistungen abhängig bleiben, die gesamtschweizerisch organisiert wären und bei Kostendruck die nötige und sinnvolle politische Aufmerksamkeit erhalten würden.

---

432 In der Schweiz wurden in den 90er-Jahren Diskussionen geführt über die Ausweitung der Ergänzungsleistungen auf alle (2004 wurden die Ergänzungsleistungen für Familien in die Vernehmlassung geschickt) und über eine negative Einkommenssteuer als bedarfsorientierte Grundsicherung (Grüne Partei). Das Eidgenössische Departement des Innern lehnte 1995 in einem Bericht zur Weiterentwicklung der Sozialversicherungen die negative Einkommenssteuer und die Sozialdividende ab. Stutz (2002), 9–10; Eidgenössisches Departement des Innern (1995). Steuerkreditähnliche Modelle werden in den kantonalen Steuergesetzen zum Teil bereits angewendet. Vgl. auch Held/Steinmann (2005), 11: Sie lehnen eine Grundsicherung für alle ab.

433 Allgemeine Kritikpunkte sind die unübersichtliche Ausgestaltung der Sozialhilfe, der fehlende Rechtsanspruch auf Sozialhilfe, die Verwandtenunterstützungspflicht sowie die Offenlegung der persönlichen und finanziellen Verhältnisse.

434 Auch der Schweizerische Arbeitgeberverband hält fest, dass es eine Sozialhilfe brauche, die über die Steuern finanziert sei. Sie solle ausgebaut werden und nicht mit Sozialversicherungen entlastet werden, die über Lohnprozente und durch die Arbeitnehmenden und Arbeitgebenden finanziert würden.

435 Das Mindesteinkommen zur Wiedereingliederung ist immer verbunden mit einer Arbeitsleistung.

6.1.4 Zuständigkeit

Um die Akteurinnen und Akteure der Sozialhilfepolitik und die Umsetzung der Sozialhilfe beurteilen zu können, muss geklärt werden, wer in den grossen sozialpolitischen Themen federführend ist, wer die fachgerechte und ethische Ausrichtung vorgibt und wer für die konkrete Realisierung der Sozialhilfe zuständig ist. Bund, Kantone, Gemeinden, politische Parteien, Interessenverbände, private soziale Institutionen, Kirchen und religiöse Gemeinschaften nehmen im Gefüge der Sozialhilfepolitik verschiedene Aufgaben und Rollen wahr. Die Sozialämter der Gemeinden, die regionalen Sozialdienste und die privaten Institutionen stehen in direktem Kontakt mit den notleidenden Menschen. Während die staatlichen Stellen von Gesetzes wegen zuständig sind für die Gewährung von Sozialhilfe, entwickeln private Institutionen ihrem Stiftungszweck entsprechend ein besonderes Engagement für Menschen in schwierigen Lebenssituationen und übernehmen oftmals eine anwaltschaftliche Funktion.
In meiner Bewertung betrachte ich die Arbeit der Akteurinnen und Akteure der Sozialhilfe hauptsächlich unter dem Aspekt der Subsidiarität. Dabei interessiert mich, ob und wie die Beteiligten auf allen Ebenen bereit sind, soziale Probleme wahrzunehmen und diese in die politischen Auseinandersetzungen einzubeziehen.
Die politischen Kräfte ignorieren, dass die Wirtschaftspolitik nicht über der Sozialpolitik steht, und die Wirtschaft ihrerseits hat sich zu wenig um die Elemente des sozialen Ausgleichs gekümmert. Dies hat zu einem einseitigen und letztlich teureren Sozialwesen geführt, weil die Wirtschaft und der Staat die nicht mehr im Arbeitsprozess stehenden Menschen finanzieren müssen, ohne eine Gegenleistung (Arbeitskraft) zu erhalten.
Das allgemeine politische Klima ist eine wesentliche Rahmenbedingung für die Innovationsfähigkeit der Sozialpolitik und deren Weiterentwicklung. Gesellschaftliche Themen wie hohes Lebensalter mit zunehmender Pflegebedürftigkeit, Arbeitslosigkeit, Alkohol-, Drogen- und Medikamentensucht in der Leistungsgesellschaft oder das Verhältnis der Bevölkerung sowie der Klientinnen und Klienten zum Staat werden vernachlässigt. Die Kosten der Sozialhilfe hingegen werden stark politisiert, ohne dass dabei die Ursachen, die strukturellen Rahmenbedingungen oder gesellschaftlichen Entwicklungen hinterfragt werden.
Die Verantwortung für die Sozialhilfe wird in der politischen Diskussion entsprechend dem dominanten einseitigen Verständnis des Subsidiaritätsprinzips[436] immer wieder an die Gemeinden oder gar an die privaten sozialen

436 Siehe auch Kapitel 5.2.4 Subsidiarität.

Institutionen delegiert; staatliche (kantonale oder bundesweite) Verantwortung wird zurückhaltend definiert oder gar verneint. Eine solche Marginalisierung und Überantwortung der Sozialhilfe auf die unterste Ebene der Akteurinnen und Akteure dient der Sache nicht. Die Sozialhilfe ist sehr wohl eine staatliche Aufgabe, weil aus der Delegation der Hilfeleistungen an die Gemeinden, die privaten Institutionen, die Familie oder das soziale Umfeld eine ungleiche Behandlung von bedürftigen Menschen zu deren Nachteil resultiert und weil damit die kleineren Gemeinschaften überfordert werden. Am weitesten in der Delegation der Verantwortung nach unten gehen jene, die monieren, dass das Individuum im Sinne der Eigenverantwortung autonom für seine Existenzsicherung aufkommen müsse.[437] Aus dieser Optik heraus wird die Sozialhilfe wenn nicht in Frage gestellt, so doch mit der schwerwiegenden Kritik bedacht, dass die Sozialhilfe die Menschen dazu verleite, wenig Eigeninitiative aufzubringen. Diese Sichtweise greift zu kurz, da nicht alle Menschen in der Lage sind, diese geforderte Eigenverantwortung zu übernehmen. Soziale Probleme entstehen nicht nur wegen persönlicher Einstellungen und Fehlverhaltens, sie sind auch das Resultat struktureller Verhältnisse und Veränderungen in der Gesellschaft. Wohl auch darum, aber letztlich auf Grund der Menschenwürde, der Solidarität, der Beteiligungsgerechtigkeit und des Gemeinwohls hat sich der Staat in Artikel 12 der Bundesverfassung verpflichtet, den Menschen in Notlagen zu helfen.

6.1.4.1 Der Bund

In den 90er-Jahren wurde auf Bundesebene intensiv über das Recht auf Existenzsicherung debattiert. Der Vorschlag eines generellen Rechts auf Existenzsicherung hatte keine Chance und die Entscheidung fiel zugunsten eines Rechts auf Hilfe in Notlagen aus. Artikel 12 der Bundesverfassung ist also kein Recht auf Existenzsicherung[438], sondern garantiert Hilfe in Notlagen, wenn keine anderen Ressourcen zur Verfügung stehen. Damit kommt auf Bundesebene bei der Ausgestaltung der Sozialhilfe eine konsequente Zurückhaltung zum Ausdruck. Diese Zurückhaltung ist ein politischer Entscheid, der mit dem Subsidiaritätsprinzip begründet wird. Die Bundesgesetzgebung macht keine weiteren Angaben zur Gestaltung der Sozialhilfe, was bedeutet, dass die Bundespolitik sich auf eine einseitige Interpretation des Subsidiaritätsprinzips als Ordnungsprinzip festgelegt hat; das Element der aktiven Hilfe und Gestaltung zugunsten des Individuums wird zweitrangig. Der Bund regelt im Bundesgesetz über die Zuständigkeit für die Unterstüt-

437 Siehe auch Kapitel 3.2 Sozialhilfe.
438 Amtliches Bulletin der Bundesversammlung (1998), 40–41.

zung Bedürftiger (ZUG) lediglich, welcher Kanton für die Unterstützung zuständig ist, welcher Kanton die Kosten trägt und wie die Zusammenarbeit organisiert ist. Die Kostentragung der Heimatkantone unter bestimmten Voraussetzungen kann als «Finanzausgleich» zwischen den Kantonen verstanden werden. Dieser Finanzausgleich für den Einzelfall hat sich zu einem ineffizienten und undifferenzierten Finanzierungssystem entwickelt. Da einige grosse Kantone davon profitieren, konnte bis anhin keine Revision des Gesetzes erreicht werden. Die zahlenden Kantone kommen nicht etwa nach Finanzkraft zum Zuge, sondern aufgrund des Heimatrechts der bedürftigen Personen. In der mobilen und ständig wachsenden Gesellschaft der Schweiz ist dieses Ausgleichsystem für die Sozialhilfe überholt.

Gesamthaft ist in der Politik auf Bundesebene oder auf koordinierender kantonaler Ebene[439] eine starke Zurückhaltung festzustellen, verbindliche Vorgaben für die Sozialhilfe zu formulieren oder einzelne Teilrevisionen anzugehen. In die Diskussion eingebracht werden vielmehr grössere Revisionsvorschläge wie eine umfassende Existenzsicherung unter Berücksichtigung aller bestehenden Sicherungsinstrumente oder weitere Projekte zur Koordinierung der sozialen Sicherheit.[440] Die Sozialhilfe wird dabei vernachlässigt, weil der Bund ihre Entwicklung nicht beobachtet und auf die Kantone setzt, die gemäss Zuständigkeit und Finanzverantwortung handeln sollten. Wegen der fragmentierten Umsetzung und Finanzierung der Sozialhilfe sind die Bundesbehörden nicht daran interessiert, dieses System des Finanzausgleichs zu hinterfragen, das 1979 bei der Einführung des Bundesgesetzes über die Zuständigkeit für die Unterstützung Bedürftiger (ZUG) noch Sinn gemacht hat.

Es erstaunt, dass für die 218'147 Sozialhilfebezügerinnen und -bezüger (Stand 2004)[441] kein politisches Engagement auf Bundesebene auszumachen ist. Für die Arbeitslosen (151'764 Personen, Stand Januar 2005) und die IV-Rentnerinnen und IV-Rentner (280'834 IV-Renten, insgesamt 487'321 Personen, Stand 2004)[442] hingegen werden die Taggelder und Renten sowie die Integrationsleistungen auf Bundesebene festgelegt. Eine sachgerechte und menschenwürdige Sozialhilfe für so viele Menschen müsste dem Bund als höchste Ebene des Staates wichtig sein, zumal es sich bei einem Teil (37 Prozent)[443] der Sozialhilfebeziehenden um potenziell arbeits-

439 Konferenz der kantonalen Sozialdirektorinnen und -direktoren (SODK).
440 Siehe die Kapitel 3.1 Sozialversicherungen; 3.3 Das spannungsvolle Verhältnis zwischen Sozialversicherungen und Sozialhilfe; 3.4.1 Ansätze der Mindestsicherung.
441 Bundesamt für Statistik (2006), 20.
442 Bundesamt für Sozialversicherung (2005), 112.
443 Bundesamt für Statistik (2006), 28.

und integrationsfähige Personen handelt. Besonders in der Sozialhilfe ist eine differenzierte Aufgabenerfüllung gefragt, weil komplexe soziale Probleme zu lösen sind. Die Bewältigung dieser Probleme ist ohne umfassende Analyse jedoch nicht möglich. Der Bund engagiert sich bei der Analyse wie auch bei der Problembekämpfung zu wenig.
Auf gesetzlicher Ebene fehlen zwei wichtige Elemente: die Neuregelung des willkürlichen und ineffizienten Finanzausgleichs der wirtschaftlichen Sozialhilfe zwischen den Kantonen sowie die Verpflichtung, dass die Sozialhilfe mit den Sozialversicherungen zu koordinieren ist und dass eine massvolle Datenerhebung im Rahmen einer Sozialberichterstattung zu erfolgen hat. Die Zurückhaltung des Bundes bei verfassungsmässigen Vorgaben in der Sozialhilfe ist nicht mehr gerechtfertigt, weil infolge der kantonalen und kommunalen Zuständigkeiten eine Verzettelung besteht und nur eine zufällige Koordination zustande kommt.

6.1.4.2 Die Kantone

Die Sozialhilfe übernimmt in der Sozialpolitik eine wichtige Aufgabe, da sie als sofort verfügbare Hilfe finanzielle Engpässe auffängt und Verarmung und Verelendung verhindert. Die Sozialhilfe hat seit 1990 stetig zugenommen, was in den Gemeinden harte politische Diskussionen hervorgerufen hat. Auf kantonaler Ebene ist die Sozialpolitik wegen der mehrheitlich kommunalen Finanzierung kaum thematisiert und mitbestimmt worden. Eine Analyse der Sozialhilfepolitik in den 26 Kantonen würde hier zu weit führen. Exemplarisch lassen sich in der Ausgestaltung der Sozialhilfe aber drei Typen kantonaler Mitwirkung unterscheiden:

1) Im Kanton Basel Landschaft wird jede Verfügung über wirtschaftliche Sozialhilfe, welche die Gemeinden ausfertigen, durch das kantonale Sozialamt überprüft und genehmigt, obwohl die Finanzierung vollständig durch die Gemeinden erfolgt. Zur Sicherung einer korrekten Sozialhilfe wird eine relativ bürokratische Einzelfallkontrolle durchgeführt. Damit wird die kantonale Aufsicht zumindest auf der Ebene der Entscheide konsequent umgesetzt.
2) Die neue Sozialhilfegesetzgebung des Kantons Bern enthält Vorgaben für die Sozialhilfe sowie für die personelle Ausstattung der Sozialdienste. Der Kanton beteiligt sich daher auch an den Strukturkosten der Dienste.
3) Der Kanton St. Gallen übt eine radikale Zurückhaltung aus: Die Gemeinden sind in der Ausgestaltung der Sozialhilfe autonom.

Diese drei Beispiele zeigen, dass für eine gemeinsame Strategie der Kantone die strukturellen und inhaltlichen Grundlagen nicht vorhanden sind. Nur wenige Kantone wenden die Subsidiarität sowohl im ordnenden wie im schützen-

den Sinne des Prinzips differenziert an und prägen die Sozialhilfe aktiv mit zum Wohle des Individuums. Defizite bestehen auch im solidarischen Mittragen der Sozialhilfekosten unter den Gemeinden. Es sind in den Kantonen noch zu wenig Lastenausgleiche etabliert, um die einzelnen Gemeinden zu entlasten und eine solidarische Finanzierung der zum Teil stark schwankenden Ausgaben der öffentlichen Hand zu erreichen. Bei anderen eher stabil bleibenden Kosten sehen die kantonalen Regelungen bedeutend solidarischere und effektivere Lastenausgleiche vor. Diese ungleiche Handhabung ist Ausdruck für die Marginalisierung der Sozialhilfe in der kantonalen Politik.
In den kantonalen Gesetzen wird vorgeschrieben, dass die Kantone und Gemeinden die Ursachen der Notlagen zu eruieren und zu verringern haben. Vorgesehen ist meist eine Sozialberichterstattung, die eine Ursachenanalyse, eine Sozialplanung sowie Massnahmen zur Ursachenbekämpfung beinhaltet. Eine solch umfassende Sozialberichterstattung wird in vielen Kantonen nicht durchgeführt, was ebenfalls mitverantwortlich ist für das geringe sozialpolitische Engagement der Kantone. Daraus resultiert eine ungenügende Koordination, und es mangelt an Einsicht, dass die geleistete Sozialhilfe beaufsichtigt werden muss.

6.1.4.3 Die Gemeinden

Die Zuständigkeit für die Ausrichtung der Sozialhilfe liegt mehrheitlich bei den Gemeinden. Durch die Nähe zu den Einwohnerinnen und Einwohnern soll die Hilfestellung optimal erbracht werden können. In kleinen Gemeinden wird diese Nähe zu einem Nachteil, weil eine zu hohe «Sozialkontrolle» wirkt. Die überwiegende Mehrheit der Sozialhilfebezügerinnen und -bezüger lebt allerdings in grösseren Gemeinden und Städten. Dort wird wegen der Anonymität eher auf spezielle Kontrollmechanismen gesetzt, vereinzelt sogar auf Sozialinspektorinnen und -inspektoren. Es ist eine Tendenz zur Verrechtlichung, Monetarisierung und Bürokratisierung der Leistungsgewährung erkennbar. Das Personal ist weniger dienstleistungsorientiert und nimmt zunehmend Leistungskürzungen zu erzieherischen Zwecken vor. Dies erweist sich als kontraproduktiv, weil damit eine unzureichende Berücksichtigung des Einzelfalls einhergeht. Dabei wird häufig auf moralische Wertungen und tagespolitische Argumentationen zurückgegriffen, wenn es darum geht, einen angemessenen, allgemein anerkannten Lebensstandard zu definieren. Der Zugang zur Sozialhilfe ist nicht überall einheitlich gewährleistet. Es fehlen gezielte Informationen über das Leistungsangebot, was einer undifferenzierten Abhaltestrategie gleichkommt und nicht menschengerecht ist. Zudem werden damit einige kantonale Sozialhilfegesetze missachtet, die eine Informationspflicht vorsehen.
Viele mittelgrosse Gemeinden sind einem starken Wandel unterworfen. Gesellschaftliche Rahmenbedingungen und gestiegene Wohnangebote lösen

eine höhere kommunale Tätigkeit aus und erfordern von den Behörden in verschiedenen Bereichen eine intensivere Steuerung, so auch in der Sozialhilfe. Die Vorstellung, dass die kommunalen Sozialdienste die Ursachen und Folgen sozialer struktureller Probleme beeinflussen und bewältigen können, muss als utopisch gelten. Auf kommunaler Ebene allein ist keine ursachen- und finalorientierte Bearbeitung sozialer Probleme zu erreichen, weil die gesellschaftlichen und wirtschaftlichen Veränderungen nicht an den Gemeindegrenzen Halt machen. Die Gemeinden können zwar die unmittelbaren Einkommenslücken der Sozialhilfebezügerinnen und -bezüger schliessen und mit Druck auf die Einzelpersonen Fortschritte zu erwirken versuchen. Aber eine weiterführende Sozialhilfe, die zur Selbsthilfe befähigt, ist ohne Blick auf die Wirtschaft und auf andere Leistungsträger nicht möglich. Die Sozialhilfe macht ähnliche Fehler wie die IV in den 90er-Jahren: Sie vernachlässigt die Integrationsangebote für jene Menschen, die teilweise oder ganz arbeitsfähig sind. Es genügt nicht, die Aufgabenerfüllung an die Regionalen Arbeitsvermittlungszentren (RAV) oder an die IV zu delegieren. Der Rückzug auf die Position des «letzten Netzes» ist nicht angemessen und führt zu einer folgenschweren Ausgrenzung von Sozialhilfebeziehenden.
Insgesamt nehmen die Gemeinden ihre Verantwortung unterschiedlich wahr und es gelingt ihnen oftmals nicht, eine eigene oder gemeinsame Strategie gegen neuere strukturelle Probleme zu entwickeln. Die Gemeinden beschränken sich teilweise darauf, Armut zu verwalten. Sie haben es versäumt, in Zusammenarbeit mit der Wirtschaft oder über eine soziale Wirtschaftspolitik sinnvolle Anreize für Arbeitsplätze für weniger leistungsfähige Menschen zu schaffen. Je stärker die Forderungen nach einer einheitlichen Sozialhilfepolitik oder nach einer Harmonisierung der Sozialleistungen werden, desto klarer kristallisiert sich heraus, dass die Gemeinde die falsche Organisationseinheit für die Sozialhilfe ist. Das Subsidiaritätsprinzip muss also nicht nur die schützende Funktion für die Gemeinde einnehmen, indem durch Bund und Kanton mit finanziellen und anderen Massnahmen die untere Ebene mitgetragen wird, sondern es muss auch die ordnende Funktion ausüben, was bedeutet, dass die Gemeinde von der Aufgabenerfüllung ausgeschlossen werden kann und die höhere Ebene die Verantwortung zu übernehmen hat. Die Sozialhilfekosten sind die einzigen Ausgaben, die unmittelbar von der Gemeinde beeinflusst werden können, deshalb werden bestimmte Personengruppen in die IV abgeschoben. Andere Leistungen der sozialen Sicherheit wie Ergänzungsleistungen oder Prämienverbilligungen der Krankenversicherung werden oftmals durch die Gemeinden mitfinanziert und übersteigen die Kosten der Sozialhilfe bei weitem. Auf diese Leistungen haben die Gemeinden jedoch keinen Einfluss, da sie über die Gesetzgebung des Bundes und der Kantone festgelegt sind.

6.1.4.4 Die politischen Parteien

Parteipolitisches Engagement für die Sozialhilfe ist auf Bundesebene selten zu finden. Vielmehr wird die Sozialhilfe im Rahmen der sozialen Sicherheit mitgedacht und nur zum Teil explizit erwähnt. Linke und bürgerliche Positionen sind festgefahren und verharren in einer Vorstellung von Sozialhilfe, die den Entwicklungen der 90er-Jahre nicht gerecht wird. Obwohl die Sozialhilfe bedeutend weniger detailliert ausformuliert ist als die Sozialversicherungen, existiert kaum ein politisches Interesse, gesamtschweizerische Regelungen im Sinne einer einheitlicheren und effizienteren Sozialhilfepolitik zu etablieren. Es finden eher wenig grundlegende parteipolitische Debatten zur Sozialhilfe statt und politische Vorstösse zum Gesamtkonzept der Sozialhilfe sind nicht auszumachen. Die Politik beschäftigt sich vor allem mit den Sozialversicherungen, vornehmlich mit der AHV und der Verbilligung der Krankenkassenprämien. Zu den Sozialversicherungen ALV und IV sind politische Diskussionen im Gange, die durch die finanziellen Defizite dieser Versicherungszweige ausgelöst wurden.
Es mangelt an parteipolitischem Interesse für die Menschen, die am Rande der Gesellschaft stehen, pozentiell noch integrationsfähig sind und ein Anrecht auf Teilhabe an der Gesellschaft beanspruchen dürfen. Die Marginalisierung der Sozialhilfe ist Zeichen eines unzureichenden Engagements für die schwächeren Mitglieder der Gesellschaft und deutet auf eine Verdrängung von sozialen Problemen hin. Die Beteiligungsgerechtigkeit ist durch die realpolitische Orientierung an mehrheitsfähigen Kompromissen verdrängt worden.

6.1.4.5 Interessenverbände, private soziale Institutionen und Kirchen

Privater Einsatz im sozialen Bereich ist eine Art von Solidarität mit Benachteiligten, die auf Hilfe angewiesen sind. Dabei lassen sich zwei Formen unterscheiden: Es gibt Institutionen, die sich auf sozialpolitisches Engagement beschränken und Institutionen, die sich mit konkreten Problemen auseinandersetzen, Hilfsangebote anbieten sowie sozialpolitisches Lobbying betreiben.
Im sozialpolitischen Bereich betätigen sich für die Sozialhilfe vor allem die Fachverbände SKOS (Schweizerische Konferenz für Sozialhilfe) für die ganze Schweiz, ARTIAS (Association romande et tessinoise des institutions sociales) in der französischsprachigen Schweiz und SVSP (Schweizerische Vereinigung für Sozialpolitik). Den grössten Einfluss auf die Sozialhilfe in den Kantonen hat die SKOS mit ihren Richtlinien zur Bemessung und Ausrichtung der Sozialhilfe. Die SKOS übernimmt weitgehend die Koordination für eine einheitliche Sozialhilfe unter den Kantonen, wobei diese Koordina-

tion nur auf informeller Ebene möglich ist. Eine verbindliche Vorgabe für die Ausgestaltung der Sozialhilfe kann der Fachverband nicht machen, da die entsprechende politische Legitimation fehlt. Bei der Koordination der Sozialhilfe spielt die SKOS eine aktivere Rolle als die Konferenz der kantonalen Sozialdirektorinnen und -direktoren (SODK), weil auf der privaten, unverbindlichen Ebene leichter Kompromisse zu erarbeiten sind.
Grundsätzlich ist privates Engagement auf sozialpolitischer Ebene zu befürworten, gleichwohl wirkt sich dies hemmend aus auf eine demokratisch legitimierte, effiziente und transparente Sozialhilfe. Es entsteht zu wenig Druck, gesamtschweizerisch bindende Regelungen zu formulieren.
Die staatliche Zurückhaltung bei der Organisation von sozialen Netzen hat zu einer breiten Tätigkeit von Institutionen, Vereinen, Stiftungen und Einzelpersonen geführt. Daraus resultiert eine Fragmentierung in der Aufgabenerfüllung und Zuständigkeit, was jedoch auch eine Stabilisierung des sozialen Angebots bedeutet. Leitbilder und Stiftungszwecke privater Institutionen können das anwaltschaftliche Handeln für gewisse Personengruppen oftmals besser stützen als staatliche Gesetze und Normen, da die Institutionen nicht zuerst einen politischen Prozess der Meinungsfindung durchlaufen und Mehrheitsfähigkeit erlangen müssen.[444] Diese Parteinahme hat eine wichtige Funktion, weil damit die staatliche Tätigkeit gegenüber sozial Schwächeren überprüft wird. Ihr Engagement finanzieren die privaten Institutionen zum Teil aus Spendengeldern. Im Vordergrund stehen vor allem Beratungstätigkeiten, seltener wird kurzfristige finanzielle Hilfe geleistet. Die private Trägerschaft hat den Vorteil, dass das Personal sehr motiviert ist und sich mit dem Stiftungszweck identifiziert. Dies ist eine ideale Voraussetzung für den Umgang mit Menschen in schwierigen Lebenssituationen, wo Respekt und Geduld notwendig sind. Die Differenzierung von sozialen Dienstleistungen durch private Institutionen führt zu einer Spezialisierung, die wirksame Hilfestellungen ermöglicht. Ich vertrete daher die Meinung, dass eine Verstaatlichung dieser Beratungs- und Betreuungsangeboten nicht zu fördern ist. Der Staat soll sich hingegen an der Finanzierung beteiligen, da mit diesem Einsatz ein Gewinn für das Gemeinwohl erzielt wird. Es ist die Aufgabe der staatlichen Stellen, sich die Wirkung der Leistungen dokumen-

444 Vgl. dazu die Tätigkeit der kirchlichen Gassenarbeit in der Stadt Luzern Ende der 80er, Anfang der 90er-Jahre. Die Eröffnung einer Gassenküche, die Angebote für niederschwellige Arbeitsmöglichkeiten sowie eine ambulante medizinische Betreuung führten zu einer Verbesserung der Lebensumstände für Drogenkranke. Im städtischen Parlament wurde noch einige Jahre über die Notwendigkeit der Institutionen für die Überlebenshilfe diskutiert, während die Hilfestellungen bereits erfolgreich erbracht wurden. Vgl. Verein Kirchliche Gassenarbeit (1993–2005).

tieren zu lassen, damit die Resultate in die Sozialplanung einbezogen werden können. Werden die erreichten Ziele nicht belegt, bleibt die Subventionierung der privaten Beratungsangebote dem politischen Goodwill ausgesetzt.
Im Blick auf die Sozialberichterstattung weisen private soziale Institutionen in ihrer Gesamtheit einige Mängel auf. Ihre Information zuhanden der Öffentlichkeit und der kantonalen oder schweizerischen Sozialberichterstattung ist ungenügend. Sie evaluieren und dokumentieren ihre Tätigkeiten und ihre Leistungen im Gesamtsystem der sozialen Sicherheit zu wenig. Obwohl private Institutionen bei der Wahrnehmung von sozialen Problemen eine wertvolle Arbeit erbringen, gelingt es ihnen nicht, die Sozialpolitik oder die Forschung massgeblich mitzubestimmen.
Kirchen und andere religiöse Gruppierungen sind ebenfalls Anlaufstellen für Menschen in Not. Soziales Engagement und diakonisches Handeln sind die Grundmotivation für den Aufbau von kirchlichen Sozialdiensten und für kurzfristige Hilfen. Die Kirchen und religiösen Gruppen versuchen verstärkt, über ihre Gemeinwesenarbeit die Mitglieder zu motivieren, schwächere Mitmenschen zu tragen. Dieser Einsatz ist zu begrüssen, da viele Sorgen und Nöte der Menschen vom Staat nicht ernst genommen werden. Durch die Aktivitäten der religiösen Kreise erhält die soziale Integration in der nicht familialen Gemeinschaft eine besondere Bedeutung.

6.1.5 Fachpersonal

Die Professionalisierung in der Sozialhilfe ist in den vergangenen 20 Jahren vorangeschritten. Dies ist einerseits der Ausbildung an den Fachhochschulen für Soziale Arbeit zuzuschreiben, andererseits dem Willen der politisch Verantwortlichen, in den Gemeinden im sozialen Bereich qualifizierte Facharbeit zu erbringen. Diese Entwicklung ist positiv zu bewerten, da mit der Professionalisierung eine fachgerechtere persönliche Sozialhilfe geleistet wird. Auch die Koordination mit den Sozialversicherungen ist zum Teil verbessert worden. Die zunehmende Dichte von sozialstaatlichen Leistungen erfordert fundierte Kenntnisse über die Zuständigkeiten und Leistungsangebote. Seriöses Wissen im Fachbereich der Sozialhilfe sowie verschiedene Beratungsmethoden gehören zu den grundlegenden Arbeitsinstrumenten.[445]
Die Sozialdienste und Fachpersonen haben hohe Fallzahlen sowie komplexe Situationen zu bewältigen und stehen gleichzeitig unter politischem und finanziellem Druck. Sie werden beauftragt, sich vom Alltagswissen über menschliches Denken, Fühlen und Verhalten leiten zu lassen und mit dem

445 Mäder/Nadai (2004); Amthor (2003).

«gesunden Menschenverstand» auf die individuellen Problemsituationen zu reagieren. Daraus kann eine «professionelle Verhärtung» im Umgang mit jenen Sozialhilfebezügerinnen und -bezügern entstehen, die sich nicht an die Verhaltensnormen der jeweiligen Fachperson halten. Wenn die Beratung von Misstrauen geprägt ist, wird eher zu Sanktionen gegriffen, um eine Veränderung einer unbefriedigenden Beratungssituation herbeizuführen. Kontrolle erhält so einen höheren Stellenwert als die Beratung und die Suche nach Perspektiven.

Die Konzentration auf den Einzelfall bewirkt eine Individualisierung, sodass der Blick für strukturelle Probleme verloren geht. Ohne systematische Erhebung der sozialen Probleme mit einheitlichen Beurteilungsrastern können keine Beratungsziele formuliert werden. Periodisch erfasste Aussagen der Sozialhilfebezügerinnen und -bezüger weisen die Wirksamkeit von Massnahmen nach. Dies verpflichtet das Fachpersonal zu einer intensiven Arbeit mit den Betroffenen und einer korrekten Dokumentation des Geleisteten. Fachliche Arbeit bedeutet neben der Beratung auch, den verantwortlichen politischen Behörden und der Öffentlichkeit Rechenschaft über die Probleme, Leistungen und Wirkungen abzulegen. Damit können die Weiterentwicklung der Sozialen Arbeit sowie eine umfassende Sozialberichterstattung gefördert werden und das Erfahrungswissen bleibt zugänglich. Die heutige Verzettelung der Fachpersonen die Gemeinden verhindert, dass das Fachwissen gezielt ausgeweitet und in den einzelnen Institutionen erhalten werden kann.

Wie bei anderen Akteurinnen und Akteuren der Sozialhilfe kann auch bei den im sozialen Bereich Tätigen festgestellt werden, dass sie zu wenig (anwaltschaftlich) organisiert sind und zu wenig lautstark für die Anliegen der von ihnen Betreuten an die Öffentlichkeit gelangen.[446] Das politische Engagement ist gerade dann unumgänglich, wenn klar ist, dass manche Probleme von Bedürftigen auf strukturelle Probleme zurückgehen. Wenn sich die Fachpersonen nicht engagieren, wird auch politisch nichts geschehen, denn der Druck von den Bedürftigen ist mit wenigen Ausnahmen verschwindend klein. Es fehlt nicht nur der Einsatz der Politikerinnen und Politiker für die Sozialhilfe; es fehlt auch deren Unterstützung durch die Fachleute.

Die Durchsetzung von Fachlichkeit liegt aber nicht nur in der Macht der Fachpersonen und Organisationen, sondern sie ist auch abhängig von der Umsetzungsbereitschaft der Politikerinnen und Politiker. Damit diese glaubwürdig über die Ausrichtung der Sozialhilfe und insbesondere über die

446 Im gewerkschaftlichen Sinn sind die Fachpersonen besser organisiert, und zwar im Schweizerischen Berufsverband Soziale Arbeit (SBS). Der Verband vertritt die beruflichen, wirtschaftlichen und sozialen Interessen seiner Mitglieder. Siehe Bohrer (2003), 262.

Ressourcen entscheiden können, die in die materielle und immaterielle Hilfe (Beratung und Betreuung) fliessen, ist ein ständiger Austausch mit den Fachleuten notwendig. Auf der anderen Seite mangelt es den fachlich korrekt ausgestalteten Hilfssystemen aber teilweise an der nötigen politischen Unterstützung und am Rückhalt in der Gesellschaft. «Auch der Diskurs von Experten muss mit dem demokratischen Meinungs- und Willensbildungsprozess rückgekoppelt werden, wenn Integration durch Legitimation gelingen soll.»[447] Das Verhältnis von Facharbeit und politischer Verantwortung ist ungenügend geklärt. Politische Vorgaben zur Ausgestaltung sind auf Bundesebene und auf Kantonsebene zu leisten.

6.1.6 Bezügerinnen und Bezüger von Sozialhilfe

Im Gegensatz zu den Interessengruppen der Behinderten, Pensionierten, Familien oder Jugendlichen melden sich die Bezügerinnen und Bezüger von Sozialhilfe kaum auf der politischen Ebene. Sie sind zurückhaltend im öffentlichen Auftritt oder im solidarischen Engagement, weil der Sozialhilfebezug eine stigmatisierende Wirkung hat und weil die Betroffenen in ihren unterschiedlichen Lebenssituationen wenig gemeinsame Interessen entwickeln. Häufig grenzen sie sich voneinander ab oder begegnen sich mit Misstrauen[448], da die Sozialhilfe sie mit differenzierten Hilfeleistungen unterstützt. Vereinzelt glückt die Solidarisierung unter bestimmten Gruppen in der Sozialhilfe. Vor allem Langzeitarbeitslose, Suchtmittelabhängige und Alleinerziehende verstehen es, sich zu organisieren und ihre Bedürfnisse zu formulieren. In Strassenzeitungen thematisieren sie die Arbeitslosigkeit oder Suchtmittelabhängigkeit und machen ihre Lebensumstände einer breiteren Öffentlichkeit zugänglich. Der Dachverband lokaler und regionaler Vereine und Selbsthilfegruppen Alleinerziehender in der Schweiz (SVAMV) betreibt Lobbying bei den Politikerinnen und Politikern sowie bei den Behörden für die Anliegen von Einelternfamilien.[449] Aber insgesamt spielt die kleine Solidarität[450] ungenügend und die Stimme der Betroffenen ist zu wenig hörbar. Auch die Sozialhilfe macht für ihre Klientel zu wenig konkrete Vernetzungsarbeit und das Element der solidarischen Selbsthilfe ist kaum verwirklicht.

447 Wilhelms (2001), 136.
448 Dieses Misstrauen schliesst häufig auch einen Missbrauchsverdacht ein. Für die Behörden und Sozialdienste, aber auch für die Öffentlichkeit ist es äusserst schwierig, Missbrauch zu erfassen, da die Verdächtigungen oftmals aufgrund subjektiver Einschätzungen geäussert werden ohne Kenntnis des umfassenden Sachverhaltes.
449 Vgl. http://www.svamv-fsfm.ch
450 Vgl. dazu Kapitel 5.2.3 Solidarität.

6.2 Zusammenfassung

Die abschliessende Zusammenfassung fokussiert noch einmal die Stärken und Schwächen der schweizerische Sozialhilfe.

6.2.1 Stärken der Sozialhilfe

Die Sozialhilfe in der Schweiz erfüllt ihre wichtigste Aufgabe: Sie verhindert die absolute Armut, indem sie allen Menschen, die Hilfe beantragen, die Existenz sichert. Die Sozialhilfe als bedarfsdeckende Existenzsicherung zielt von der Ausrichtung her auf Integration und ergänzt andere bedarfsabhängige Sozialleistungen. Grundsätzlich ist über die Sozialhilfe die materielle Teilhabe an der Gesellschaft auf dem Niveau der SKOS-Richtlinien festgelegt und sozialpolitisch mehrheitlich akzeptiert. In Bezug auf die Existenzsicherung sind die ethischen Prinzipien Personalität, Gerechtigkeit, Solidarität und Subsidiarität zum grossen Teil erfüllt.

6.2.2 Schwächen der Sozialhilfe

Trotz der ausreichenden materiellen Existenzsicherung bestehen in der Ausgestaltung einige Schwächen, die den ethischen Prinzipien und fachlichen Kriterien nicht standhalten.

Ethische Prinzipien

- Dem *Personalitätsprinzip* wird auf der Ebene der Gesetzgebung eine grosse Bedeutung zugemessen. In der Beratungsarbeit auf den Sozialdiensten sind für die Respektierung der Würde der Betroffenen aber dringend Verbesserungen angezeigt. Der kommunale Zugang zur Sozialhilfe verhindert eine gleiche Behandlung der Antragstellenden im Sinne des Gerechtigkeitsgrundsatzes: «Gleiches ist gleich, Ungleiches ungleich zu behandeln». Die kleinräumig organisierte Sozialhilfe ist nicht kompatibel mit den strukturell bedingten Problemen und mit der (zum Teil unfreiwilligen) Mobilität der Bevölkerung. Das Verharren in der kommunalen Zuständigkeit entspringt sozialromantischen Ansichten über soziale Probleme und ist überholt. Dass die örtliche Nähe zu den Bedürftigen zu besseren Problemlösungen führt, ist empirisch nicht nachweisbar.
- Aspekte der *Gerechtigkeit* wie die Beteiligungsgerechtigkeit und die Verfahrensgerechtigkeit (ohne Beschwerdeverfahren) sind in der Sozialhilfe ungenügend berücksichtigt. Die berufliche Integration von arbeitsfähigen Menschen ist ein Gebot der Stunde. Es ist nicht zu verantworten, dass die Sozialhilfe nun ähnliche Fehler macht wie die IV in den 90er-Jahren und vorwiegend auf materielle Unterstützung von Menschen setzt, die durch

eigene Leistungen ein Einkommen erzielen könn(t)en. Eine einheitliche Ausrichtung der Sozialhilfe in dieser Frage ist unumgänglich; kommunale und kantonale Initiativen genügen nicht. Im Gegensatz zur IV oder ALV kann die Sozialhilfe beispielsweise bei anhaltender Zunahme nicht einfach die Zugangsbedingungen zu den Sozialleistungen begrenzen, denn sie ist Hilfe in Notlagen, die final die Existenz zu sichern hat.

- Die starke Institutionalisierung der *Solidarität* durch die Sozialversicherungen hat die berufliche und soziale Integration in den Hintergrund gedrängt. In der Sozialhilfe hat sich eine Abkehr von der bedingungslosen Solidarität hin zu Gegenleistungsmodellen entwickelt. Der Aspekt der Fürsorge wird damit eingeschränkt. Solidarität darf nämlich nicht nur Menschen zugutekommen, die eine (Gegen-)Leistung erbringen. Solidarität umfasst auch das Mittragen von Gesellschaftsmitgliedern, die aus verschiedenen Gründen nicht selbstständig ihre Existenz sichern können.
- Das Prinzip der *Umsetzbarkeit* muss vor allem bei der Entwicklung von neuen Modellen und bei Reformvorschlägen beachtet werden. Meiner Meinung nach kann nur auf den bestehenden Instrumenten der sozialen Sicherung aufgebaut werden oder die bisherigen Zweige müssen bei Bedarf auf weitere Personengruppen ausgeweitet werden. Die Sozialhilfe ist so zu koordinieren, dass eine einheitliche Form der Zusammenarbeit mit den anderen Instrumenten möglich ist. Die kommunale Zuständigkeit für die Sozialhilfe verhindert die Umsetzung einer dringend notwendigen Koordination der sozialen Leistungen.
- Zu bemängeln ist, dass der Sozialhilfe in den vergangenen 30 Jahren mehr und mehr ein einseitiges Verständnis von *Subsidiarität* zugrunde gelegt worden ist und dass die systembedingte Verdrängung der sozialen Probleme die Sozialhilfe in eine Sackgasse geführt hat. Die Politik beschränkt sich auf die einseitig ordnende Funktion der Subsidiarität, welche die Zuständigkeit immer auf die untere Ebene schieben will (auf die Gemeinde oder gar auf die Individuen), und ignoriert die ordnende Funktion, die auch Aufgaben entziehen muss, sowie die schützende Funktion. Die Gemeinwesen nehmen eine technokratische Aufgabenzuteilung vor und vergessen dabei, dass staatliches Handeln in erster Linie dem Individuum und der Gesellschaft als Ganzes zu dienen hat und nicht so sehr organisatorische Perfektion zu leisten hat.

Fachliche Kriterien

- In der Schweiz ist die *Existenzsicherung* durch die Sozialhilfe nach Bedarfsdeckung gewährleistet. Allerdings ist die Existenzsicherung vorwiegend auf monetäre Leistung ausgerichtet und die persönliche Sozialhilfe wird häufig vernachlässigt. Die *Integrationshilfe* ist ungenügend ausgebaut und der Zugang zur *Sozialhilfe* sowie der fachlich adäquate *Einsatz der Erkenntnisse aus den Sozialwissenschaften* sind mangelhaft. Diese Mängel sind der kommunalen Zuständigkeit zuzuschreiben, die dafür verantwortlich ist, dass in rund 2'800 Gemeinden ähnlich gelagerte Probleme unterschiedlich beurteilt werden.

- Die Sozialhilfe funktioniert nach dem *Bedarfsdeckungsgrundsatz* (monetär und nicht monetär) und hat damit eine integrative Wirkung. Die Bestrebungen, bei leistungsschwachen Menschen, Arbeitslosen oder Alleinerziehenden vorwiegend mit Druck die Eigeninitiative zu fördern, garantieren keinen Erfolg. Es sind individuell angepasste Massnahmen zu ergreifen, welche die Selbsthilfe fördern.
- Es fehlen auf allen staatlichen Ebenen *Sozialberichterstattungen*, die koordiniert erstellt und ausgewertet werden. Daher können keine gemeinsamen Strategien gegen die strukturell bedingten Notlagen entwickelt werden. Die gesamtschweizerische Sozialhilfestatistik muss in den kommenden Jahren weiterentwickelt werden und die Resultate müssen verbindlicher in die Sozialpolitik einfliessen.
- Die *Evaluation* der sozialen Leistungen und Tätigkeiten ist auf allen staatlichen Ebenen und in den privaten Institutionen ungenügend. Auch in diesem Bereich wirkt sich die kommunale Zuständigkeit für die Sozialhilfe hemmend aus. Die privaten sozialen Institutionen ihrerseits vernachlässigen den notwendigen Gesamtblick für die soziale Tätigkeit.

7 Massnahmen zur Verbesserung der Sozialhilfe

7.1 Aufwertung der Sozialhilfe im Rahmen der sozialen Sicherheit

Aufbauend auf den in Kapitel 6 dargelegten Stärken und Schwächen der Schweizer Sozialhilfe werden abschliessend Forderungen an die verschiedenen Akteurinnen und Akteure formuliert, die zu einer effizienteren und effektiveren Sozialhilfe führen sollen. Die Forderungen basieren auf den sozialethischen Prinzipien Personalität, Gerechtigkeit, Solidarität, Subsidiarität und Umsetzbarkeit sowie auf dem Erfahrungswissen der Sozialwissenschaften. Die beschriebenen fachlichen Kriterien verlangen zu Recht die Existenzsicherung (persönliche Sozialhilfe, wirtschaftliche Sozialhilfe und Integration), eine schweizerisch einheitliche Situationsanalyse und Datenerhebung, die Bedarfsdeckung im Zusammenhang mit Anreizsystemen und die Evaluation des staatlichen Handelns in der Sozialhilfe. Die notwendigen Anpassungen können aber nur dann ihre Wirkung entfalten, wenn die Sozialhilfe im Rahmen der sozialen Sicherheit eine Aufwertung erfährt. Die Forderungen haben einerseits die Grundstruktur der sozialen Sicherheit im Blick, andererseits muss die Politik organisatorische und inhaltliche Reformen auf Bundesebene vornehmen, die in den Kantonen strukturelle Veränderungen bewirken.

Die Sozialversicherungen und die Sozialhilfe sollen die Grundpfeiler der sozialen Sicherheit bleiben. Beide Instrumente müssen mit einer zweifachen Zielsetzung arbeiten: Sie haben den Auftrag, Integrationshilfe zu leisten, das heisst, die Integration in den Arbeitsmarkt zu fördern. Wenn die Integration nicht gelingt, haben diese Instrumente je nach Ursache die Leistungsschwachen zu unterstützen und die monetäre Existenzsicherung zu übernehmen. Ausgehend von diesem Grundverständnis müssen die Sozialversicherungen und die Sozialhilfe in erster Linie ihre Zusammenarbeit fördern sowie ihre Integrationshilfen für möglichst viele betroffene Menschen verstärkt einsetzen.

Damit die Sozialversicherungen die genannte Zielsetzung erreichen können, müssen sie im Rahmen ihrer Tätigkeit einen gezielten Ausbau anstreben. Über einzelne Modelle der Mindestsicherung wie beispielsweise die negative Einkommenssteuer, die Steuergutschrift bei Erwerbstätigen oder auch die Weiterentwicklung der Ergänzungsleistungen für bestimmte Gruppen kann eine optimale Form der bedarfsabhängigen Unterstützung von Menschen mit tiefen Einkommen erreicht werden. Diese ergänzenden Modelle stellen die Beteiligungsgerechtigkeit sicher. Sie sind vor allem im Blick auf die Koordination der Sicherungselemente zu etablieren.

Die Sozialhilfe ihrerseits muss durch die Politik aufgewertet werden. Diese sozialpolitische Aufwertung hat zur Folge, dass die Sozialhilfe in einigen

Punkten angepasst werden muss, damit sie auch tatsächlich eine gleichwertige Stellung im System der sozialen Sicherheit innehat. Sie darf nicht länger definiert werden als «letztes Auffangnetz für die Restarmut», sondern sie muss zwingend koordiniert sein mit allen Versicherungsleistungen und ihre Organisation muss gesamtschweizerisch koordinationsfähig ausgestaltet sein.

- Damit die Sozialhilfe den gegenwärtigen Ansprüchen einer umfassenden Existenzsicherung genügen kann, ist sie mit den notwendigen Ressourcen auszustatten und neu zu strukturieren. Diese Anpassungen erfordern einen politischen Konsens auf Bundesebene und zwischen den Kantonen.
- Die Schnittstellen zwischen den verschiedenen Sozialversicherungen sowie zwischen den Versicherungen und der Sozialhilfe sind genau zu beobachten. Der Sozialhilfe kommen Aufgaben zu, welche die Sozialversicherungen nicht übernehmen (können). Da deshalb immer mehr Menschen auf Unterstützung angewiesen sind, muss die Sozialhilfe entsprechende Strukturen erhalten.
- In der Schweiz bestehen keine staatlichen Strukturen, die in der Lage sind oder die Kompetenz haben, die Sozialversicherungen und die Sozialhilfe zu koordinieren. Eine Reorganisation der Organisationsstruktur ist daher angezeigt. Ein effizienter und abgestimmter Einsatz aller Sicherungsinstrumente ist nur möglich, wenn die Sozialhilfe in regionalen Anlaufstellen mit kantonaler Zuständigkeit organisiert wird. Auf Bundesebene sind grundlegende Inhalte vorzugeben, die in der ganzen Schweiz einen gerechten Zugang zur Sozialhilfe sicherstellen.
- Die Sozialhilfe muss wie die Sozialversicherungen systematische und fundierte Abklärungen zur Armutsursache im Einzelfall vornehmen – nur so kann eine gezielte und mit anderen Institutionen abgestimmte integrative Hilfe realisiert werden.

7.2 Forderungen an die Politik der Kantone

Die Sozialhilfe ist gemäss Artikel 115 BV eine kantonale Aufgabe. Eine gesamtschweizerische Koordination müssen die Kantone demnach in einem ersten Schritt selber leisten. Die Konferenz der kantonalen Sozialdirektorinnen und -direktoren (SODK) muss sich stärker in der Sozialhilfepolitik positionieren, das heisst, sie muss der Sozialhilfe eine grössere Bedeutung zumessen. Gemäss den Statuten hat sie einen Koordinationsauftrag im Bereich der Sozialpolitik zu erfüllen, und zwar besonders bei Themen, die nicht in die Bundeszuständigkeit fallen. Die politische Zurückhaltung der SODK bei der Festlegung von Unterstützungsrichtlinien für die Sozialhilfe ist unverständlich. Anstelle der SODK erarbeitet seit Jahrzehnten der Fachverband SKOS die Richtlinien für die Ausgestaltung und Bemessung der Sozialhilfe.

Diese Richtlinien bleiben aber politisch unverbindlich und sind der kantonalen Sozialhilfepolitik unterworfen.
Da die Sozialhilfe auf Bundesebene nur sehr grundsätzlich[451] geregelt ist und allgemein verbindliche Weisungen zur Organisation der Sozialhilfe fehlen, ist es Aufgabe der SODK, wichtige Veränderungen in der Sozialhilfe oder gesellschaftliche Entwicklungen aufzugreifen. Die starke Zunahme der Sozialhilfe, die Koordination mit den Sozialversicherungen oder die Revision des Bundesgesetzes über die Zuständigkeit für die Unterstützung Bedürftiger (ZUG) werden kaum thematisiert. Das Engagement der Kantone ist umso wichtiger, weil die Gemeinden wegen ihrer unterschiedlichen Grösse keinen gemeinsamen Nenner für die Ausgestaltung der Sozialhilfe finden und die notwendigen staatlichen Leistungen immer unterschiedlicher erbringen.

Aus meiner Sicht sind folgende Veränderungen unumgänglich:

- Die SODK muss sich für eine *einheitliche Sozialhilfepolitik* stark machen. Eine umfassend verstandene Subsidiarität verlangt eine Koordination und die Erarbeitung einer gemeinsamen Haltung (Aufwertung der Sozialhilfe).
- Die SODK muss *Strukturen schaffen,* die eine Koordination des Sozialwesens zulassen. Eine einheitliche Planung und Organisation der Sozialhilfe erlaubt den Kantonen und Fachverbänden eine nachhaltige Sozialhilfepolitik. Die Politik hat den Umgang mit den Sozialhilfebezügerinnen und -bezügern derart zu regeln, dass die sozialethischen Prinzipien und die fachlichen Kriterien umgesetzt werden können.
- In den kantonalen Gesetzgebungen ist das delikate *Verhältnis von Demokratie und Rechtsstaat* genauer zu beachten. Die staatliche Intervention für Bedürftige darf nicht nur von der (finanz-)politischen Haltung und vom Menschenbild der einzelnen Behördenmitglieder abhängig sein. Vielmehr muss sie durch die Organisation rechtlich aktiv sichergestellt werden.
- Die Parteien müssen sich vermehrt einsetzen für das *Engagement des Bundes* im Rahmen der Sozialhilfe. Als gleichwertiges Instrument der sozialen Sicherheit muss die Sozialhilfe mit derselben Aufmerksamkeit behandelt werden wie die Sozialversicherungen.

451 Siehe Bundesverfassung Artikel 12, 41 und 115.

7.3 Dringend notwendige Anpassungen in der Bundesgesetzgebung

Damit die schweizerische Sozialhilfepolitik weiterentwickelt werden kann, muss das Bundesgesetz über die Zuständigkeit für die Unterstützung Bedürftiger vom 24. Juni 1977 (ZUG) revidiert werden:

- Die *Kostenersatzpflicht der Heimatkantone* (Heimatgemeinden) gemäss ZUG ist abzuschaffen. Die Heimatgemeinde hat in der heutigen Gesellschaft im Bereich der Sozialhilfe keine Funktion mehr. Der Rückgriff auf den Heimatkanton führt zu einer zufälligen Verteilung von gesellschaftlichen Kosten, die nicht im Wirkungsbereich der Heimatkantone oder Heimatgemeinden liegen. Diese Form der Kostenersatzpflicht berücksichtigt die Finanzkraft oder die politischen Einflussmöglichkeiten auf die Notsituationen nicht.
- Das ZUG soll von den Kantonen innerkantonale oder interkantonale Finanzausgleiche (im Rahmen des Bundesfinanzausgleichs) fordern. Die *Abwälzung der Sozialhilfekosten* auf die einzelnen Gemeinden ist nicht sachgerecht, da die Sozialhilfe sehr starken und nicht planbaren Schwankungen ausgesetzt ist.
- Das ZUG ist zu ergänzen mit Vorschriften für eine *einheitliche Datenerhebung* in der Sozialhilfe; zudem sind Regelungen für eine gesamtschweizerische oder regionale Evaluation der Aufgabenerfüllung zu treffen. Die rechtliche Überprüfung, ob eine Unterstützung im Einzelfall korrekt erfolgt ist, genügt nicht mehr. Vielmehr sind die Auswirkungen der geleisteten Sozialhilfe zu evaluieren, denn damit kann erhoben werden, ob die staatlichen Leistungen dem Individuum und dem Gemeinwohl nützen oder ob sie zu ungewollten Abhängigkeiten führen. Die Einzelfallhilfe muss aufgrund der Menge standardisiert erbracht und kontrolliert werden. Es ist eine aktive Qualitätssicherung zu realisieren (Steuerung), sodass die gleichwertige Zusammenarbeit mit den Sozialversicherungen garantiert ist.
- Für eine umfassende Sozialhilfe sind Art und Mass der Unterstützung nach bestimmten Richtlinien festzulegen, die im ZUG rechtlich fixiert sind. Da unterschiedliche Lebenssituationen berücksichtigt werden müssen, sind verschiedene Unterstützungsniveaus zu definieren. Die Anwendung der Sozialhilfe muss *professionell* organisiert werden.
- Das ZUG als Bundesgesetzgebung muss ähnlich wie die IV-Gesetzgebung oder die ALV-Gesetzgebung organisatorische Vorgaben festhalten, die je nach Kantonsgrösse *regionale oder kantonale Anlaufstellen* vorsehen für die Gewährung der Sozialhilfe. Diese Organisationen sind den Kantonsregierungen zu unterstellen. Die Sozialhilfe leistet eine wichtige Integrationshilfe, die sich am Bedarf und an der schweizerischen Sozialpolitik

orientieren muss und nicht von politischen Zufälligkeiten einer kommunalen Behörde bestimmt werden darf. Dass die Hilfe vor Ort die beste Hilfe darstellt, ist nicht zu belegen und entspringt eher sozialromantischen Vorstellungen von Armut.

Mit der Revision des ZUG in diesen Punkten wird die Sozialhilfe zu einem festen und gleichwertigen Bestandteil der Sozialpolitik. Die einfachen gesetzlichen Regelungen erlauben die Koordination mit den Sozialversicherungen sowie den notwendigen Ausbau der Sozialhilfe.
Die Forderungen an die Politik, an die SODK und an die Parteien sind meiner Meinung nach umsetzbare Systemanpassungen. Hauptvoraussetzung ist, dass die rund 2'800 Gemeinden bereit sind, auf die kommunale Umsetzung der Sozialhilfe zu verzichten, und dadurch den Weg frei machen für eine bundesgesteuerte und kantonal umgesetzte Sozialhilfe. Das Zurückstellen der kommunalen Autonomie zugunsten grösserer Organisationseinheiten wird bereits im Rahmen der Sozialversicherungen praktiziert und bewährt sich dort seit Jahrzehnten.

7.4 Zusammenfassung

In der Schweiz soll die sozialstaatliche Existenzsicherung weiterhin durch themenspezifische Sozialversicherungen und die Sozialhilfe gewährleistet werden, wobei die Sozialhilfe aufzuwerten ist. Durch die Sozialversicherungen und die Sozialhilfe ist eine differenzierte Betrachtung von Armutsfaktoren möglich und die verschiedenen Instrumente können bei gesellschaftlichen Entwicklungen wirkungsvoll angepasst werden, ohne dass dabei das ganze Sicherungssystem infrage gestellt wird.
Die Sozialhilfe in der Schweiz bedarf dringend einer Neuorganisation. *Die kommunale Zuständigkeit ist generell aufzuheben zugunsten einer kantonalen oder regionalen Organisation.* Dies bekräftigt die Verantwortung der Kantone für die Sozialhilfe, während der Bund die Rahmenbedingungen festzulegen hat. Die Verknüpfung von Politik und Sozialhilfe ist einheitlicher zu regeln, damit willkürliche Entscheide vermieden werden können.
Die Integration von bedürftigen Menschen muss das Hauptanliegen der Sozialhilfe sein. Zusammen mit den Sozialversicherungen und der Wirtschaft sind geeignete Arbeitsmöglichkeiten zu schaffen und die materielle Teilhabe an der Gesellschaft ist zu gewähren. Damit kann der soziale Friede gestärkt werden und die benachteiligten Menschen erhalten die notwendige Unterstützung, um ein menschenwürdiges Leben führen zu können.

Literaturverzeichnis

Aeppli, D. C.: Die Ausgesteuerten. Situationsbericht – Dritte Studie, herausgegeben vom Staatssekretariat für Wirtschaft (seco), Bern/Stuttgart/Wien 2000.

Allgemeine Erklärung der Menschenrechte, Resolution 217 A (III) der Generalversammlung vom 10. Dezember 1948, www.un.org./Depts/german, (Stand 2000).

Ammerer, G.: Heimat Strasse. Vaganten im Österreich des Ancien Régime, Sozial- und wirtschaftshistorische Studien, Institut für Wirtschafts- und Sozialgeschichte, Universität Wien, Wien 2003.

Amstutz, K.: Das Grundrecht auf Existenzsicherung. Bedeutung und inhaltliche Ausgestaltung des Art. 12 der neuen Bundesverfassung, Bern 2002.

Amstutz, K.: Anspruchsvoraussetzungen und Inhalt, in: Tschudi, C. (Hrsg.): Das Grundrecht auf Hilfe in Notlagen. Menschenwürdige Überlebenshilfe oder Ruhekissen für Arbeitscheue? Bern/Stuttgart/Wien 2005, 17–32.

Amt für Statistik des Kantons Luzern (Hrsg.): lustat aktuell 2005/Nr. 06, Luzern 2005.

Amt für Statistik des Kantons Luzern: Der Finanzhaushalt der Gemeinden 1997, Luzern 1997.

Amthor, R. Chr.: Die Geschichte der Berufsausbildung in der Sozialen Arbeit. Auf der Suche nach Professionalisierung und Identität, Weinheim 2003.

Amtliches Bulletin der Bundesversammlung: Reform der Bundesverfassung, Ständerat, Bern 1998.

Anrason, V.: Diskurs im Kontext, in: Edelstein, W./ Nunner-Winkler, G. (Hrsg.): Moral im sozialen Kontext, Frankfurt am Main 2000, 149–172.

Anzenbacher, A.: Christliche Sozialethik. Einführung und Prinzipien, Paderborn/München/Wien/Zürich 1998.

Apel, K.-O.: Sprachpragmatik und Philosophie, Frankfurt am Main 1976.

Arendt, H.: Ich will verstehen. Selbstauskünfte zu Leben und Werk, München 1996.

Aristoteles: Politik, übers. von Eugen Rolfes, 1995.

Arndt, U.: Solidarität. Eine Auswahlbibliographie, in: Bayertz, K. (Hrsg.): Solidarität. Begriff und Problem, Frankfurt am Main 1998, 495–515.

Arnold, Ph.: Almosen und Allmenden. Verarmung und Rückständigkeit in der Urner Markgenossenschaft 1798–1848, Zürich 1994.

Arnold, W. et al. (Hrsg.): Lexikon der Psychologie, Bd. 1, Freiburg im Breisgau 1979.

Ausborn-Brinker, S.: Person und Personalität. Versuch einer Begriffsklärung, Tübingen 1999.

Baertschi, B.: Autonomie und Fürsorge – zwei Prinzipien im ärztlichen Umgang mit Suizidanten, hrsg. von der Schweizerischen Gesellschaft für biomedizinische Ethik, Genf 1998.
Balibar, E.: Exclusion de la politique ou politique des exclus, in: Fornet-Betancourt, R. (Hrsg.): Armut, Ethik, Befreiung, Aachen 1996, 45–50.
Balthasar, K.: Wirkungsevaluation. Überblick und Erfolgsfaktoren, in: Kaufmann, M. (Hrsg.): Leistungen messen, Wirkungen evaluieren – und was dann? (Schriftenreihe der Schweizerischen Gesellschaft für Verwaltungswissenschaften, Bd. 43, Bern 2003, 19–32.
Baumgartner, A./Putz, G. (Hrsg.): Sozialprinzipien. Leitideen in einer sich wandelnden Welt, Innsbruck 2001.
Baumgartner, A.: Solidarität und Ehrenamtlichkeit, Subsidiarität und Selbsthilfe. Veraltete Prinzipien der Sozialpolitik, in: Textor, M.: Sozialpolitik. Aktuelle Fragen und Probleme, München 1996, 29–37.
Baumgartner, H. M. et al.: Die Begründung der Schutzwürdigkeit menschlichen Lebens im Rückgriff auf Personstatus und Menschenwürde, in: Ders. et al.: Beginn, Personalität und Würde des Menschen, München 1997, 170–192.
Baumgartner, A./Korff, W.: Sozialprinzipien als ethische Baugesetzlichkeiten moderner Gesellschaft: Personalität, Solidarität und Subsidiarität, in: Korff, W. (Hrsg.): Handbuch der Wirtschaftsethik, Bd. 1, Verhältnisbestimmung von Wirtschaft und Ethik, Gütersloh 1999, 225–237.
Baumgartner, A.: Personalität, in: Heimbach-Steins, M. (Hrsg.): Christliche Sozialethik. Ein Lehrbuch, Bd. 1, Grundlagen, Regensburg 2004, 265–269.
Bayertz, K. (Hrsg.): Solidarität. Begriff und Problem, Frankfurt am Main 1998.
Bayertz, K.: Begriff und Problem der Solidarität, in: Ders. (Hrsg.): Solidarität. Begriff und Problem, Frankfurt am Main 1998, 11–53.
Beauchamp, T. L./Childress, J. F.: Principles of Biomedical Ethicas, New York/Oxford 1979; 1994/4. Aufl.
Beauchamp, T. L./DeGrazia, D.: Principles and Principlism, in: Khushf, G. (Ed.), Handbook of Bioethics, Kluwer Academic Publishers Dordrecht/ Boston/ London 2004, 55–74.
Becker, J.: Der erschöpfte Sozialstaat. Neue Wege zur sozialen Gerechtigkeit, Frankfurt am Main 1994.
Bellermann, M.: Sozialpolitik. Eine Einführung für soziale Berufe, Freiburg im Breisgau 2001/4. Aufl.
Benda, E.: Der soziale Rechtsstaat, in: Ders. et al. (Hrsg.): Handbuch des Verfassungsrechts der Bundesrepublik Deutschland, Berlin 1983, 477–553.
Bentham, J.: An Introduction to the Principles of Morals and Legislation, (The Collected Works of Jeremy Bentham), ed. by Burns, J. H. / Hart, H. L. A., London/ New York 1970.

Berger, P. A./Hradil, S. (Hrsg.): Lebenslagen, Lebensläufe, Lebensstile, Soziale Welt, Sonderband 7, Göttingen 1990.

Bertram, H./Dannenbeck, C.: Pluralisierung von Lebenslagen und Individualisierung von Lebensführungen. Zur Theorie und Empirie regionaler Disparitäten in der Bundesrepublik Deutschland, in: Berger, P. A./Hradil, S. (Hrsg.): Lebenslagen, Lebensläufe, Lebensstile. Soziale Welt, Sonderband 7, Göttingen 1990, 207–229.

Blickle, P.: Subsidiarität als rechtliches und politisches Ordnungsprinzip in Kirche, Staat und Gesellschaft. Genese, Geltungsgrundlagen und Perspektiven an der Schwelle des dritten Jahrtausends, Berlin 2002.

Blöchliger/Staehelin & Partner: Erstellung von vergleichbaren Indikatoren zur Sozialhilfe anhand ausgewählter Kantone, Basel 2001.

Bohrer, I.: Schweizerischer Berufsverband Soziale Arbeit (SBS/ASPAS), in: Carigiet, E. et al. (Hrsg.): Wörterbuch der Sozialpolitik, Zürich 2003, 262.

Bohrer, I./Wallimann, I.: Armut: Eingliederung als neue Herausforderung für die Sozialhilfe. Das garantierte Mindesteinkommen (RMI) in Frankreich: Potentiale und Erfahrungen, Bern/Stuttgart/Wien 1999.

Bohrmann, Th.: Zur Leistungsfähigkeit der Sozialprinzipien im Gesundheitswesen, in: Baumgartner, A./ Putz, G. (Hrsg.): Sozialprinzipien. Leitideen in einer sich wandelnden Welt, Innsbruck 2001, 160–183.

Bohrmann, Th.: Organisierte Gesundheit. Das deutsche Gesundheitswesen als sozialethisches Problem, Berlin 2003.

Bohrmann, Th.: Subsidiarität, in: Heimbach-Steins, M. (Hrsg.): Christliche Sozialethik. Ein Lehrbuch, Bd. 1 Grundlagen, Regensburg 2004, 293–301.

Bondolfi, A./Münk, H.J. (Hrsg.): Theologische Ethik heute. Antworten für eine humane Zukunft. Festschrift zum 60. Geburtstag von Hans Halter, Zürich 1999.

Borner, S.: Die direkte Demokratie: Ein schweizerischer Balanceakt zwischen direktdemokratischer Partizipation, staatlicher Handlungsfähigkeit und «rule of law», in: Borner, S./Rentsch, H. (Hrsg.): Wieviel direkte Demokratie verträgt die Schweiz? Chur/Zürich 1997, 13–24.

Borner, S./Rentsch, H. (Hrsg.): Wieviel direkte Demokratie verträgt die Schweiz? Chur/Zürich 1997.

Botschaft des Regierungsrates an den Grossen Rat über die Totalrevision des Gesetzes über den direkten Finanzausgleich B 108, Kanton Luzern 25. September 2001.

Bourdieu, P.: Das Elend der Welt. Zeugnisse und Diagnosen alltäglichen Leidens an der Gesellschaft, Konstanz 1997.

Bourdieu, P.: Die Intellektuellen und die Macht, herausgegeben von Dölling, I., Hamburg 1991.

Branger, K. et al.: Wohlstand und Wohlbefinden. Lebensstandard und soziale Benachteiligung in der Schweiz, herausgegeben vom Bundesamt für Statistik, Neuchâtel 2002.

Breitenmoser, B.: Invalidenversicherung quo vadis? Die Kausalitätsprobleme der IV, in: Murer, E. (Hrsg.): Psychische Störungen und die Sozialversicherung – Schwerpunkt Unfallversicherung, Bern 2002, 141–157.

Breitenmoser, B. et al.: «Eingliederung vor Rente» – realisierbares Ziel oder bloss wohltönender Slogan? in: Soziale Sicherheit (CHSS) 6/1999, Bern 1999, 288–307.

Brockhaus Enzyklopädie: Fürsorge, Bd. 6, Wiesbaden 1968/17. Aufl., 688.

Buchanan, J. M.: Die Grenzen der Freiheit. Zwischen Anarchie und Leviathan, Tübingen 1984.

Buhmann, B. I.: Wohlstand und Armut in der Schweiz. Eine empirische Analyse für 1982, Basler Sozialökonomische Studien, Bd. 32, Grüsch 1988.

Buhmann, B. I. et al.: Armut in der reichen Schweiz. Eine verdrängte Wirklichkeit, Zürich/Wiesbaden 1989.

Buhmann, B. I.: Quantitative Aspekte der Armut: Armut als Mangel an Einkommen, in: Buhmann, B. I. et al.: Armut in der reichen Schweiz. Eine verdrängte Wirklichkeit, Zürich/Wiesbaden 1989, 115–160.

Bundesamt für Sozialversicherung: Bericht des Eidgenössischen Departementes des Innern zur heutigen Ausgestaltung und Weiterentwicklung der schweizerischen 3-Säulen-Konzeption der Alters-, Hinterlassenen- und Invalidenvorsorge, Bern 1995.

Bundesamt für Sozialversicherung: Schweizerische Sozialversicherungsstatistik 2001, Bern 2001.

Bundesamt für Sozialversicherung (Hrsg.): Optimierung der interinstitutionellen Zusammenarbeit zwischen Invalidenversicherung, Arbeitslosenversicherung und Sozialhilfe, in: Soziale Sicherheit 4/2002, Bern 2002a, 197–221.

Bundesamt für Sozialversicherung: Weisung Versicherungspflicht Sans-papier, Kreisschreiben 02/10 vom 19.12.2002, Bern 2002b.

Bundesamt für Sozialversicherung: Schweizerische Sozialversicherungsstatistik 2002, Bern 2002c.

Bundesamt für Sozialversicherung: Soziale Sicherheit 3/2002, Bern 2002d.

Bundesamt für Sozialversicherung (Hrsg.): Europäische Städte und lokale Sozialpolitik. Studie zu den Entwicklungen und politischen Debatten in sechs europäischen Ländern, Forschungsbericht Nr. 7/04, Bern 2003a.

Bundesamt für Sozialversicherung: Schweizerische Sozialversicherungsstatistik 2003, Bern 2003b.

Bundesamt für Sozialversicherung: Schweizerische Sozialversicherungsstatistik 2005, Bern 2005.

Bundesamt für Statistik (Hrsg.): Herausforderung Bevölkerungswandel. Perspektiven für die Schweiz, Neuchâtel 1996.

Bundesamtes für Statistik: Inventar der bedarfsabhängigen Sozialleistungen in der Schweiz, Bern 1998.

Bundesamt für Statistik: Armut verstehen – Armut bekämpfen. Armutsberichtserstattung aus der Sicht der Statistik, Neuchâtel 1999a.

Bundesamt für Statistik (Hrsg.): Die Schweizerische Arbeitskräfteerhebung (SAKE). Kommentierte Ergebnisse und Tabellen 1999, Neuchâtel 1999b.

Bundesamt für Statistik (Hrsg.): Sozialhilfe – eine tragende Säule der sozialen Sicherheit. Ein Überblick über die in der Schweiz ausgerichteten bedarfabhängigen Sozialleistungen, info:social 1/99, Fakten zur sozialen Sicherheit, Neuchâtel 1999c.

Bundesamt für Statistik (Hrsg.): Gesamtrechnung der Sozialen Sicherheit. Resultate für 1999 – Schätzungen für 2000 – Entwicklung seit 1990, Neuchâtel 2002.

Bundesamt für Statistik: Wichtigste Ergebnisse der Schweizerischen Arbeitskräfteerhebung. SAKE 2002 in Kürze, Neuchâtel 2003a.

Bundesamt für Statistik (Hrsg.): Sozialbericht Kanton Zürich 2001, Neuchâtel 2003b.

Bundesamt für Statistik: SAKE 2004 in Kürze. Wichtigste Ergebnisse der Schweizerischen Arbeitskräfteerhebung, Neuchâtel 2005a.

Bundesamt für Statistik: Sozialhilfestatistik. Standardauswertungen zur Sozialhilfestatistik 2003 Kanton Luzern, Neuchâtel 2005b.

Bundesamt für Statistik: Sozialhilfestatistik. Jahresbericht 2004/05 zur Schweizerischen Sozialhilfestatistik, Neuchâtel, 2005c.

Bundesamt für Statistik (Hrsg.): Finanzstatistik zur subjektorientierten Sozialhilfe. Pilotstudie über die Ausgaben der bedarfsabhängigen Sozialleistungen, info:social 11/2005, Fakten zur sozialen Sicherheit, Neuchâtel 2005d.

Bundesamt für Statistik und Sozialamt des Kantons Zürich (Hrsg.): Sozialbericht Kanton Zürich 2003. Ergebnisse der Schweizerischen Sozialhilfestatistik, Neuchâtel 2005e.

Bundesamt für Statistik: Eidgenössische Volkszählung 2000. Haushalte und Familien, Neuchâtel 2005f.

Bundesamt für Statistik (Hrsg.): Die Schweizerische Sozialhilfestatistik 2004. Erste gesamtschweizerische Ergebnisse, Neuchâtel 2006.

Bundesverband der Katholischen Arbeitnehmer-Bewegung in Deutschland (Hrsg.): Texte zur Katholischen Soziallehre. Die sozialen Rundschreiben der Päpste und andere kirchliche Dokumente mit Einführungen von Oswald von Neull-Breuning SJ und Johannes Schaschin SJ, Bornheim/Kevelaer 2004/10. Aufl.

Bürgergemeinde der Stadt Basel (Hrsg.): Sozialhilfe der Stadt Basel, Jahresbericht 2002, Basel 2003.

Burnicki, R.: Anarchismus und Konsens. Gegen Repräsentation und Mehrheitsprinzip: Strukturen einer nichthierarchischen Demokratie, Frankfurt am Main 2002/1. Aufl.

Burri, S.: Methodische Aspekte der Armutsforschung, Bern/Stuttgart/Wien 1998.

Bussmann, W. et al. (Hrsg.): Einführung in die Politikevaluation, Basel 1997.

Bussmann, W.: Mythos und Wirklichkeit der Zusammenarbeit im Bundesstaat. Patentrezept oder Sackgasse? Bern/Stuttgart 1986.

Butterwegge, C.: Wohlfahrtsstaat im Wandel. Probleme und Perspektiven der Sozialpolitik, 3. überarbeite Auflage, Opladen 2001.

Campiche, R.J./Kissling, Chr.: Das unterste Netz der sozialen Sicherheit. Ethische Überlegungen zur Verbesserung des Fürsorgewesens, ISE/J1P-Texte 8/99, Bern 1999.

Carigiet, E.: Gesellschaftliche Solidarität. Prinzipien, Perspektiven und Weiterentwicklung der sozialen Sicherheit, Basel/Genf/München 2001.

Carigiet, E. et al. (Hrsg.): Wörterbuch der Sozialpolitik, Zürich 2003.

Carigiet, E.: Sozialpolitik, in: Carigiet, E. et al. (Hrsg.): Wörterbuch der Sozialpolitik, Zürich 2003, 301–302.

Caritas Schweiz: Menschenbilder in der Strafverfolgung und im Strafvollzug. Wertsysteme und Entscheidungskriterien, Luzern 1998.

Caritas Schweiz (Hrsg.): Sozialalmanach. Existenzsicherung in der Schweiz, Luzern 1999.

Caritas Schweiz: Prekäre Arbeitsverhältnisse in der Schweiz. Ein Positionspapier von Caritas Schweiz, Luzern 2001.

Carlen, L.: Rechtsgeschichte der Schweiz. Eine Einführung, Monographien zur Schweizer Geschichte, Hrsg. von der Allgemeinen Geschichtsforschenden Gesellschaft der Schweiz, Bd. 4, Bern 1988/3. Aufl.

Castel, R.: Die Metamorphosen der sozialen Frage. Eine Chronik der Lohnarbeit, Konstanz 2000.

Caviezel-Jost, B.: Die materiellen Voraussetzungen der fürsorgerischen Freiheitsentziehung : (Art. 397a Abs. 1 und 2 ZGB), ohne Ort 1988.

Centesimus annus, in: Bundesverband der Katholischen Arbeitnehmer-Bewegung in Deutschland (Hrsg.): Die sozialen Rundschreiben der Päpste und andere kirchliche Dokumente mit Einführungen von Oswald von Neull-Breuning SJ und Johannes Schaschin SJ, Bornheim/Kevelaer 2004/10. Aufl.

Champagne, P.: Aus der Sicht des Staates, in: Bourdieu, P.: Das Elend der Welt. Zeugnisse und Diagnosen alltäglichen Leidens an der Gesellschaft, Konstanz 1997, 251–258.

Chiffelle, P.: Die Karikatur eines schwachen Konsenses, in: Neue Zürcher Zeitung vom 24.03.1999, Nr. 69, Zürich 1999, 15.

Coullery, P.: Das Recht auf Sozialhilfe, Wien 1993.

Decker, F: Das grosse Handbuch Management für soziale Institutionen, Landsberg Lech 1997.

Departement für Gesundheit, Sozialwesen und Energie: Ausgesteuerte Arbeitslose – Sozialhilfeempfänger: Gibt es einen Zusammenhang? Zeitliche Längsanalyse des Werdegangs und der Merkmale von Arbeitslosen, die zwischen Januar und Juni 2000 ausgesteuert wurden, und von Personen, die zwischen April und Dezember 2000 einen Sozialhilfeantrag stellten, im Kanton Wallis, Sitten Juli 2001.

Die Volkswirtschaft – das Magazin für Wirtschaftspolitik, Nr. 8 Jg. 74, Bern 2001.

Dieckmann, E.: Personalität Gottes – Personalität des Menschen. Ihre Deutung im theologischen Denken Wolfhart Pannenbergs, Altenberge 1995.

Dietz, B. et al. (Hrsg.): Handbuch der kommunalen Sozialpolitik, Opladen 1999.

Dietz, B./ Naumann, D.: Kommunale Strategien gegen Armut, in: Dietz, B. et al. (Hrsg.): Handbuch der kommunalen Sozialpolitik, Opladen 1999, 493–505.

Dietz, B.: Soziologie der Armut. Eine Einführung, Frankfurt am Main/New York 1997.

Drilling, M.: 18- bis 25-jährige Bezügerinnen und Bezüger von Fürsorgeleistung. Eine empirische Studie im Auftrag des Amtes für Berufsbildung und Berufsbildung des WSD des Kantons Basel Stadt, Basel 2000, unveröffentlichtes Manuskript.

Drilling, M.: Young urban poor. Abstiegsprozesse in den Zentren der Sozialstaaten, Wiesbaden 2004a.

Drilling, M.: Soziale Ungleichheit und Armut in der Schweiz: Zum Stand der Forschung, Download zum Buch: Drilling, M.: Young urban poor. Abstiegsprozesse in den Zentren der Sozialstaaten, Wiesbaden 2004b, http://www.jugendarmut.ch/jugendarmut.html, (Stand Januar 2006).

Dubs, R.: Volkswirtschaftslehre, Wien 1994.

Düwell, M. et al. (Hrsg.): Handbuch Ethik, Stuttgart 2002.

Eardley, T. et al.: Social Assistance in OECD Countries. Two Volumes. Department of Social Security Research Report No. 47, London 1996.

Edelstein, W./Nunner-Winkler, G. (Hrsg.): Moral im sozialen Kontext, Frankfurt am Main 2000.

Eichler, D.: Armut, Gerechtigkeit und soziale Grundsicherung. Einführung in eine komplexe Problematik, Wiesbaden 2001.

Eid, V. et al. (Hrsg.): Moralische Kompetenz. Chancen der Moralpädagogik in einer pluralen Lebenswelt, Mainz 1995.

Eidgenössisches Departement des Innern (Hrsg.): Arbeitsgruppe Kindsmisshandlungen: Kindesmisshandlungen in der Schweiz, Bern 1992.

Eidgenössisches Departement des Innern (Hrsg.): Bericht zur heutigen Ausgestaltung und Weiterentwicklung der schweizerischen Dreisäulenkonzeption der Alters-, Hinterlassenen- und Invalidenvorsorge, Bern 1995.

Enderle, G.: Sicherung des Existenzminimums im nationalen und internationalen Kontext. Eine wirtschaftsethische Studie, Bern/Stuttgart 1987.

Enderle, G.: Unterschiedliche Haltungen zur Armut in der heutigen Gesellschaft, in: Buhmann, B. I. et al.: Armut in der reichen Schweiz. Eine verdrängte Wirklichkeit, Zürich/Wiesbaden 1989, 147–160.

Engelke, E.: Die Wissenschaft Soziale Arbeit, Werdegang und Grundlagen, Freiburg im Breisgau 2003.

Ernst, U.: Die Wohlstandsverteilung in der Schweiz. Stand und Verteilung der personellen Einkommens- und Vermögensverteilung in der Schweiz, Basel/Diessenhofen 1983a.

Estermann, J.: Sozialepidemiologie des Drogenkonsums. Zu Prävalenz und Inzidenz des Heroin- und Kokaingebrauchs und dessen polizeiliche Verfolgung, Studien zur qualitativen Drogenforschung und akzeptierten Drogenarbeit, Bd. 8, Berlin 1996.

Euchner, W. et al. (Hrsg.): Geschichte der sozialen Ideen in Deutschland. Sozialismus – Katholische Soziallehre – Protestantische Sozialethik, Ein Handbuch, Essen 2000.

Ewald, F.: Der Vorsorgestaat, Frankfurt am Main 1993.

Fehlmann, M. et al.: Handbuch Sozialwesen Schweiz. Schweizerische Landeskonferenz für Sozialwesen LAKO (Hrsg.), Zürich 1987.

Felber, M.: Kein Anspruch auf garantiertes Mindesteinkommen. Ungeschriebenes Recht auf Existenzsicherung, in: Zeitschrift für öffentliche Fürsorge, 5/96 Jg. 93, Zürich 1996, 73.

Fluck, W./Werner, W. (Hrsg.): Wie viel Ungleichheit verträgt die Demokratie? Armut und Reichtum in den USA, Frankfurt/New York 2003.

Flückiger: Working poor, Niedriglöhne, Strukturbruch, in Suter, Chr. (Hrsg.): Sozialbericht 2000, Zürich 2000.

Fluder, R./Stremlow, J.: Armut und Bedürftigkeit. Herausforderungen für das kommunale Sozialwesen, Bern/Stuttgart/Wien 1999.

Fornet-Betancourt, R. (Hrsg.): Armut, Ethik, Befreiung, Aachen 1996.

Fornet-Betancourt, R.: Sartres ethischer Entwurf: Eine noch mögliche Perspektive zur humanen Transformation unserer Gegenwart? in: Fornet-Betancourt, R. (Hrsg.): Armut, Ethik, Befreiung, Aachen 1996, 137–152.

Frankena, W. K.: Analytische Ethik, München 1994/5. Aufl.

Frankenberg, G.: Die Verfassung der Republik. Autorität und Solidarität in der Zivilgesellschaft, Frankfurt am Main 1997.

Freitag, K.: Marktwirtschafts-Ethik. Eine ordnungs-theoretische Annäherung, Köln 1987.
Frey, R. L./Leu, R. E.: Der Sozialstaat unter der Lupe. Wohlstandsverteilung und Wohlstandsumverteilung in der Schweiz, Basel/Frankfurt am Main 1988.
Freyberg von, Th.: ... im ganzen also sehr widerwärtig ..., in: Hengsbach, F.; Möhring-Hesse, M. (Hrsg.): Eure Armut kotzt uns an! Solidarität in der Krise, Frankfurt am Main 1996.
Fritschi, H.: Sozialer Notstand, in: Facts 29/2003 vom 17. Juli 2003, 15–19.
Gaudium et spes, in: Bundesverband der Katholischen Arbeitnehmer-Bewegung in Deutschland (Hrsg.): Die sozialen Rundschreiben der Päpste und andere kirchliche Dokumente mit Einführungen von Oswald von Neull-Breuning SJ und Johannes Schaschin SJ, Bornheim/Kevelaer 2004/10. Aufl.
Geiser, K.: Die Bedürfnisse der Hilfesuchenden ernst nehmen. Sechs Thesen zur Sozialhilfe, SKÖF-Informationstagung November 1993, in: Schweizerische Konferenz für öffentliche Fürsorge (Hrsg.): Zeitschrift für öffentliche Fürsorge, 1/94, 33.
Geremek, B.: Geschichte der Armut. Elend und Barmherzigkeit in Europa, München/Zürich 1991.
Gerfin, M.: Evaluation der Richtlinien der SKOS. Schlussbericht, Volkswirtschaftliches Institut Bern 2004.
Gerlach, J.: Das Zuordnungsverhältnis von Ethik und Ökonomik als Grundproblem der Wirtschaftsethik, in: Korff, W. (Hrsg.): Handbuch der Wirtschaftsethik, Bd. 2, Ethik wirtschaftlicher Ordnung, Gütersloh 1999, 834–883.
Gerstein, D.: Das Funktionieren der unmittelbaren Demokratie in rechtsvergleichender Sicht, Paris 1969.
Gerstenberg, B.: Marxistische Ethik und Armut, in: Fornet-Betancourt, R. (Hrsg.): Armut, Ethik, Befreiung, Aachen 1996, 157–168.
Geser, H. et al.: Gemeindepolitik zwischen Milizorganisation und Berufsverwaltung. Vergleichende Untersuchungen in 233 deutschschweizer Gemeinden, Bern/Stuttgart 1987.
Geser, H.: Die Gemeinden in der Schweiz, in: Klöti, U. et al.: Handbuch der Schweizer Politik, Manuel de la politique suisse, Zürich 2002/3. Aufl.
Giddens, A.: Der dritte Weg. Die Erneuerung der sozialen Demokratie, Hrsg. Ulrich Beck, Frankfurt am Main 1999.
Giddens, A.: Jenseits von Links und Rechts. Die Zukunft radikaldemokratischer Politik, Frankfurt am Main 1977.
Giddens, A.: Konsequenzen der Moderne, Frankfurt am Main 1995.
Gmel, G./Schmid, H.: Alkoholkonsum in der Schweiz. Ergebnisse der ersten schweizerischen Gesundheitsbefragung, Hamburg 1996.

Gobet, P.: Case Management, in: Carigiet et al. (Hrsg.): Wörterbuch der Sozialpolitik, Zürich 2003, 67.
Goll, Chr.: Eine kohärente Strategie zur Armutsbekämpfung fehlt (Interview), in: Schweizerische Konferenz für Sozialhilfe (Hrsg.): Zeitschrift für Sozialhilfe, Zürich November 2004, 10–11.
Goll, Chr.: Gegen Armut. Anleitungen für Praxis und Politik, Zürich 1990.
Görres-Gesellschaft (Hrsg.): Staatslexikon Recht, Wirtschaft, Gesellschaft, in 7 Bänden, Freiburg Br. 1985–1993.
Gorz, A.: Arbeit zwischen Misere und Utopie, hrsg. von Ulrich Beck, aus dem Französischen von Jadja Wolf, Frankfurt am Main 2000/1. Aufl.
Gosepath, S.: Aufgeklärtes Eigeninteresse. Eine Theorie theoretischer und praktischer Rationalität, Frankfurt am Main 1992.
Gosepath, S.: Soziale Gerechtigkeit – philosophische Grundlagen der Sozialstaatsbegründung, in: Bundesamt für Sozialversicherung (Hrsg.): Soziale Sicherheit (CHSS) Nr. 4/05, Bern 2005, 190–196.
Gosepath, S./Merle, J.-Chr. (Hrsg.): Weltrepublik Globalisierung und Demokratie, München 2002.
Greppi, S./Ritzmann, H.: Gesamtrechnung der Sozialen Sicherheit: Methoden und Konzepte, herausgegeben vom Bundesamt für Statistik, Neuchâtel 2002.
Grossekettler, H.: Verwaltungsstrukturpolitik, in: Ewers H.-J.; Schuster, H. (Hrsg.): Probleme der Ordnungs- und Strukturpolitik, Göttingen 1984, 16–51.
Grossekettler, H.: Zur theoretischen Integration der Wettbewerbs- und Finanzpolitik in die Konzeption des ökonomischen Liberalismus, in: Jahrbuch für Neue Politische Ökonomie 10, Tübingen 1991, 103–144.
Gysin, Ch.: Der Schutz des Existenzminimums in der Schweiz, Diss. Basel 1999, Basel/Genf/München 1999.
Habermas, J.: A reply to my critics, in: Thompson, J./ Held, D. (Eds.): Habermas: Critical debates. London 1982.
Habermas, J.: Erläuterungen zur Diskursethik, Frankfurt am Main 1991.
Habermas, J.: Faktizität und Geltung. Beiträge zur Diskurstheorie des Rechts und des demokratischen Rechtsstaats, Frankfurt am Main 1992.
Habermas, J.: Moralbewusstsein und kommunikatives Handeln, Frankfurt am Main 1983.
Häcki, K.: Sozialversicherungen in der Schweiz. Ein Handbuch mit Fallbeispielen für unselbständig Erwerbende, Chur/Zürich 2002/2. Aufl.
Haferkamp, H./Schmid, M.: Sinn, Kommunikation und soziale Differenzierung, Frankfurt am Main 1987.
Hagel, J.: Effizienz und Gerechtigkeit. ein Beitrag zur Diskussion der ethischen Aspekte in der neoklassischen Wohlfahrtstheorie, Baden-Baden 1993/ 1. Aufl.

Hagel, J.: Solidarität und Subsidiarität – Prinzipien einer teleologischen Ethik? Eine Untersuchung zur normativen Ordnungstheorie, Salzburger theologische Studien, Bd. 11, Wien 1999.

Hagenaars, A. J. M. et al.: Poverty Statistics in The Late 1980s. Research based on Micro-Data, Amt für amtliche Veröffentlichungen der Europäischen Gemeinschaften, Luxemburg 1994.

Halter, H.: Solidarität – ein fundamentales Prinzip mit Grenzen, in: Schweizerische Kirchenzeitung 169/39 (2001), 534–539.

Hanesch W.: Strategische Dimensionen kommunaler Sozialberichterstattung und Sozialplanung, in: Dietz, B. et al. (Hrsg.): Handbuch der kommunalen Sozialpolitik, Opladen 1999, 45–59.

Hartmann, M.: Die Kreativität der Gewohnheit. Grundzüge einer pragmatischen Demokratietheorie, Frankfurt am Main/New York 2003.

Heimbach-Steins, M. (Hrsg.): Christliche Sozialethik. Ein Lehrbuch, Bd. 1, Grundlagen, Regensburg 2004.

Heimbach-Steins, M.: Einmischung und Anwaltschaft. Für eine diakonische und prophetische Kirche, Ostfildern 2001.

Heinelt, H./Wollmann, H. (Hrsg): Brennpunkt Stadt. Stadtpolitik und lokale Politikforschung in den 80er und 90er-Jahren. Basel/Boston/Berlin 1991.

Held, Th./Steinmann, L.: Ein garantiertes Grundeinkommen für alle? Freiheit in Abhängigkeit?, in: Schweizerische Konferenz für Sozialhilfe (Hrsg.): Zeitschrift für Sozialhilfe 4/05, Jg. 102, Bern 2005.

Hengsbach, F.: Die andern im Blick. Christliche Gesellschaftsethik in den Zeiten der Globalisierung, Darmstadt 2001.

Hengsbach, F./ Möhring-Hesse, M. (Hrsg.): Eure Armut kotzt uns an! Solidarität in der Krise, Frankfurt am Main 1996.

Herr, T.: Katholische Soziallehre. Eine Einführung, Paderborn 1987.

Hess, M.: Von der armenrechtlichen Heimschaffung zum integralen Wohnsitzprinzip, in: Schweizerische Konferenz für öffentliche Fürsorge (Hrsg.): Zeitschrift für öffentliche Fürsorge, Nr. 1 Jg. 76, Zürich 1979, 1–13.

Höffe, O. (Hrsg.): Über John Rawls' Theorie der Gerechtigkeit, Frankfurt am Main 1977/1. Aufl.

Höffe, O.: Politische Gerechtigkeit. Grundlegung einer kritischen Philosophie von Recht und Staat, erweiterte Neuausgabe, Frankfurt am Main 1987.

Höffe, O.: Subsidiarität als Gesellschafts- und Staatsprinzip, in: Cattacin, S./ Kissling-Näf, I.: Subsidiäres Staatshandeln, Sonderheft der Schweizerischen Zeitschrift für Politische Wissenschaft, Zürich 1997, 259–290.

Höffe, O.: Subsidiarität: Über den Dienst der Gemeinschaft am Individuum, in: Synthesis Philosophica 26 (2/1998), Zagreb 1998, 595–605.

Höffe, O.: Gerechtigkeit. Eine philosophische Einführung, München 2001.

Höffe, O.: Lexikon der Ethik, München 2002a/6. Aufl.

Höffe, O.: Öffentliche Daseinsfürsorge. Überlegungen aus rechtsphilosophischer Sicht, in: Stimmen der Zeit, Heft 2, Freiburg 2002b, 117–126.

Höffe, O. et al. (Hrsg.): Lexikon der Ethik, München 1992.

Höhn, H.-J.: Konzeptionelle wirtschaftsethische Implikationen in den Soziallehren der Kirchen, in: Korff, W. (Hrsg.).: Handbuch der Wirtschaftsethik, Bd. 1, Verhältnisbestimmung von Wirtschaft und Ethik, Gütersloh 1999, 740–758.

Hohn, M.: Sozialverträglicher Vorschlag im Gleichgewicht, in: Schweizerische Konferenz für Sozialhilfe (Hrsg.): Zeitschrift für Sozialhilfe, Zürich November 2004, 6.

Honecker, M.: Evangelische Kirchen, in: Korff, W. (Hrsg.): Handbuch der Wirtschaftsethik, Bd. 1, Verhältnisbestimmung von Wirtschaft und Ethik, Gütersloh 1999, 758–780.

Honneth, A. (Hrsg.): Kommunitarismus. Eine Debatte über die moralischen Grundlagen moderner Gesellschaft, Frankfurt/New York 1993.

Honneth, A.: Desintegration. Bruchstücke einer soziologischen Zeitdiagnose, Frankfurt am Main 1994.

Höpflinger, F./Wyss, K.: Am Rande des Sozialstaates. Formen und Funktionen öffentlicher Sozialhilfe im Vergleich, Bern/Stuttgart/Wien 1994.

Höpflinger, F./Wyss, K.: Vollzugsprobleme der öffentlichen Sozialhilfe. Grenzen des Föderalismus im Bereich der wirtschaftlichen Existenzsicherung, in: Schweizerisches Jahrbuch für Politische Wissenschaft 33, Bern/Stuttgart/Wien 1993, 113–142.

Hotz, C. et al.: Kantonale Sozialhilfe- und Fürsorgeleistungen im Überblick, in: Soziale Sicherheit 3, Bern 1995, 219–225.

Hradil, S.: soziale Ungleichheiten, Milieus und Lebensstile in den Ländern der Europäischen Union. Modernisierungsabstände oder nationale Besonderheiten?, in: Hradil, S./ Immerfall, S.: Die westeuropäischen Gesellschaften im Vergleich, Opladen 1997 475–519.

Hradil, S./Immerfall, S. (Hrsg:): Die westeuropäischen Gesellschaften im Vergleich, Opladen 1997.

Huber, A.: Staatskundelexikon. Informationen – Fakten – Zusammenhänge, Zürich 1979.

Huber, W.: Gerechtigkeit und Recht. Grundlinien christlicher Rechtsethik, Gütersloh 1996.

Huonker, T.: Diagnose: «moralisch defekt». Kastration, Sterilisation und Rassenhygiene im Dienst der Schweizer Sozialpolitik und Psychiatrie 1890–1970, Zürich 2003.

Hutmacher, A.: Recherche concernant la problématique des jeunes Adultes en Difficulté (JAD) dans la Broye vaudois. Recherche réalisée sur mandat de la Fondation Cherpillod, Moudon 2001, unveröffentlichtes Manuskript.

Iben, G. (Hrsg.): Demokratie und Ethik wohin? Antworten auf die Globalisierung, Soziale Ungleichheit und Benachteiligung, Bd. 9, Münster 1997.

Isensee, J.: Subsidiaritätsprinzip und Verfassungsrecht, eine Studie über das Regulativ des Verhältnisses von Staat und Gesellschaft, Schriften zum öffentlichen Recht, Bd. 80, Berlin 2001.

Jehli, S.: Frauen – Armut. Wirkung von SAH-Projekten bei armutsbetroffenen Frauen. Studie im Auftrag des Schweizerischen Arbeiterhilfswerkes SAH, Zürich April 2002.

Kaltenborn, B.: von der Sozialhilfe zu einer zukunftsfähigen Grundsicherung, Baden-Baden 1998/2. Aufl.

Kantonales Sozialamt Luzern (Hrsg.): Planungsgrundlage im Kinder- und Jugendheimbereich, Luzern 2001.

Katterle, S.: Sozialwissenschaft und Sozialethik, Göttingen 1972.

Kaufmann, M. (Hrsg.): Leistungen messen, Wirkungen evaluieren – und was dann? (Schriftenreihe der Schweizerischen Gesellschaft für Verwaltungswissenschaften, Bd. 43), Bern 2003.

Kerber, W. et al. (Hrsg.): Katholische Gesellschaftslehre im Überblick. 100 Jahre Sozialverkündigung der Kirche, Frankfurt am Main 1991.

Kersting, W.: Die politische Philosophie des Gesellschaftsvertrages, Darmstadt 1994.

Kersting, W.: Recht, Gerechtigkeit und demokratische Tugend. Abhandlungen zur praktischen Philosophie der Gegenwart, Frankfurt am Main 1997/1. Aufl..

Kersting, W. (Hrsg.): Politische Philosophie des Sozialstaats, Göttingen 2000a.

Kersting, W.: Theorien der sozialen Gerechtigkeit, Stuttgart/Weimar 2000b.

Khushf, G.: Solidarität als moralischer und politischer Begriff. Jenseits der Sackgasse von Liberalismus und Kommunitarismus, in: Bayertz, K. (Hrsg.): Solidarität. Begriff und Problem, Frankfurt am Main 1998, 111–145.

Kieser, U./Riemer-Kafka, G.: Tafeln zum schweizerischen Sozialversicherungsrecht, Zürich 2003.

Kirchenamt der Evangelischen Kirche in Deutschland/Sekretariat der Deutschen Bischofskonferenz (Hrsg.): Chancen und Risiken der Mediengesellschaft. Gemeinsame Erklärung der Deutschen Bischofskonferenz und des Rates der Evangelischen Kirche in Deutschland, Medienwort 1997, Bonn-Hannover 1997.

Kirchenamt der Evangelischen Kirche in Deutschland/Sekretariat der Deutschen Bischofskonferenz (Hrsg.): Für eine Zukunft in Solidarität und Gerechtigkeit. Wort des Rates der Evangelischen Kirche in Deutschland und der Deutschen Bischofskonferenz zur wirtschaftlichen und sozialen Lage in Deutschland, Sozialwort 1997, Hannover/Bonn 1997.

Kirchner, Chr.: Formen innerstaatlicher Interaktionsregeln für wirtschaftliche Prozesse, in: Korff, W. (Hrsg.): Handbuch der Wirtschaftsethik, Bd. 2, Ethik wirtschaftlicher Ordnung, Gütersloh 1999, 127–185.

Kissling-Näf, I./Wälti, S.: Der Vollzug öffentlicher Politik, in: Klöti, U. et al.: Handbuch der Schweizer Politik, Manuel de la politique suisse, Zürich 2002/3. Aufl., 651–689.

Kleger, H.: Was ist und vermag Solidarität? Eine Begriffsklärung, in: Widerspruch 27/94, 14. Jg., Zürich 1994, 103–114.

Klocke, A.: Methoden der Armutsbemessung. Einkommens-, Unterversorgungs-, Deprivations- und Sozialhilfekonzept im Vergleich, in: Zeitschrift für Soziologie, Jg. 29, Heft 4, August 2000, 313–329.

Klöti, U. (Hrsg.): Milizverwaltung in den Gemeinden, Schriftenreihe der Schweizerischen Gesellschaft für Verwaltungswissenschaften (SGVW), Bd. 9, Zürich 1988.

Klüber, F.: Individuum und Gemeinschaft in katholischer Sicht, (Schriftenreihe der Niedersächsischen Landeszentrale für Politische Bildung, Individuum und Gemeinschaft), Bückeburg 1963.

Knöpfel, C.: Mehr freiwilliges Engagement im bedrängten Sozialstaat? Ein Positionspapier von Caritas Schweiz zur Freiwilligenarbeit und Sozialzeit, Positionspapier 6, Luzern 1998.

Knöpfel, C./Ferroni A. M.: Braucht die Schweiz eine neue Sozialhilfe? in: Zeitschrift für Sozialhilfe Nr. 5 Jg. 96, Zürich 1999, 65–70.

Knöpfel, C.: Sozialhilfe (im weiteren Sinne), in: Carigiet, E. et al. (Hrsg.): Wörterbuch der Sozialpolitik, Zürich 2003, 294–295.

Koller, P.: Soziale Gerechtigkeit, Wirtschaftsordnung und Sozialstaat, in: Kersting, W. (Hrsg.): Politische Rhilosophie des Sozialstaats, Göttingen 2000, 120–158.

Könen, R.: Wohnungsnot und Obdachlosigkeit im Sozialstaat. Frankfurt am Main/New York 1990.

Korff, W. (Hrsg.): Handbuch der Wirtschaftsethik, Bd. 1, Verhältnisbestimmung von Wirtschaft und Ethik, Gütersloh 1999.

Korff, W. (Hrsg.): Handbuch der Wirtschaftsethik, Bd. 2, Ethik wirtschaftlicher Ordnung, Gütersloh 1999, 127–185.

Kramer, R.: Soziale Gerechtigkeit – Inhalt und Grenzen, Sozialwissenschaftliche Schriften 18, Berlin 1992.

Kreuzer, H.: Obdachlosigkeit in Basel. Ausmass und Betroffene, herausgeben von Caritas Schweiz, Basel 1989.

Kriesi, H.: (Hrsg.): Bewegung in der Schweizer Politik. Fallstudien zu politischen Mobilisierungsprozesse in der Schweiz, Frankfurt am Main 1985.

Kronauer, M.: Exklusion. Die Gefährdung des Sozialen im hoch entwickelten Kapitalismus, Frankfurt am Main 2002.

Kunze, A. B.: Soziale Verantwortung zum Thema machen! Das Sozialwort der Kirchen und die kirchlich-soziale Bildungsarbeit, Berlin 2001.

Künzi, K./Schärrer, M.: Wer zahlt wie viel in das System der Sozialen Sicherheit und wer profitiert davon? Eine Analyse der Sozialtransfers in der Schweiz, Zürich 2004.

Künzler, G./Knöpfel, C.: Arme sterben früher. Soziale Schicht, Mortalität und Rentenalterspolitik in der Schweiz, Diskussionspapier 11, Luzern 2002.

Kutzner, S. et al. (Hrsg.): Working poor in der Schweiz – Wege aus der Sozialhilfe. Eine Untersuchung über Lebensverhältnisse und Lebensführung Sozialhilfe beziehender Erwerbstätiger, Zürich/Chur 2004.

Lampert, H./Althammer, J.: Lehrbuch der Sozialpolitik, Berlin 2001/6. Aufl.

Langner, T.: Sozialprinzipien im Betrieb. Zur gestaltungstheoretischen Rezeption der Personalität, Solidarität und Subsidiarität in der neueren Betriebswirtschaftslehre, Paderborn/München/Wien/Zürich 1996.

Leibfried, S./ Voges, W. (Hrsg.): Armut im modernen Wohlfahrtsstaat. Kölner Zeitschrift für Soziologie und Sozialpsychologie, Sonderheft 32, Opladen/Wiesbaden 1992.

Leibfried, S./Wagschal, U. (Hrsg.): Der deutsche Sozialstaat. Bilanzen – Reformen – Perspektiven, Frankfurt am Main 2000.

Leimgruber, W.: Das Hilfswerk für die Kinder der Landstrasse: historische Studie aufgrund der Akten der Stiftung Pro Juventute im Schweizerischen Bundesarchiv, Bern 1998.

Leu, R. E. et al.: Lebensqualität und Armut in der Schweiz. Bern/Stuttgart/Wien 1997.

Liechti, A./Knöpfel, C.: Trotz Einkommen kein Auskommen – working poor in der Schweiz. Ein Positionspapier der Caritas Schweiz, Luzern 1998.

Linder, W.: Schweizerische Demokratie. Institutionen – Prozesse – Perspektiven, Bern 1999.

Locher, A./Knöpfel, C.: Sozialhilfe – eine konzertierte Aktion? Die institutionelle Zusammenarbeit im Spannungsfeld von Sozialbereich und Arbeitsmarkt, Luzern 2000.

Loitlsberger, E.: Einzelwissenschaftliche Theoriebildungen, in: Korff, W. (Hrsg.): Handbuch der Wirtschaftsethik, Bd. 1, Verhältnisbestimmung von Wirtschaft und Ethik, Gütersloh 1999, 524–566.

Mack, E.: Gerechtigkeit und gutes Leben. Christliche Ethik im politischen Diskurs, Paderborn/München/Wien/Zürich 2002.

Mäder, U. et al.: Armut im Kanton Basel Stadt, Basel 1991.

Mäder, U.: Subsidiarität und Solidarität, Bern 2000.

Mäder, U./Streuli E.: Reichtum in der Schweiz. Porträts – Fakten – Hintergründe, Zürich 2002.
Mäder U. et al.: Working poor in der Schweiz: Wege aus der Sozialhilfe. Kurzfassung der Studie, Basel/Fribourg/Luzern 2003.
Maeder, Chr./Nadai, E.: Organisierte Armut. Eine wissenssoziologische Untersuchung der Sozialhilfe, Reihe «Erfahrung, Wissen, Imagination», herausgegeben von Soeffner, H. G. et al., Konstanz 2004.
Maegli, R.: Case Management und Sozialhilfe in Basel. SozialAktuell 35/5, Bern 2003, 2–6.
Maegli, R.: Beratung, in: Carigiet, E. et al. (Hrsg.): Wörterbuch der Sozialpolitik, Zürich 2003, 49.
Marazzi, C.: Armut, in: Carigiet, E. et al. (Hrsg.): Wörterbuch der Sozialpolitik, Zürich 2003, 35–36.
Marris, R.: Das Ende der Armut. Perspektiven für eine gerechtere Zukunft, Bern/Stuttgart/Wien 2001.
Maurer, A.: Länderbericht Schweiz, in: Köhler, P. A./Zacher, H. F. (Hrsg.): Ein Jahrhundert Sozialversicherung in der Bundesrepublik Deutschland, Frankreich, Grossbritannien, Österreich und der Schweiz, Berlin 1981, 731–833.
Mc Knight, J.: Professionelle Dienstleistung und entmündigende Hilfe, in: Illich, I. et al.: Entmündigung durch Experten. Zur Kritik der Dienstleistungsberufe, Reinbeck 1979, 37–56.
Messner, J.: Die soziale Frage im Blickfeld der Irrwege von gestern, der Sozialkämpfe von heute, der Weltentscheidungen von morgen. 7. neubearb. Auflage, Innsbruck/Wien/München 1964.
Metz, K.H.: Solidarität und Geschichte. Institutionen und sozialer Begriff der Solidarität in Westeuropa im 19. Jahrhundert, in: Bayertz, K. (Hrsg.): Solidarität. Begriff und Problem, Frankfurt am Main 1998, 172–194.
Meyer, G.: Lebendige Demokratie: Zivilcourage und Mut im Alltag. Forschungsergebnisse und Perspektiven, Baden-Baden 2004/1. Aufl.
Micha H. W.: Diskursethik als Maximenethik: Von der Prinzipienbegründung zur Handlungsorientierung, Epistemata Philosophie 338, Würzburg 2003.
Mill, J. S.: Essays on ethics, religion and society, London 1996.
Miyata, M.: Mündigkeit und Solidarität. Gütersloh, 1984.
Möckli, S.: Der schweizerische Sozialstaat. Sozialgeschichte, Sozialphilosophie, Sozialpolitik, Bern/Stuttgart 1988.
Möhring-Hesse, M.: Mit Schmarotzern solidarisch sein? in: Hengsbach, F.; Möhring-Hesse, M. (Hrsg.): Eure Armut kotzt uns an! Solidarität in der Krise, Frankfurt am Main 1996, 83–102.
Monachon, J.-J.: Le plan Beveridge et les débats sur la sécurité sociale en Suisse entre 1942 et 1945, in: Gilomen, H.-J. et al. (Hrsg.): Von der Barm-

herzigkeit zur Sozialversicherung. Umbrüche und Kontinuität vom Spätmittelalter bis zum 20. Jahrhundert, Zürich 2002, 321–329.

Monzel, N.: Die katholische Kirche in der Sozialgeschichte. Von den Anfängen bis zur Gegenwart, hrsg. von Herweg, T./Grenner, K., München/ Wien 1980.

Moser, J.: Die Sozialpolitik der Schweizer Kantone im Vergleich. Diplomarbeit vorgelegt im Studiengang Politikwissenschaft an der Universität Bremen, 2003.

Mückl, W. J. (Hrsg.): Subsidiarität. Gestaltungsprinzip für eine freiheitliche Ordnung in Staat, Wirtschaft und Gesellschaft, Paderborn 1999.

Müller, J. P./Müller, S.: Grundrechte, Besonderer Teil, Bern 1985.

Müller, J. P.: Grundrechte in der Schweiz im Rahmen der Bundesverfassung von 1999, der UNO-Pakte und der EMRK, Bern 1999.

Müller, S.: Die persönliche Fürsorge für unmündige Bevormundete. (Art. 405/405a ZGB), Freiburger Beiträge zur Familienforschung, Bern 1996.

Murer, E. (Hrsg.): Psychische Störungen und die Sozialversicherung – Schwerpunkt Unfallversicherung, Bern 2002.

Murer, E.: Die UV- und IV-rechtliche Auseinandersetzung mit reaktiven psychischen Störungen: Eine Zwischenbilanz, in: Murer, E. (Hrsg.): Psychische Störungen und die Sozialversicherung – Schwerpunkt Unfallversicherung, Bern 2002, 1–56.

Niklowitz, M./Suter, Chr.: Wenn viele Probleme zusammenkommen: Zusatzauswertungen zur nationalen Armutsstudie, in: Bundesamt für Statistik (Hrsg.): in info:social 7:02, Neuchâtel 2002, 5.

Nörr, K. W./Opermann, T. (Hrsg.): Subsidiarität: Idee und Wirklichkeit. Zur Reichweite eines Prinzips in Deutschland und Europa, Tübingen 1997.

Obinger, H.: Politische Institutionen und Sozialpolitik in der Schweiz. Der Einfluss von Nebenregierungen auf Struktur und Entwicklungsdynamik des schweizerischen Sozialstaates, Europäische Hochschulschriften Reihe XXXI Politikwissenschaft, Bd. 363, Wien 1998.

Obinger, H./Wagschal, U.: Der gezügelte Wohlfahrtsstaat. Sozialpolitik in reichen Industrienationen, Schriften des Zentrums für Sozialpolitik, Band 11, New York 2000a.

Obinger, H.: Wohlfahrtsstaat Schweiz: Vom Nachzügler zum Vorbild, in: Obinger, H.; Wagschal, U.: Der gezügelte Wohlfahrtsstaat. Sozialpolitik in reichen Industrienationen, Schriften des Zentrums für Sozialpolitik, Band 11, New York 2000b, 245–282.

OECD: Bekämpfung sozialer Ausgrenzung. Bd. 3, Sozialhilfe in Kanada und in der Schweiz. Bundesamt für Sozialversicherungen. Beiträge zur sozialen Sicherheit, Bern 1999.

OECD: Employment Outlook, Paris 2002. online: http://www.oecd.org/dataoecd/36/48/17652683.pdf.

Oexle, O. G.: Gilde und Kommune. Über die Entstehung von «Einung» und «Gemeinde» als Grundformen des Zusammenlebens in Europa, in: Blickle, P.: Theorien kommunaler Ordnung in Europa, München 1996, 75–97.

Opielka, M./Oster, I. (Hrsg.): Umbau des Sozialstaats. Band 2 der Reihe Perspektiven der Sozialpolitik, Essen 1987.

Päpstlicher Rat für Gerechtigkeit und Frieden: Kompendium der Soziallehre der Kirche, Rom/Freiburg/Basel/Wien 2006.

Parlamentarische Initiativen Ergänzungsleistungen für Familien, Tessiner Modell (Fehr Jacqueline, Meier-Schatz), Erläuternder Bericht zum Vorentwurf der Kommission für soziale Sicherheit und Gesundheit des Nationalrates vom 16. Januar 2004, (00.436 und 00.437).

Parlamentarische Initiative «Leistungen für die Familie». Zusatzbericht der Kommission für soziale Sicherheit und Gesundheit des Nationalrates vom 8. September 2004 (91.401).

Pesch, H.: Lehrbuch der Nationalökonomie. Allgemeine Volkswirtschaftslehre, Bd. 2, Freiburg 1920/2. Aufl.

Pesch, H.: Lehrbuch der Nationalökonomie, Bd. 1, Grundlegung, Freiburg 1924/3. und 4. Aufl.

Pfeuffer, A.: Soziale Probleme (Konstruktion), in: Carigiet, E.; Mäder, U.; Bonvin, J.-M. (Hrsg.): Wörterbuch der Sozialpolitik, Zürich 2003, 283–284.

Philosophische Gesellschaft Bad Homburg/ Hinsch, W. (Hrsg.): Zur Idee des politischen Liberalismus. John Rawls in der Diskussion, Frankfurt am Main 1997.

Plato: Der Staat, übers. von Rüdiger Rufener, Düsseldorf 2000.

Prinz, R.: Die SVP und die Justiz. Die Richter und ihre Henker, in: Neue Luzerner Zeitung, Nr. 34 vom 10. Februar 2006, 5, Luzern 2006a.

Prinz, R.: Wir leiden unter den Verschärfungen, in: Neue Luzerner Zeitung, Nr. 71 vom 25. März 2006, 5, Luzern 2006b.

Prisching, M. (Hrsg.): Ethik im Sozialstaat. Reihe Sozialethik der Österreichischen Forschungsgemeinschaft, Wien 2000.

Putz, G.: Die Umsetzung des Personalitätsprinzips in den Menschenrechten und durch die Menschenrechte, in: Baumgartner A./Putz G. (Hrsg.): Sozialprinzipien. Leitideen in einer sich wandelnden Welt, Innsbruck 2001.

Quadragesimo anno, in: Bundesverband der Katholischen Arbeitnehmer-Bewegung in Deutschland (Hrsg.): Die sozialen Rundschreiben der Päpste und andere kirchliche Dokumente mit Einführungen von Oswald von Neull-Breuning SJ und Johannes Schaschin SJ, Bornheim/Kevelaer 2004/10. Aufl.

Rahmsdorf, D./Schäfer, H.-B. (Hrsg.): Ethische Grundfragen der Wirtschafts- und Rechtsordnung, Hamburger Beiträge zur öffentlichen Wissenschaft, Bd. 4, Hamburg 1988.

Rawls, J.: A Theory of Justice, Cambridge/Mass 1971.

Rawls, J.: Eine Theorie der Gerechtigkeit, Frankfurt am Main 1979.

Rendtorff, T.: Ethik. Grundelemente, Methodologien und Konkretionen einer ethischen Theologie, Bd. 1, Mainz 1980.

Rentsch, H.: Schwieriger Weg zum direktdemokratischen Optimum. Versuch einer Zusammenfassung, in: Borner, S.; Rentsch, H. (Hrsg.): Wieviel direkte Demokratie verträgt die Schweiz? Chur/Zürich 1997, 313–337.

Rerum novarum, in: Bundesverband der Katholischen Arbeitnehmer-Bewegung in Deutschland (Hrsg.): Die sozialen Rundschreiben der Päpste und andere kirchliche Dokumente mit Einführungen von Oswald von Neull-Breuning SJ und Johannes Schaschin SJ, Bornheim/Kevelaer 2004/10. Aufl.

Rheinheimer, M.: Arme, Bettler und Vaganten. Überleben in der Not 1450–1850, Frankfurt am Main 2000.

Rhinow, R. A.: Widerstandsrecht im Rechtsstaat? (Staat und Politik 30), Bern 1984.

Rhinow, R. A.: Wirtschafts-, Sozial- und Arbeitsverfassung, in: Zimmerli, U. (Hrsg.): Die neue Bundesverfassung, Konsequenzen für die Praxis und Wissenschaft, Bern 2000, 157–182.

Riedmüller, B./Olk, Th. (Hrsg.): Grenzen des Sozialversicherungsstaates, Leviathan: Zeitschrift für Sozialwissenschaft. Sonderheft 14, Opladen 1994.

Ritte, J.: Gründe zum Handeln. Das Phänomen Bourdieu, in: Neue Zürcher Zeitung vom 11. Juni 1998, Nr. 132, 45.

Robespierre, M.: Über die Prinzipien der politischen Moral. Rede am 5. Februar 1794 vor dem Konvent, hrsg. von Groenewold, S., Bd. 28, Hamburg 2000.

Rorty, R.: Kontingenz, Ironie und Solidarität, Frankfurt am Main 1989.

Rorty, R.: Kontingenz, Ironie und Solidarität. Frankfurt am Main 1992.

Rosecker, M./Müller B. (Hrsg.): Solidarität. Gesellschaft, Gemeinschaft und Individuum in Vergangenheit, Gegenwart und Zukunft, Wiener Neustadt 2004.

Ross, W.D.: The Right and the Good, Oxford 1930.

Rothschild, K.W.: Subsidiarität aus ökonomischer Sicht, in: Riklin, A./ Batliner, G. (Hrsg.), 1994, 193–202.

Ruh, H.: Anders, aber besser. Die Arbeit neu erfinden – für eine solidarische und überlebensfähige Welt, Frauenfeld 1995.

Runkel, G.: Genossenschaft, Repräsentation und Partizipation, Reihe Soziologie Forschung und Wissenschaft, Bd. 2, Münster/Hamburg/London 2003.

Sanders, A. F.: The Concept of Person, in: Kippenberg et al.: Concept of person in religion and thought, Berlin/New York 1990.

Schäfer, D.: Die Rolle der Fürsorge im System sozialer Sicherung, Frankfurt am Main 1966.

Schäfers, M.: Prophetische Kraft der kirchlichen Soziallehre? Armut, Arbeit, Eigentum und Wirtschaftskritik, Münster 1998.

Schallenberg, P.: Moraltheologie, Christliche Gesellschaftslehre, Paderborn 2001.

Schäuble, G.: Theorien, Definitionen und Beurteilung der Armut, Berlin 1984.

Scherwey, E.: Das Verfahren bei der vorsorglichen fürsorgerischen Freiheitsentziehung, Lachen 2004.

Schimank, U./Volkmann, U. (Hrsg.): Soziologische Gegenwartsdiagnosen I, Eine Bestandesaufnahme, Opladen 2000.

Schmid, C. A.: Das gesetzliche Armenwesen in der Schweiz, das Armenwesen des Bundes, sämtlicher Kantone und der schweizerischen Grossstädte, Zürich 1914.

Schmid, S./Wallimann, I: Armut: «Der Mensch lebt nicht vom Brot allein», Bern/Stuttgart/Wien 1998.

Schmid, W./Tecklenburg U. (Hrsg:): Menschenwürdig leben?–Vivre dignement? Fragen an die Schweizer Sozialhilfe–L'aide sociale suisse en question, Luzern 2005.

Schmidinger, H.: Der Mensch ist Person. Ein christliches Prinzip in theologischer und philosophischer Sicht, Innsbruck/Wien 1994.

Schmidt, M. Sozialpolitik: historische Entwicklung und internationaler Vergleich, Opladen 1988.

Schnabl, Chr.: Gerecht sorgen. Grundlagen einer sozialethischen Theorie der Fürsorge, Studien zur theologischen Ethik, hrsg. vom Departement für Moraltheologie und Ethik der Universität Freiburg Schweiz, Freiburg 2005.

Schneider, M.: Soziale Gerechtigkeit, in: Baumgartner, A./Putz, G. (Hrsg.): Sozialprinzipien. Leitideen in einer sich wandelnden Welt, Innsbruck 2001, 31–78.

Schneider, M.: Lieber einen McJob als keinen Job, in: Tages Anzeiger vom 26.1.2005, Zürich 2005.

Scholz, Chr.: Organisatorische Effektivität und Effizienz, in: Frese, E.: Handwörterbuch der Organisation, Stuttgart 1992/3. Aufl. 533–552.

Schweizer Bischofskonferenz und Schweizerischer Evangelischer Kirchenbund: Wort der Kirchen: Miteinander in die Zukunft, Bern 2001.

Schweizerische Konferenz für Sozialhilfe (SKOS): Richtlinien für die Ausgestaltung und Bemessung der Sozialhilfe. Empfehlungen zuhanden der Sozialhilfeorgane von Bund, Kantonen, Gemeinden und Organisationen der privaten Sozialhilfe, Bern 1997.

Schweizerische Konferenz für Sozialhilfe (SKOS): Richtlinien für die Ausgestaltung und Bemessung der Sozialhilfe. Empfehlungen zuhanden der Sozialhilfeorgane von Bund, Kantonen, Gemeinden und Organisationen der privaten Sozialhilfe, Bern 2005.

Schweizerische Konferenz für Sozialhilfe (SKOS) (Hrsg.): Braucht die Schweiz eine neue Sozialhilfe? Positionspapier, Bern 1999.

Schweizerische Konferenz für Sozialhilfe (SKOS) (Hrsg.): Zeitschrift für Sozialhilfe 2/2005, 102. Jahrgang, Bern 2005.

Schweizerischer Arbeitgeberverband (Hrsg.): Arbeit und Armut. Positionspapier des Schweizerischen Arbeitgeberverbandes, Zürich Februar 2002.

Schweizerischer Arbeitgeberverband (Hrsg.): Familienpolitische Plattform des Schweizerischen Arbeitgeberverbandes, Zürich Januar 2001.

Schweizerische Fachstelle für Alkoholfragen: Zahlen & Fakten 2004, www.sfa-ispa.ch/DocUpload/a_konsum1.pdf, (Stand November 2005).

Sekretariat der Deutschen Bischofskonferenz in Zusammenarbeit mit der Arbeitsgemeinschaft Christlicher Kirchen in Deutschland (Hrsg.): «... und der Fremdling, der in deinen Toren ist.» Gemeinsames Wort der Kirchen zu den Herausforderungen durch Migration und Flucht, Migrationswort 1997, Bonn 1997.

Sekretariat der schweizerischen Konferenz der kantonalen Sozialdirektoren (Hrsg.): Protokoll. 61. Jahresversammlung der Konferenz der kantonalen Sozialdirektoren vom 21. September 2000 in Glarus, Bern 2000.

Sen, A.: Isolation, Assurance and the Social Rate of Discount, in: Quarterly Journal of Economics 81, 1967.

Sen, A.: Ökonomie für den Menschen. Wege zur Gerechtigkeit und Solidarität in der Marktwirtschaft, München/Wien 2000.

Sesselmeier, W. et al.: Beschäftigung durch eine Negative Einkommenssteuer. Zur beschäftigungspolitischen Effektivität eines integrierten Steuer- und Transfersystems, Frankfurt am Main/Berlin/Bern/New York/Paris/Wien 1996.

Sickendiek, U. et al.: Beratung. Eine Einführung in sozialpädagogische und psychosoziale Beratungssätze, Weinheim 1999.

Siegel, N. A.: Der nachzügelnde Pionier: Sozialpolitik in Australien zwischen lohnpolitischer Intervention und sozialstaatsinduzierter Dekommodifizierung, in: Obinger, H./Wagschal, U.: Der gezügelte Wohlfahrtsstaat. Sozialpolitik in reichen Industrienationen, Schriften des Zentrums für Sozialpolitik, Bd. 11, New York 2000, 161–209.

Siegel, N. A.: Baustelle Sozialpolitik. Konsolidierung und Rückbau im internationalen Vergleich, Frankfurt am Main 2002.

Singer, J.: Das Milizsystem unter wirtschaftlichen Aspekten, Beiträge zur Wirtschaftspolitik, Bd. 65, Bern/Stuttgart/Wien 1997.

Smith, A.: Wohlstand der Nationen, München 1978 (Erstveröffentlichung 1776).

Solidarität – die Antwort auf das Elend in der heutigen Welt. Enzyklika Sollicitudo rei socialis Papst Johannes Paul II, Kommentar von Wilhelm Korff und Alois Baumgartner, Freiburg/Basel/Wien 1988.

Sozialalmanach 1999: Existenzsicherung in der Schweiz, Luzern 1999.

Sozialdepartement der Stadt Zürich und Departement Soziales der Stadt Winterthur (Hrsg.): Armutsrisiko Familie! Referate, Zusammenfassung und Hintergrundberichte zur Tagung vom 7. Mai 2001, Zürich 2001.

Sozialdepartement der Stadt Zürich (Hrsg.): Das Chancenmodell – Gegenseitigkeitsprinzip und Anreize zur beruflichen und sozialen Integration, Zwischenbericht der Pilotphase, Zürich 2003.

Spaemann, R.: Personen. Versuche über den Unterschied zwischen «etwas» und «jemand», Stuttgart 1996.

Staatssekretariat für Wirtschaft (seco): Die Lage auf dem Arbeitsmarkt, Bern 2005.

Städteinitiative: Kennzahlenvergleich Sozialhilfe in Schweizer Städten, Berichtsjahr 1999. Vorgelegt von con_sens GmbH Hamburg, online verfügbar: http://www.staedteinitiative.ch/de/pdf/KZB_1999.pdf.

Statistisches Amt des Kantons Zürich (Hrsg.): statistik.info 03/2003, Zürich 2003, 4.

Staub-Bernasconi, S.: Soziale Arbeit, in: Carigiet, E. et al. (Hrsg.): Wörterbuch der Sozialpolitik, Zürich 2003, 277–279.

Stegmann, F. J./Langhorst, P.: Geschichte der sozialen Ideen im deutschen Katholizismus, in: Euchner, W. et al.: Geschichte der sozialen Ideen in Deutschland. Sozialismus – Katholische Soziallehre – Protestantische Sozialethik. Ein Handbuch, hrsg. von Grebing, H., Essen 2000, 597–862.

Steinvorth, U.: Kann Solidarität erzwingbar sein?, in: Bayertz, K. (Hrsg.): Solidarität. Begriff und Problem, Frankfurt am Main 1998, 54–85.

Stocker, M.: «1000-Franken-Jobs» – Menschen eine Perspektive geben, in: Schweizerische Konferenz für Sozialhilfe (Hrsg.): Zeitschrift für Sozialhilfe 3/2005, Bern 2005, 33.

Strahm, R.H.: Wirtschaftsbuch Schweiz, Zürich 1987.

Strang, H.: Sozialbedürftigkeit. Struktur – Ursachen – Wirkung, unter besonderer Berücksichtigung der Effektivität der Sozialhilfe, Hildesheim 1985.

Stremlow, J.: Aktuelle Belastungsentwicklung in der öffentlichen Sozialhilfe. Schweizer Gemeindestudien. 1999.

Streuli, E./Bauer, T.: Working Poor in der Schweiz, in: Die Volkswirtschaft. Das Magazin für Wirtschaftspolitik 8–2001, St. Gallen 2001, 57–61.

Strohmeier, R./ Knöpfel, C.: Was heisst soziale Integration? Öffentliche Sozialhilfe zwischen Anspruch und Realität, Luzern 2005.

Sturma, D.: Person und Zeit, in: Forum für Philosophie Bad Homburg (Hrsg.): Zeiterfahrung und Personalität, Frankfurt am Main 1992, 123–157.

Sturma, D.: Person, in: Düwell, M et al. (Hrsg.): Handbuch Ethik, Stuttgart 2002, 440–447.

Stutz, H.; Bauer T.: Modelle zu einem Garantierten Mindesteinkommen. Sozialpolitische und ökonomische Auswirkungen, Forschungsbericht Nr. 15/03, hrsg. vom Bundesamt für Sozialversicherung, Bern 2002.

Stützel, W.: Systemkonforme Sozialpolitik in der Sozialen Markwirtschaft, in: Wirtschaftsdienst, Zeitschrift für Wirtschaftspolitik, Heidelberg 1980, 450–455.

Suter, Chr.: Sozialbericht 2000, Zürich 2000.

Suter, Chr./Mathey, M.-C.: Wirksamkeit und Umverteilungseffekte staatlicher Sozialleistungen, in: Bundesamt für Statistik (Hrsg.): info:social 3/2000, Neuchâtel 2000.

Suter, Chr./Mathey, M.-C.: Wirksamkeit und Umverteilungseffekte staatlicher Sozialleistungen. Zusatzauswertungen zur nationalen Armutsstudie, herausgegeben vom Bundesamt für Statistik, Neuchâtel 2002.

Suter, Chr. et al. (Hrsg.): Sozialbericht, Zürich 2004.

Thielen. H.: Armut und Menschenwürde. Neue Armut in den Industrieländern am Beispiel Deutschland. Philosophische Reflexion, sozialwissenschaftliche Analyse und philosophisch-politische Perspektive, in: Fornet-Betancourt, R. (Hrsg.): Armut, Ethik und Befreiung, Aachen 1996, 257–283.

Thomet, W.: Kommentar zum Bundesgesetz über die Zuständigkeit für die Unterstützung Bedürftiger (ZUG); hrsg. von der Schweizerischen Konferenz für öffentliche Fürsorge, SköF, Zürich 1994.

Thuy, P.: Sozialstaatsprinzip und Marktwirtschaft. Eine ordnungspolitische Analyse unter besonderer Berücksichtigung des grundgesetzlichen Sozialstaatspostulats und der Sozialen Marktwirtschaft, dargestellt am Beispiel der Sozialhilfe und Vorschlägen zu ihrer Reform, Bern/Stuttgart/Wien 1999.

Treibel, A.: Einführung in soziologische Theorien der Gegenwart, Opladen 2000, 205–229.

Tschudi, C. (Hrsg.): Das Grundrecht auf Hilfe in Notlagen. Menschenwürdige Überlebenshilfe oder Ruhekissen für Arbeitscheue? Bern/Stuttgart/ Wien 2005.

Türcke, C.: Kein Ende abzusehen. Tiefenstruktur moderner Armut, in: Fornet-Betancourt, R. (Hrsg.): Armut, Ethik, Befreiung, Aachen 1996, 285–292.

Uhlmann, F.: Rechtssicherheit, in: Carigiet, E. et al. (Hrsg.): Wörterbuch der Sozialpolitik, Zürich 2003, 248–249.

Veith, W.: Gemeinwohl, in: Heimbach-Steins, M. (Hrsg.): Christliche Sozialethik. Ein Lehrbuch, Bd. 1 Grundlagen, Regensburg 2004, 270–282.

Verein Kirchliche Gassenarbeit Luzern (Hrsg.): Jahresberichte 1993–2005, Luzern.

Vogt, M.: Sozialdarwinismus, Wissenschaftstheorie, politische und theologisch-ethische Aspekte der Evolutionstheorie, Freiburg 1997.

Vogt, M.: Soziale Interaktion und Gerechtigkeit, in: Korff, W. (Hrsg.): Handbuch der Wirtschaftsethik, Bd. 1, Verhältnisbestimmung von Wirtschaft und Ethik, Gütersloh 1999, 284–309.

von Freyberg, Th.: ...im ganzen also sehr widerwärtig..., in: Hengsbach, F./ Möhring-Hesse, M. (Hrsg.): Eure Armut kotzt uns an! Solidarität in der Krise, Frankfurt am Mai 1996, 23–37.

von Nell-Breuning, O.: Den Kapitalismus umbiegen. Schriften zu Kirche, Wirtschaft und Gesellschaft. Ein Lesebuch, hrsg. von Hengsbach F., Düsseldorf 1990.

von Nell-Breuning, O.: Solidarismus, in: Rahner, K. (Hrsg.): Herders Theologisches Taschenlexikon, Bd. 7, Freiburg/Basel/Wien 1973, 79–80.

von Nell-Breuning, O.: Subsidiarität – ein katholisches Prinzip? in: Kramer, W./Spangenberger, M. (Hrsg.): Gemeinsame Zukunft – Kirchen und Wirtschaft im Gespräch, Köln 1984, 226–255.

von Nell-Breuning, O.: Gerechtigkeit und Freiheit. Grundzüge kath. Soziallehre, München 1985.

von Schlippe, A./ Schweitzer, J.: Lehrbuch der systemischen Therapie und Beratung, Göttingen 2002/8. Aufl.

Vortkamp, W.: Partizipation und soziale Integration in heterogenen Gemeinschaften, Opladen 2003.

Wacquant, L. J. D.: The Zone, in: Bourdieu, P.: Das Elend der Welt. Zeugnisse und Diagnosen alltäglichen Leidens an der Gesellschaft, Konstanz 1997, 179–204.

Wacquant, L. J. D.: Niedergang des Sozialstaats, Aufrüstung des Strafstaats. In den USA wird die Armut bekämpft, indem man sie kriminalisiert, in: Le Monde diplomatique Nr. 5578 vom 10.7.1998, 8–9.

Wallimann, Th.: Drogenpolitik kontrovers. Versuch einer ethischen Orientierung, Lausanne 2001.

Walzer, M.: Sphären der Gerechtigkeit. Ein Plädoyer für Pluralität und Gleichheit, Frankfurt am Main/New York 1994.

Waschkuhn, A.: Was ist Subsidiarität? Opladen 1995.

Watzlawick, P./Nardone, G. (Hrsg.): Kurzzeittherapie und Wirklichkeit, aus dem Englischen und Italienischen von Michael von Killisch-Horn, München/Zürich 1999.

Weber, R.: Existenzsicherung ohne Fürsorge? Die negative Einkommenssteuer in Theorie und Praxis, Bern/Stuttgart 1991.

Wehler, H.-U.: Die Herausforderung der Kulturgeschichte, München 1998.

Widmer, J.: Verhältnis der Verwandtenunterstützungspflicht zur Sozialhilfe in Theorie und Praxis. Zürcher Studien zum Privatrecht, Zürich 2001.

Wild, A.: Das organisierte freiwillige Armenwesen in der Schweiz, Zürich 1914.

Wildt, A.: Solidarität – Begriffsgeschichte und Definition heute, in: Bayertz, K. (Hrsg.): Solidarität. Begriff und Problem, Frankfurt am Main 1998, 202–216.

Wilhelms, G.: Subsidiarität im Kontext der ausdifferenzierten Gesellschaft, in: Baumgartner A./Putz, G. (Hrsg.): Sozialprinzipien. Leitideen in einer sich wandelnden Welt, Innsbruck 2001, 125–141.

Wirz, T./Alfirev-Bieri, Ch.: Habe ich Anspruch auf Sozialhilfe? Rechte und Pflichten, Richtlinien und Berechnungsbeispiele, Zürich 1999.

Wolffers, F.: Grundriss des Sozialhilferechts. Eine Einführung in die Fürsorgegesetzgebung von Bund und Kantonen, Bern/Stuttgart/Wien 1993.

Wort des Rates der Evangelischen Kirche in Deutschland und der Deutschen Bischofskonferenz zur wirtschaftlichen und sozialen Lage in Deutschland: Für eine Zukunft in Solidarität und Gerechtigkeit (Gemeinsame Texte 9), Hannover/Bonn 1997.

Wyss, K./Knupfer, C.: Existenzsicherung im Föderalismus der Schweiz, herausgegeben von der Schweizerischen Konferenz für Sozialhilfe SKOS, Bern 2003.

Zaborowski, Chr.: Gründe und Folgen der Zahlungsunfähigkeit und Überschuldung privater Haushalte in der Schweiz. Ein wirtschaftstheoretischer Ansatz, Dissertation der Wirtschaftswissenschaftlichen Fakultät der Universität Zürich, hppt://www.unizh.ch/sozoec/publications/thesis, 1999.

Verzeichnis der Sozialhilfegesetze und Verfassungen der Kantone

Sozialhilfegesetze der Kantone (Stand 2005)

Aargau	Gesetz über die öffentliche Sozialhilfe und die soziale Prävention (Sozialhilfe- und Präventionsgesetz, SPG) vom 6. März 2001
Appenzell I.Rh.	Gesetz über die öffentliche Sozialhilfe (Sozialhilfegesetz, ShiG) vom 29. April 2001
Appenzell A.Rh.	Gesetz über die öffentliche Fürsorge vom 28. April 1974
Bern	Gesetz über die öffentliche Sozialhilfe (Sozialhilfegesetz, SHG) vom 11. Juni 2001
Basel Landschaft	Gesetz über die Sozial-, die Jugend- und die Behindertenhilfe (Sozialhilfegesetz, SHG) vom 21. Juni 2001
Basel Stadt	Sozialhilfegesetz vom 29. Juni 2000
Freiburg	Loi du 14 novembre 1991 sur l'aide sociale
Glarus	Gesetz über die öffentliche Sozialhilfe (Sozialhilfegesetz) (7. Mai 1995)
Graubünden	Gesetz über die öffentliche Sozialhilfe im Kanton Graubünden (Sozialhilfegesetz), vom Volke angenommen am 7. Dezember 1986
Genf	Loi sur l'assistance publique du 19 septembre 1980
Jura	Loi sur l'action sociale du 15 décembre 2000
Luzern	Sozialhilfegesetz vom 24. Oktober 1989
Neuenburg	Loi sur l'action sociale du 25 juin 1996
Nidwalden	Gesetz über die Sozialhilfe (Sozialhilfegesetz) vom 29. Januar 1997
Obwalden	Sozialhilfegesetz vom 23. Oktober 1983
St. Gallen	Sozialhilfegesetz vom 27. September 1998
Schaffhausen	Gesetz über die öffentliche Sozialhilfe (Sozialhilfegesetz) vom 21. November 1994
Solothurn	Gesetz über die öffentliche Sozialhilfe (Sozialhilfegesetz) vom 2. Juli 1989
Schwyz	Gesetz über die Sozialhilfe vom 18. Mai 1983
Tessin	Legge sull' assistenza sociale dell' 8 marzo 1971

Thurgau	Gesetz über die öffentliche Sozialhilfe (Sozialhilfegesetz) vom 29. März 1984
Uri	Gesetz über die öffentliche Sozialhilfe (Sozialhilfegesetz) vom 28. September 1997
Wallis	Gesetz über die Eingliederung und die Sozialhilfe vom 29. März 1996
Waadt	Loi sur l'action sociale vaudoise (LASV) du 2 décembre 2003
Zug	Gesetz über die Sozialhilfe im Kanton Zug (Sozialhilfegesetz) vom 16. Dezember 1982
Zürich	Gesetz über die öffentliche Sozialhilfe (Sozialhilfegesetz) vom 14. Juni 1981
Bund	Bundesgesetz über die Zuständigkeit für die Unterstützung Bedürftiger vom 24. Juni 1977 (Stand am 28. September 1999) (Zuständigkeitsgesetz, ZUG)

Verfassungen der Kantone (Stand 2005)

Aargau	Verfassung des Kantons Aargau vom 25. Juni 1980
Appenzell I.Rh.	Verfassung für den Eidgenössischen Stand Appenzell I.Rh. Von der ausserordentlichen Landsgemeinde am 24. Wintermonat 1872
Appenzell A.Rh.	Verfassung des Kantons Appenzell A.Rh. vom 30. April 1995
Bern	Verfassung des Kantons Bern vom 6. Juni 1993
Basel Landschaft	Verfassung des Kantons Basel Landschaft vom 17. Mai 1984
Basel Stadt	Verfassung des Kantons Basel Stadt vom 2. Dezember 1889
Freiburg	Staatsverfassung des Kantons Freiburg vom 16. Mai 2004
Glarus	Verfassung des Kantons Glarus (Erlassen von der Landsgemeinde am 1. Mai 1988) (Gewährleistungsbeschluss 7. Dezember 1989)
Graubünden	Verfassung des Kantons Graubünden vom Volk angenommen am 18. Mai 2003/14. September 2003
Genf	Verfassung der Republik und des Kantons Genf vom 24. Mai 1847 (Constitution de la République et Canton de Genève)
Jura	Verfassung der Republik und des Kantons Jura vom 20. März 1977 (Constitution de la République et Canton du Jura)
Luzern	Staatsverfassung des Kantons Luzern vom 29. Januar 1875
Neuenburg	Verfassung von Republik und Kanton Neuenburg vom 24. September 2000 (Constitution de la République et Canton de Neuchâtel)
Nidwalden	Verfassung des Kantons Unterwalden nid dem Wald vom 10. Oktober 1965
Obwalden	Verfassung des Kantons Unterwalden ob dem Wald vom 19. Mai 1968
St. Gallen	Verfassung des Kantons St. Gallen vom 10. Juni 2001
Schaffhausen	Verfassung des Kantons Schaffhausen vom 17. Juni 2002
Solothurn	Verfassung des Kantons Solothurn vom 8. Juni 1968

Schwyz	Verfassung des eidgenössischen Standes Schwyz vom 23. Oktober 1898
Tessin	Verfassung von Republik und Kanton Tessin vom 14. Dezember 1997 (Costituzione della Repubblica e Cantone Ticino)
Thurgau	Verfassung des Kantons Thurgau vom 16. März 1987
Uri	Verfassung des Kantons Uri vom 28. Oktober 1984
Wallis	Verfassung des Kantons Wallis vom 8. März 1907
Waadt	Verfassung des Kantons Waadt vom 14. April 2003 (Constitution du Canton de Vaud)
Zug	Verfassung des Kantons Zug vom 31. Januar 1994
Zürich	Verfassung des eidgenössischen Standes Zürich (vom 18. April 1869) [Verfassungsgesetz über die Totalrevision der Kantonsverfassung vom 18. April 1869 (vom 13. Juni 1999)]
Bund	Bundesverfassung der Schweizerischen Eidgenossenschaft vom 18. April 1999, SR 101.

Abkürzungsverzeichnis

Aufl.	Auflage
AG	Aargau
AHV	Alters- und Hinterlassenenversicherung
AHVG	Bundesgesetz vom 20. Dezember 1946 über die Alters- und Hinterlassenenversicherung
AI	Appenzell Innerrhoden
ALV	Arbeitslosenversicherung
AR	Appenzell Ausserrhoden
ARTIAS	Association romande et tessinoise des institutions sociales
ATSG	Allgemeiner Teil des Sozialversicherungsrechts
AVG	Arbeitsvermittlungsgesetz
BE	Bern
Bd.	Band
BG	Bundesgesetz
BIP	Bruttoinlandprodukt
BL	Basel Landschaft
BS	Basel Stadt
BV	Bundesverfassung der Schweizerischen Eidgenossenschaft vom 18. April 1999
BVG	Bundesgesetz vom 25. Juni 1982 über die berufliche Alters-, Hinterlassenen- und Invalidenvorsorge
ders.	derselbe
d.h.	das heisst
Ed.	Editor (= Herausgeber)
EL	Ergänzungsleistungen
ELG	Bundesgesetz über Ergänzungsleistungen zur Alters-, Hinterlassenen- und Invalidenversicherung
EMRK	Europäische Menschenrechtskonvention
EO	Erwerbsausfallentschädigung für Militär- und Zivilschutzdienst
erzieher.	erzieherisch
et al.	et alteri oder et alterae
etc.	et cetera
EU	Europäische Union
FFE	Fürsorgerische Freiheitsentziehung
FR	Freiburg
FL	Familienzulagen für die Landwirtschaft
Fn	Fussnote
FZ	Familienzulagen
GL	Glarus
GR	Graubünden

GE	Genf
GME	Garantiertes Mindesteinkommen
HEKS	Hilfswerk der Evangelischen Kirchen der Schweiz
Hrsg.	Herausgeber/Herausgeberin
IIZ	Interinstitutionelle Zusammenarbeit
IV	Invalidenversicherung
IVG	Bundesgesetz vom 19. Juni 1959 über die Invalidenversicherung
JU	Jura
KUV	Kranken- und Unfallversicherung
KVG	Bundesgesetz vom 18. März 1994 über die Krankenversicherung
LU	Luzern
MSV	Mutterschaftsversicherung
MV	Militärversicherung
NE	Neuenburg
NES	Negative Einkommenssteuer
NW	Nidwalden
OECD	Organisation for Economic Cooperation and Development
OW	Obwalden
RAV	Regionale Arbeitsvermittlungszentren
RMI	Revenu minimum d'insertion
SAH	Schweizerisches Arbeiterhilfswerk
SAKE	Schweizerische Arbeitskräfteerhebung
SBS	Schweizerischer Berufsverband Soziale Arbeit
SchKG	Bundesgesetz über Schuldbetreibung und Konkurs vom 11. April 1889
seco	Staatssekretariat für Wirtschaft
seels.	seelsorgerisch
SEK	Schweizerischer Evangelischer Kirchenbund
SG	St. Gallen
SH	Schaffhausen
SKOS	Schweizerische Konferenz für Sozialhilfe
SO	Solothurn
SODK	Konferenz der kantonalen Sozialdirektorinnen und -direktoren
SRK	Schweizerisches Rotes Kreuz
SVAMV	Dachverband lokaler und regionaler Vereine und Selbsthilfegruppen Alleinerziehender in der Schweiz
SVSP	Schweizerische Vereinigung für Sozialpolitik
SZ	Schwyz
TI	Tessin
TG	Thurgau
UNO	United Nations Organisation
UR	Uri

usw.	und so weiter
UV	Unfallversicherung
UVG	Bundesgesetz vom 20. März 1981 über die Unfallversicherung
VD	Waadt
Verf.	Verfasser
Vgl.	Vergleiche
VS	Wallis
z.B.	zum Beispiel
ZG	Zug
ZGB	Zivilgesetzbuch
ZH	Zürich
zit.	zitiert
ZUG	Bundesgesetz über die Zuständigkeit für die Unterstützung Bedürftiger vom 24. Juni 1977